Voluptés orientales

PARKSTONE
INTERNATIONAL

Auteur :
Hans-Jürgen Döpp

Mise en page :
Baseline Co. Ltd
61A-63A Vo Van Tan Street
4e étage
District 3, Hô-Chi-Minh-Ville
Vietnam

ISBN : 978-1-906981-69-3

Imprimé en Italie

« Elle arrange son oreiller, parfume son bandeau,
Tourne les lampes et prépare ses vêtements.
Ses servantes savent que la nuit sera longue
Et que l'absence d'appel signifie qu'elles peuvent rentrer chez elles. »

— Dai Hao, VIe siècle

Artistes principaux

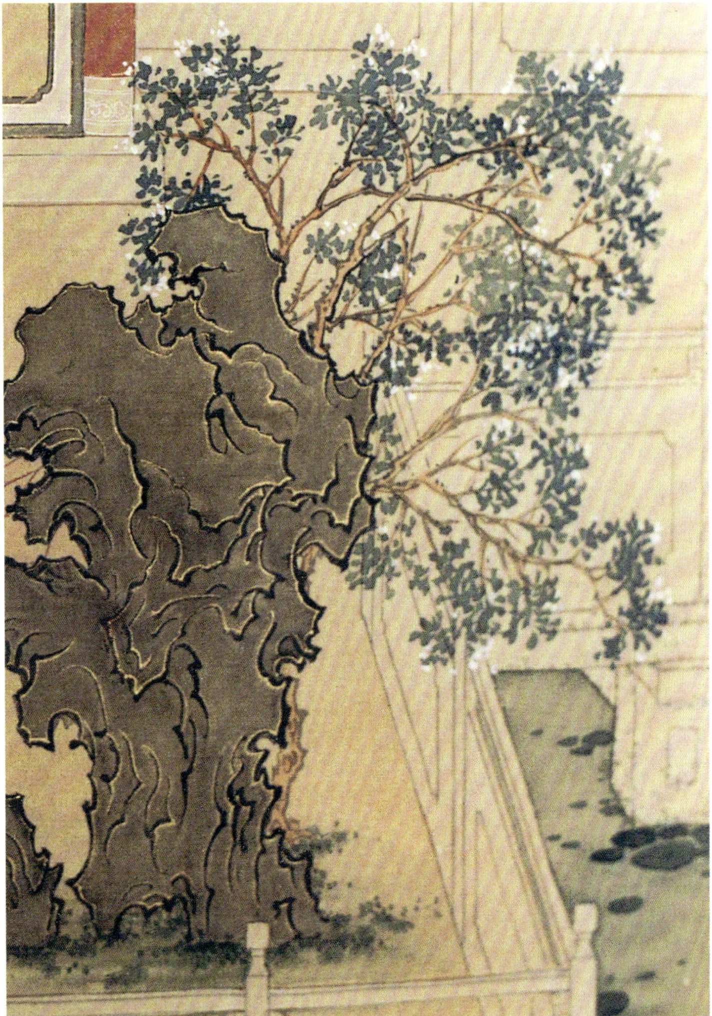

Du Bonheur lié

À Propos de l´érotisme chinois

Dans l'art et la culture taoïstes, le but principal était de trouver l'harmonie qui conduirait l'homme, confronté à un univers mouvementé, vers une nouvelle sérénité. Dans ce contexte spirituel, l'amour représentait donc pour les Chinois une force

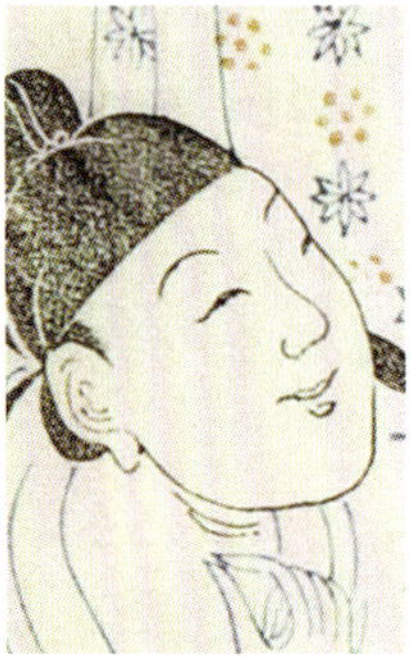
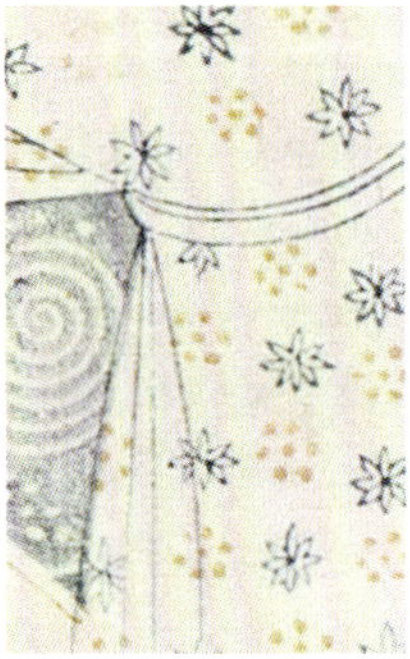
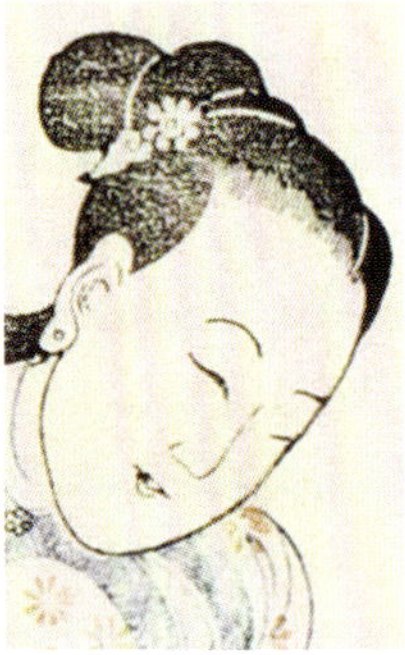

Extrait de « Qinglou duoying », publié sous le nom de « Scènes choisies des tours vertes »

Album en couleur, fin de la période Ming, première moitié du XVIIe siècle
Gravure sur bois, 26 x 25 cm
The Muban Foundation Collection
Le terme « tours vertes » était utilisé à l'époque Ming pour désigner les bordels

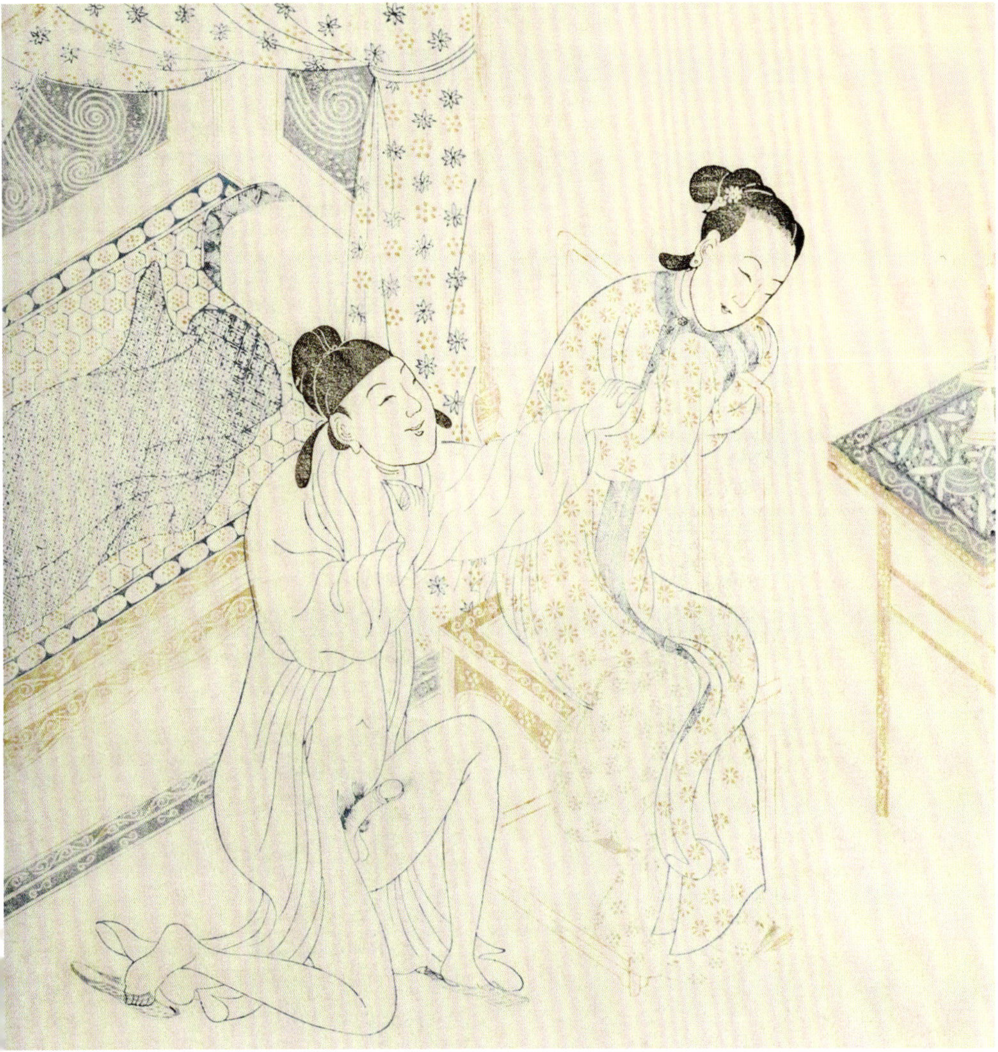

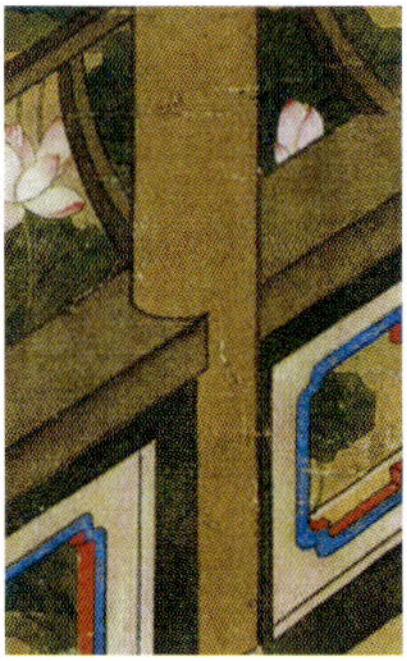

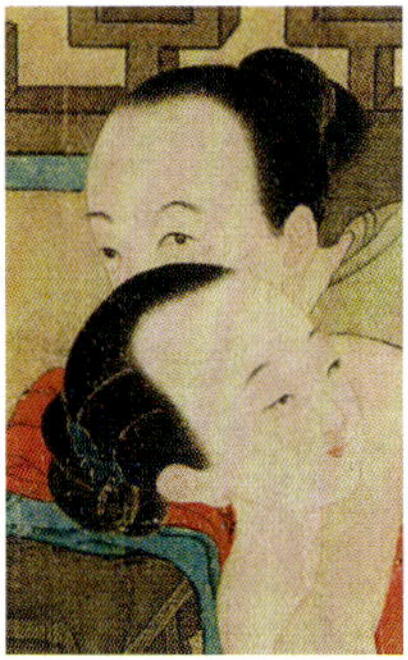

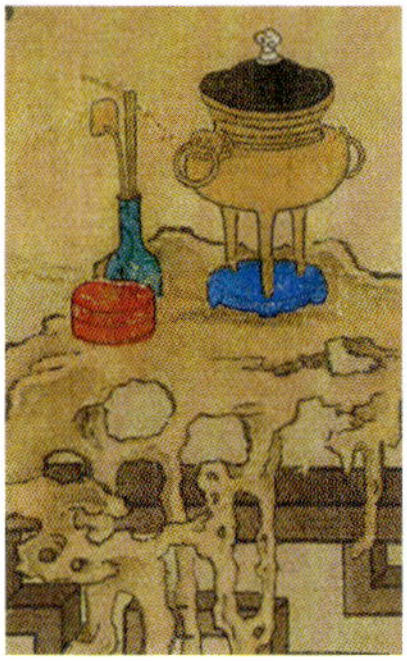

qui devait unir le ciel et la terre, dans l'équilibre et le maintien du cycle productif de la nature. L'érotisme devint ainsi un art de vivre et fit partie intégrante de la religion (dans la mesure où ces notions occidentales peuvent être appliquées à cette pensée philosophique).

Peinture sur soie

Maître anonyme de l'époque Kangxi (1662-1722)
Peinture sur soie, album in-8, 39,5 x 55,5 cm

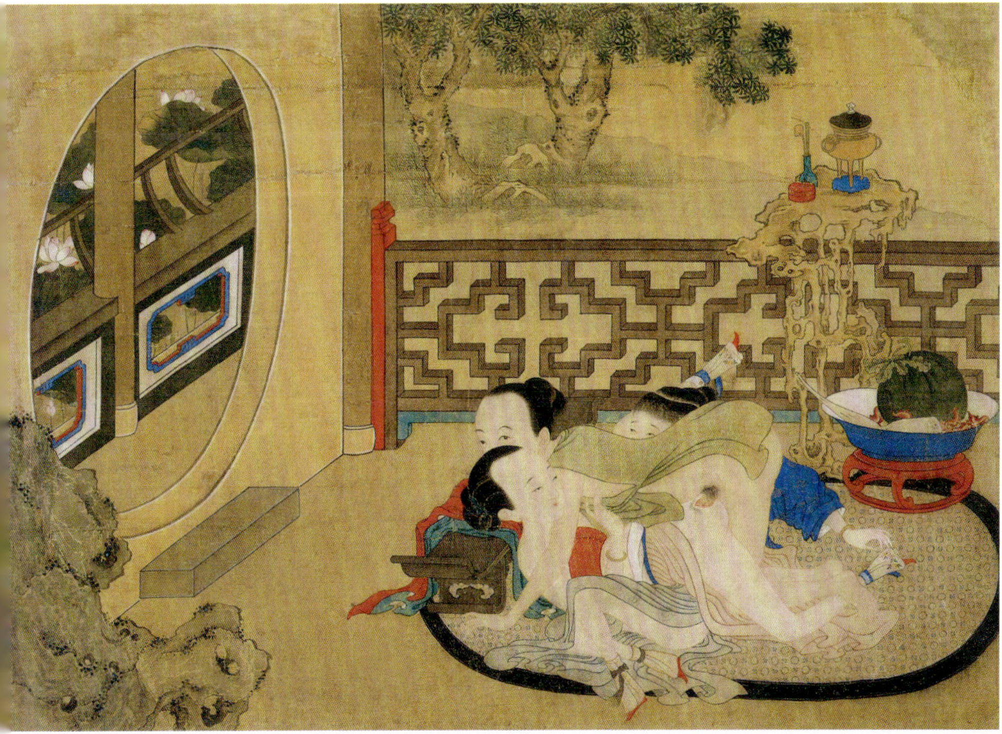

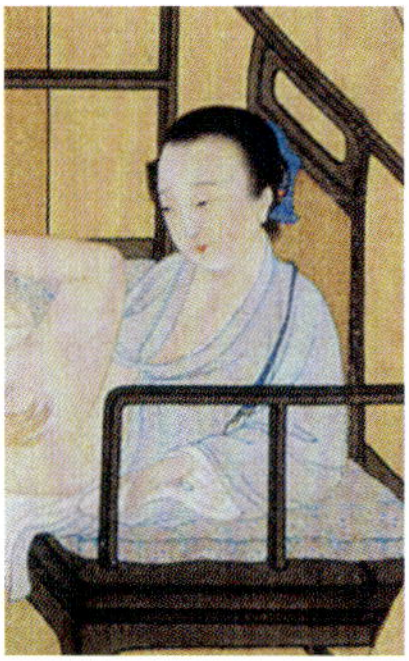

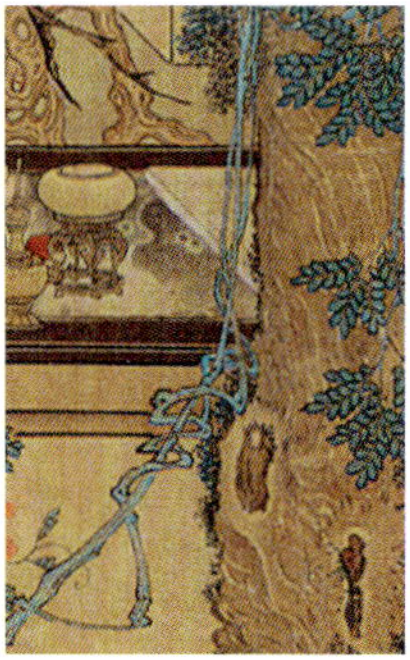

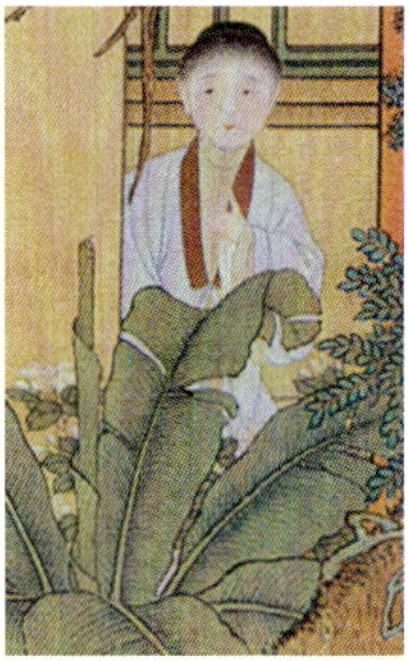

La religion taoïste suppose que le plaisir et l'amour soient purs. « Pour avoir accès à l'érotisme chinois, écrit Étiemble, grand connaisseur d'art chinois, nous devons nous éloigner de la notion de péché et de dualité entre corps dégénéré et esprit saint. » Cette idéologie se trouve aux fondements mêmes du christianisme. L'art érotique chinois reflète à

Peinture sur soie

Xu Mei, album in-8, époque Kangxi (1662-1722)
Peinture sur soie, 42,5 x 74,5 cm
Avec l'accord de la collection de la fondation
Guy & Myriam Ullens, Suisse

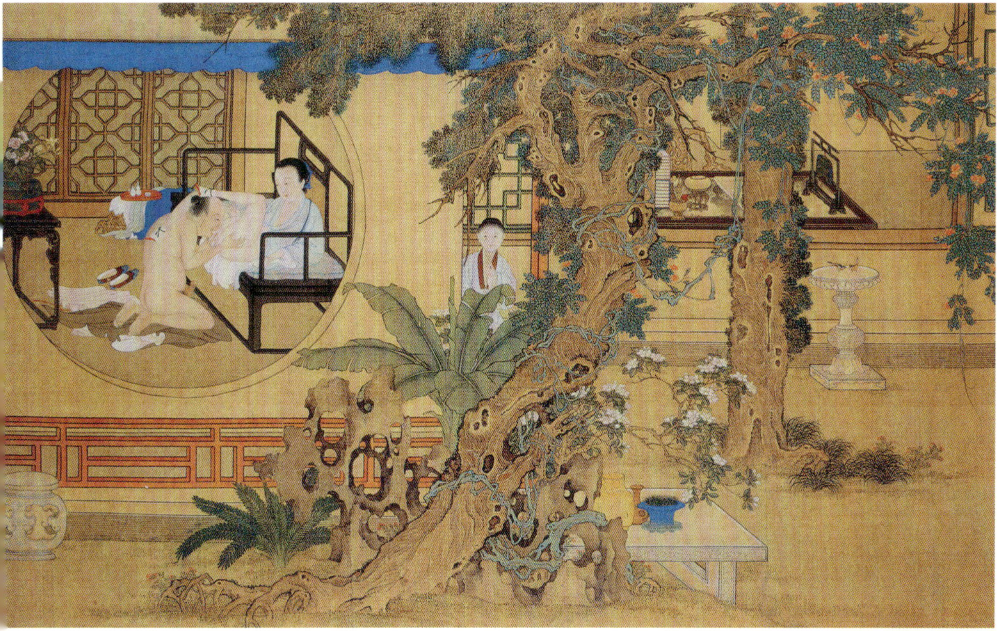

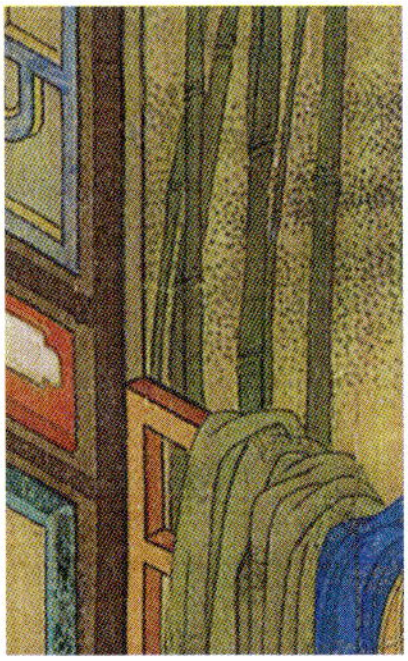
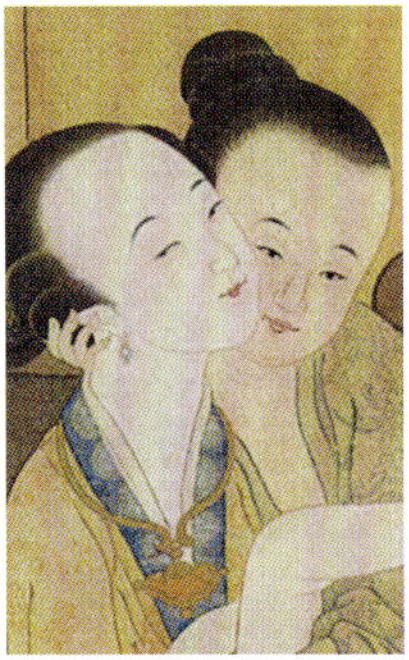
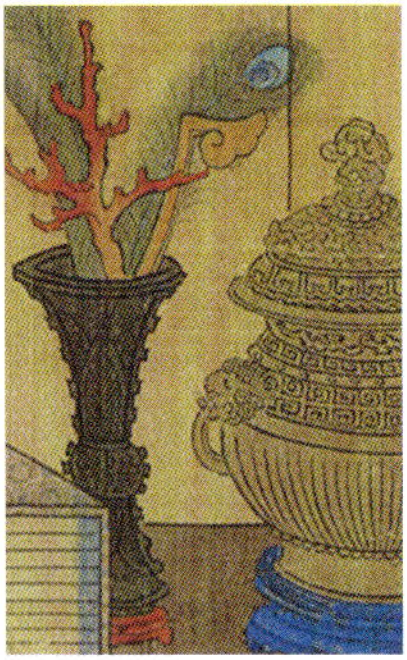

quel point nous sommes « moralement corrompus » et « pleins de préjugés ».

Le couple Yin-Yang nous introduit directement dans l'érotisme chinois : « Le chemin du Yin et du Yang » ne signifie rien d'autre que le coït. Une des formules les plus connues de l'ancienne philosophie chinoise,

Peinture sur soie

Maître anonyme de l'époque Kangxi (1662-1722)
Peinture sur soie, album in-8, 39,5 x 55,5 cm

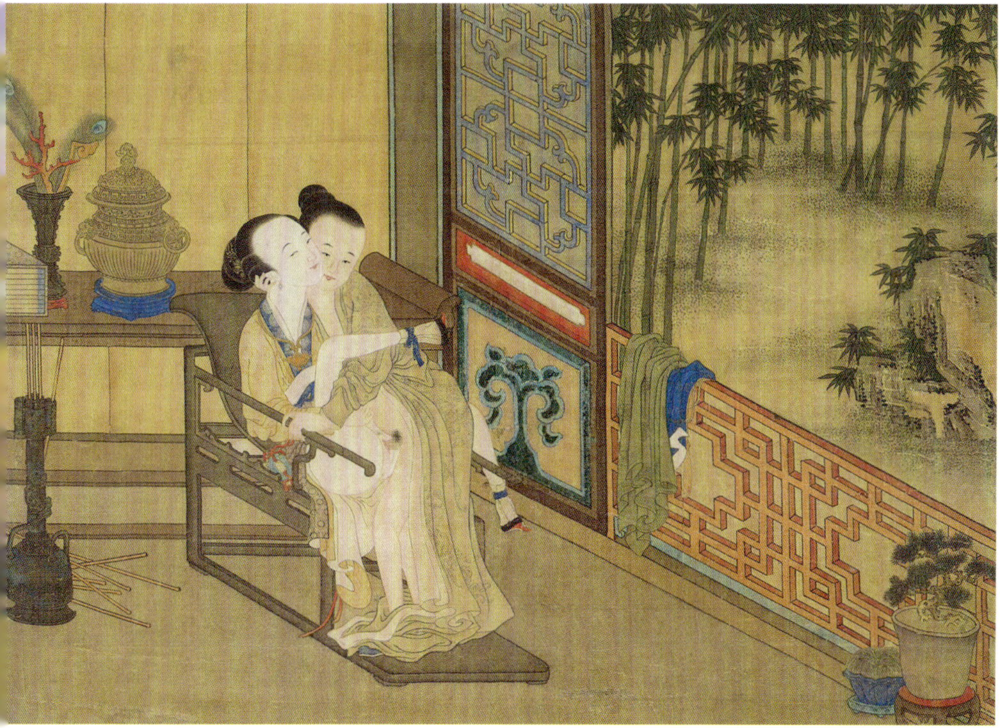

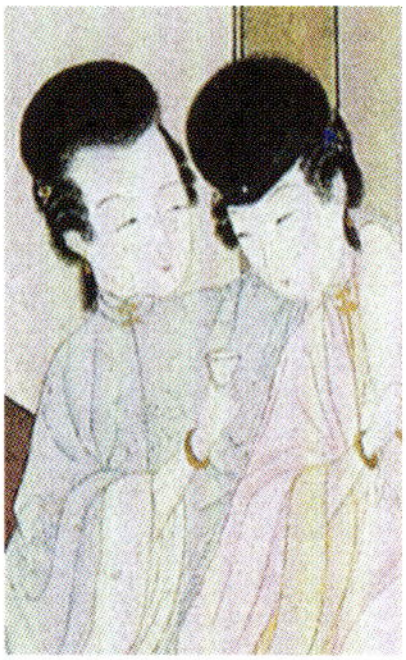
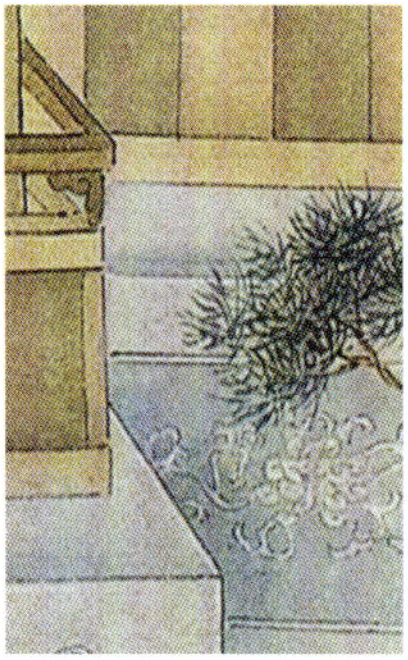
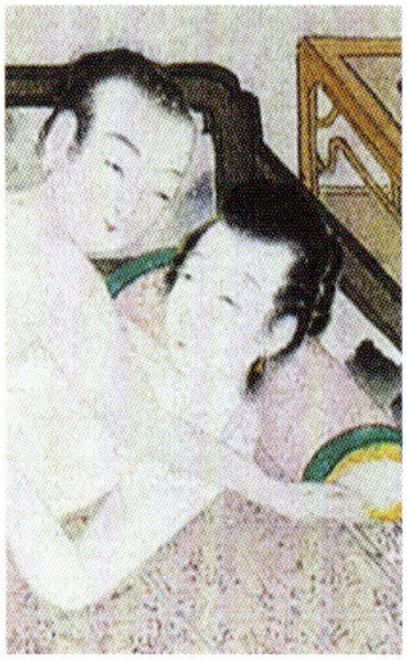

yi yin yi yang cheh we tao (d'un côté le Yin, de l'autre le Yang, voilà ce qu'est le tao) indique que le coït entre un homme et une femme exprime la même harmonie que les changements entre le jour et la nuit, ou l'été et l'hiver. Le coït symbolise l'ordre du monde,

Scène extraite de l'histoire de Rouputuan,
« Le Tapis de prière de la chair »

XVIIIe siècle
Peinture sur papier, 37,5 x 37,5 cm

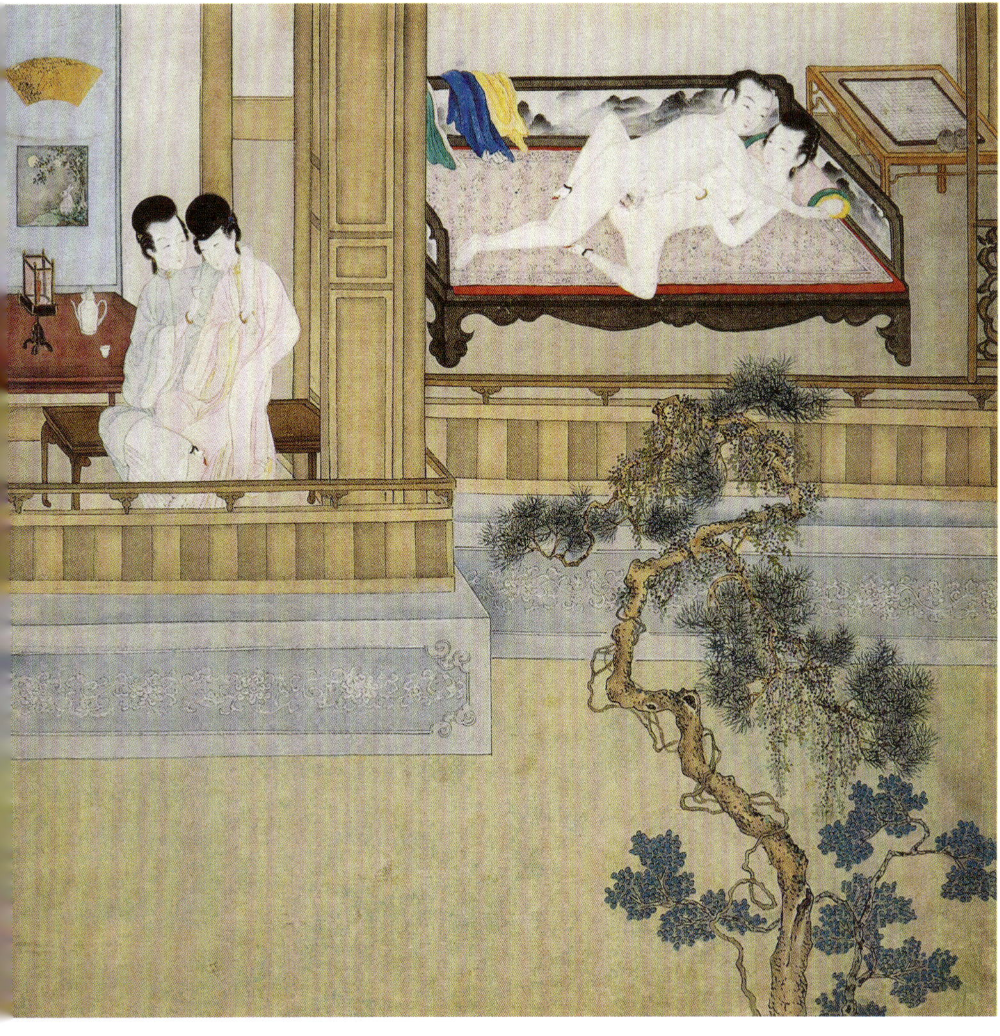

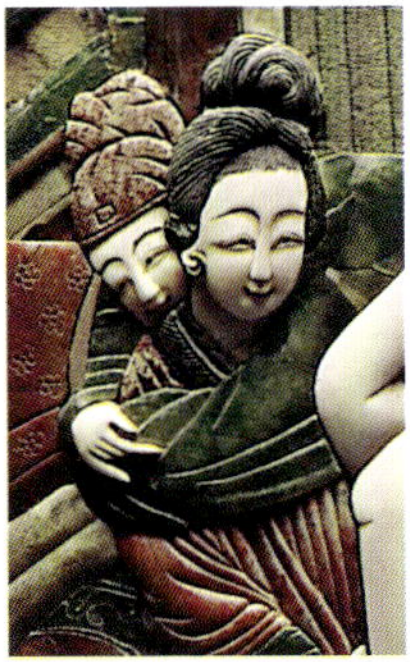

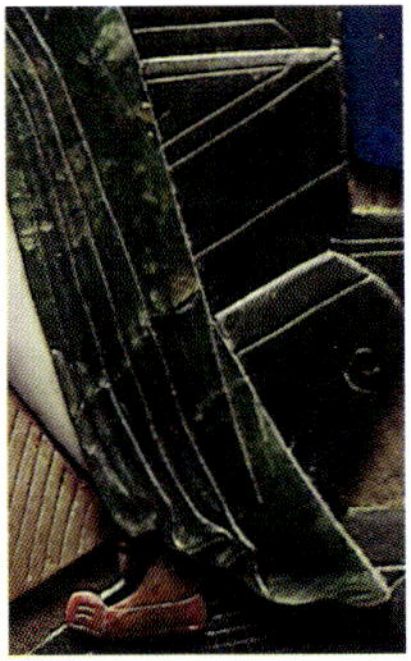

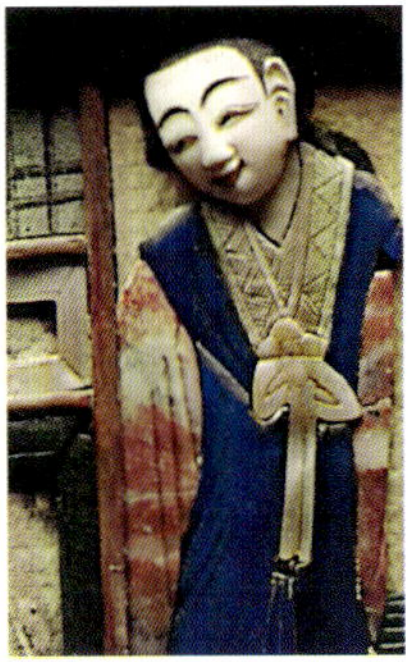

l'ordre moral, tandis que notre culture le stigmatise comme le Mal. Dans ce sens, le maître Tung-hüan écrit dans son *Art d'aimer* :

> « L'homme est la créature la plus sublime sous le ciel. Rien de ce qui lui revient ne peut être comparé à l'union sexuelle. Formée selon l'harmonie

Tablette chinoise de mariage

XVIIIe siècle
Peinture sur soie et motifs en mosaïque appliquée en relief, jade, nacre et ivoire
Ces tablettes étaient utilisées pour faire l'éducation des jeunes couples

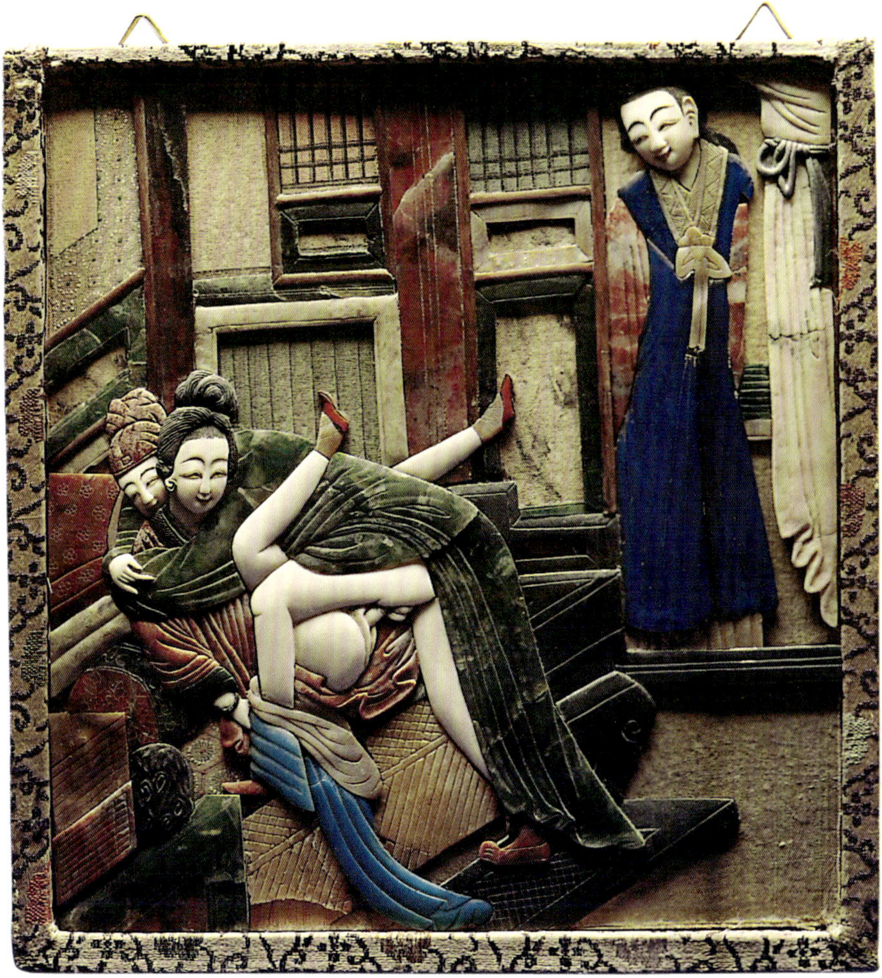

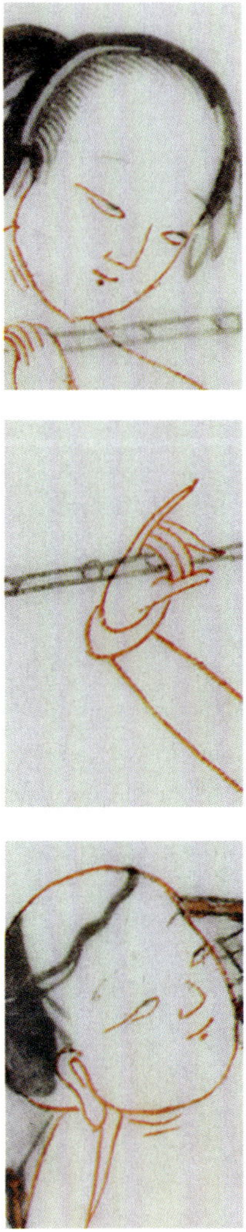

entre le ciel et la terre, elle règle le Yin et domine le Yang. Ceux qui comprennent le sens de ces mots peuvent préserver leur substance et prolonger leur vie. Ceux qui n'en comprennent pas la véritable signification vont vers leur perte. »

Peinture sur un vase en porcelaine (détail)

XVIIIe siècle
11,3 x 13 cm

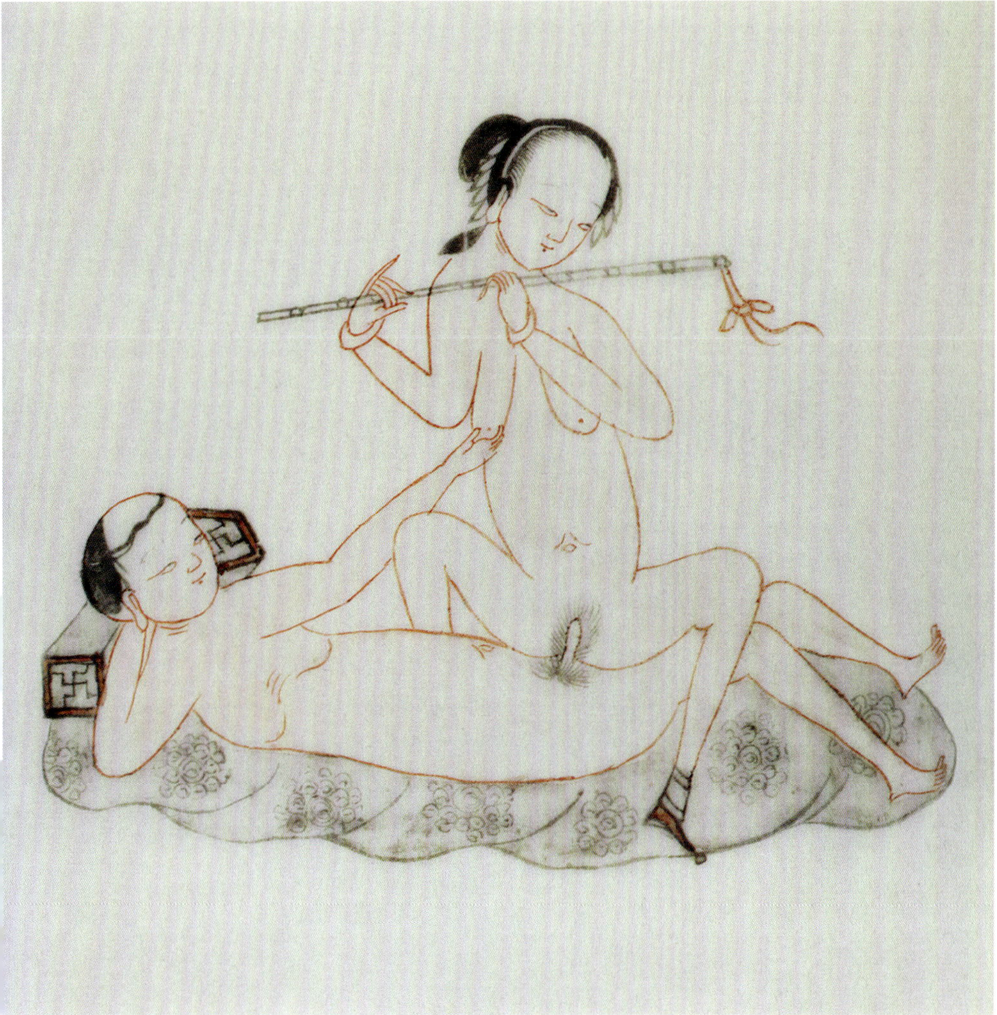

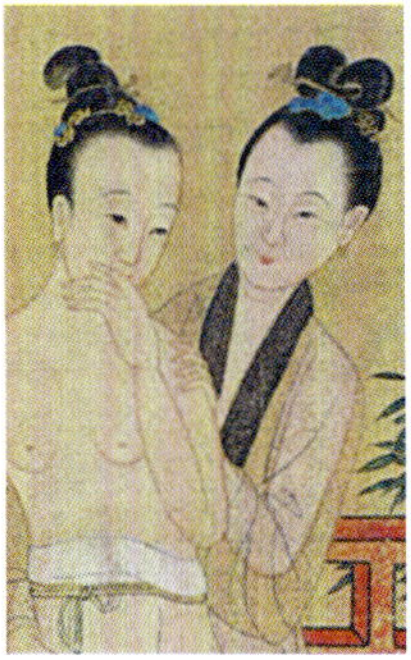

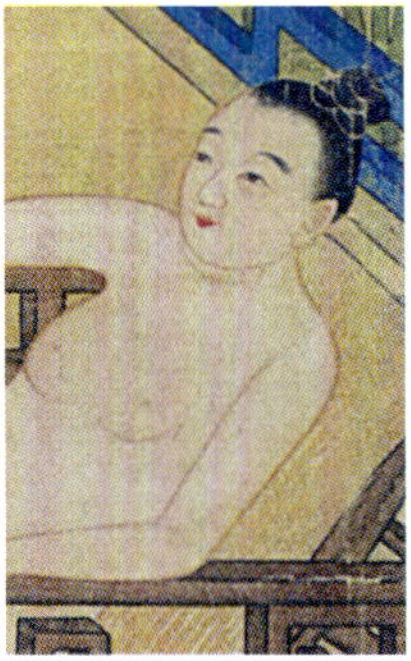

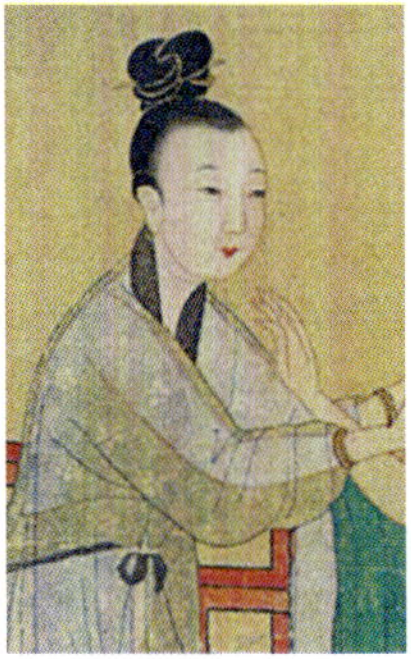

La scission de l'Univers entre le Yin et le Yang est d'autant plus importante que ces deux principes inséparables s'influencent mutuellement.

Nous connaissons un grand nombre de manuels chinois dont le but était de donner une éducation amoureuse aux jeunes couples ; celle-ci passait à la fois par le désir,

Peinture sur soie

XVIIIe siècle
31,5 x 34 cm

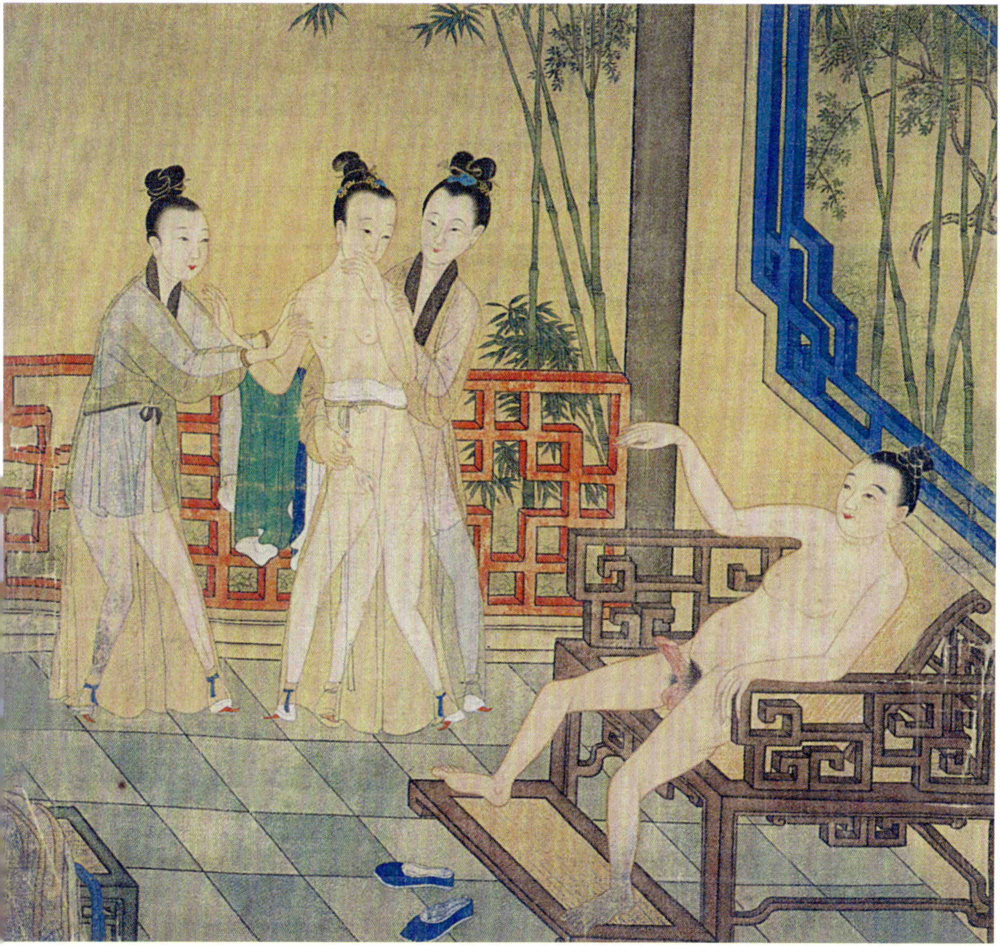

la morale et la religion. Dans ces textes, le coït est toujours évoqué par des métaphores, telles que « la guerre des fleurs », « allumer la grande chandelle » ou « les jeux du nuage et de la pluie ». Ils débordent aussi d'images rappelant diverses positions sexuelles :

- dérouler la soie
- le dragon enroulé
- l'union des martins-pêcheurs
- les papillons qui voltigent

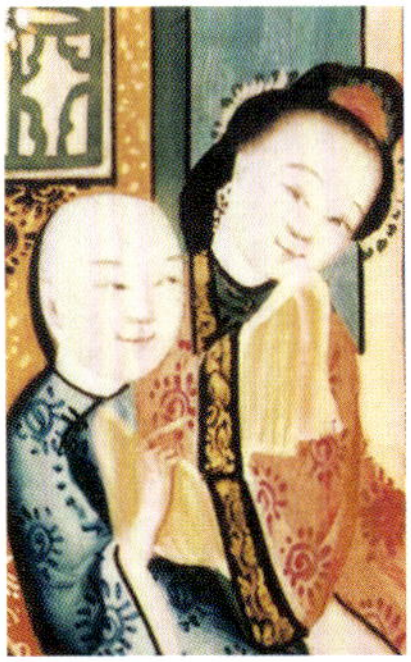
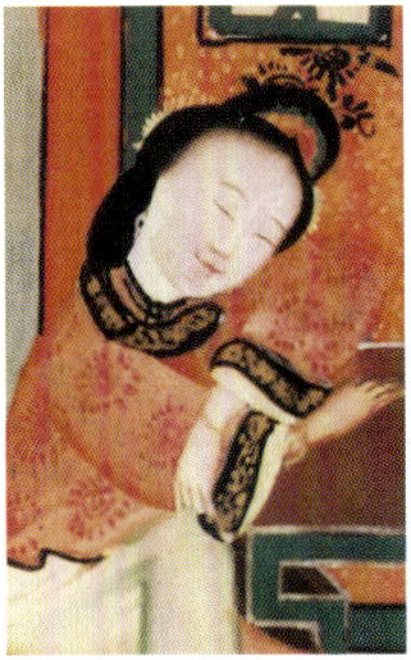
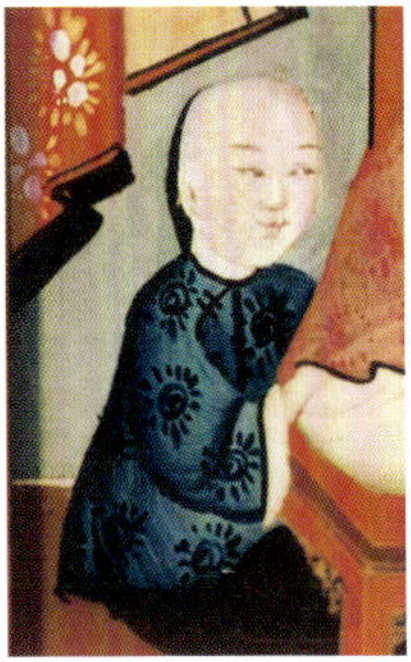

Boîte décorée d'images érotiques

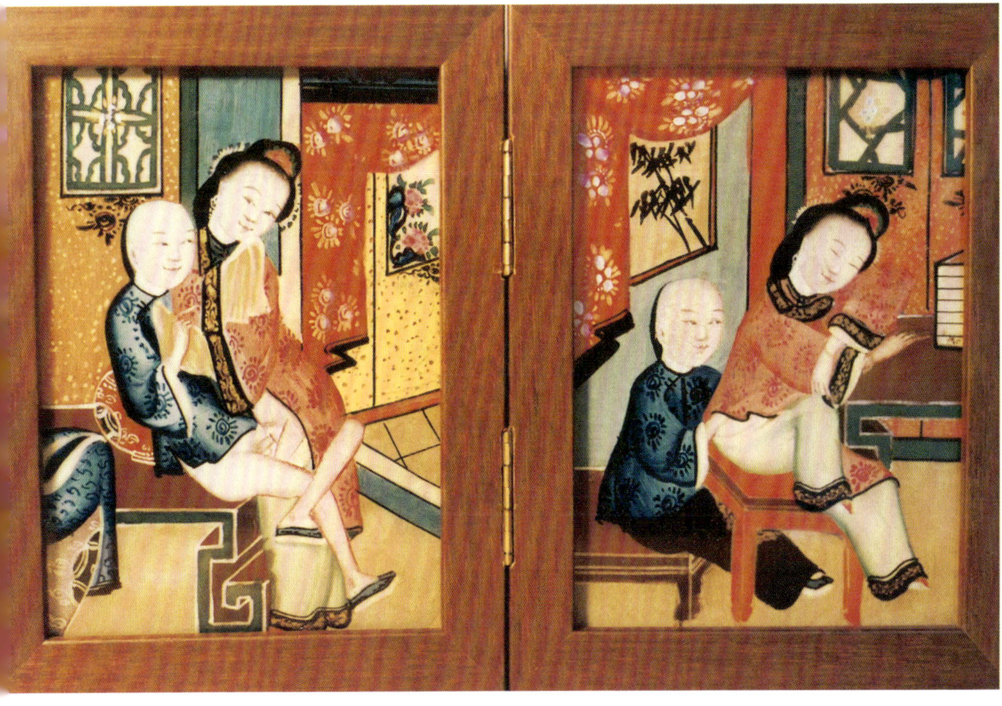

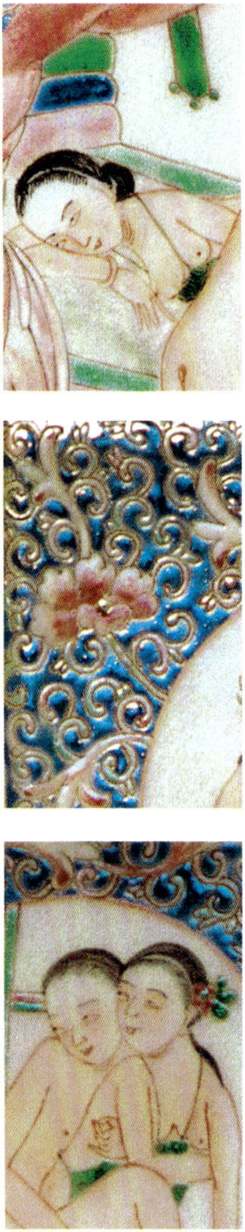

- les tiges de bambou à l'autel
- le couple des phénix dansants
- le cheval de tournoi galopant
- le saut du tigre blanc
- la souris et le chat dans le même trou

L'esthétique chinoise ne nomme jamais les choses directement et sans ambages, elle préfère au contraire les suggérer.

Carreau de porcelaine chinoise

XIXe siècle

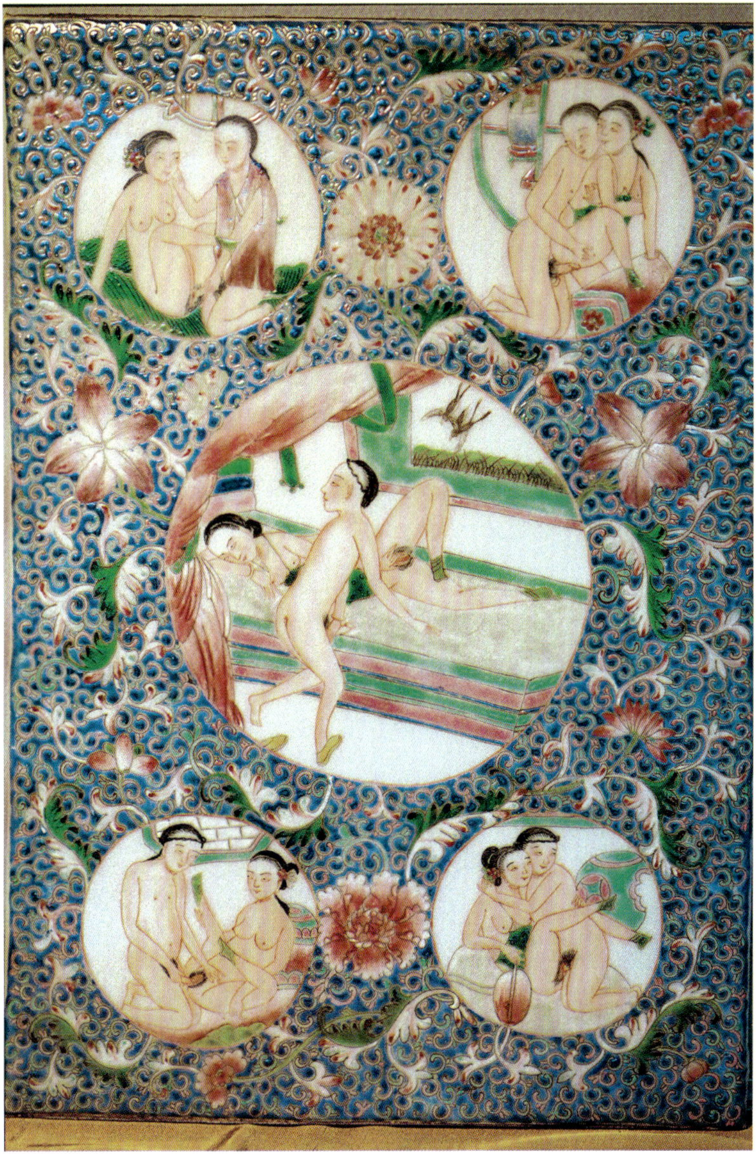

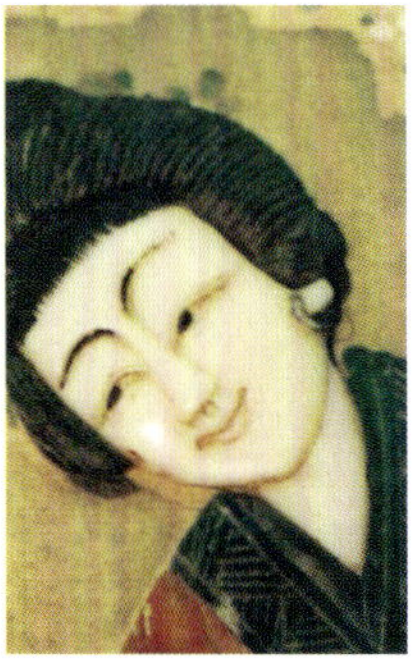

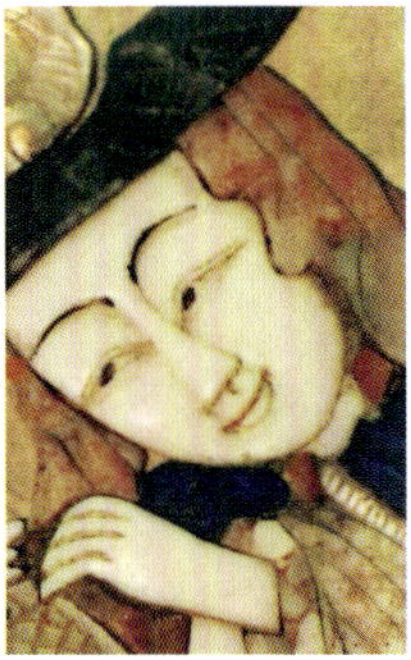

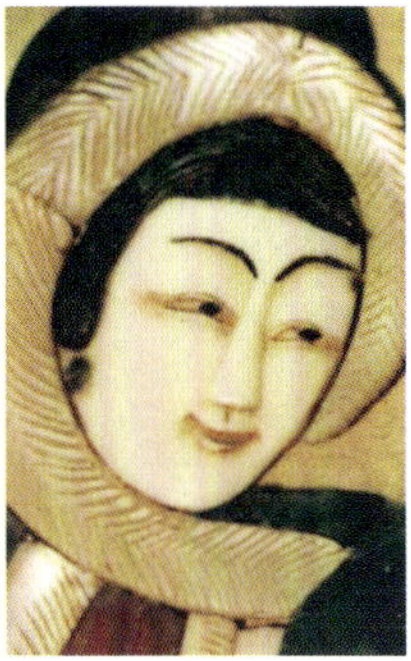

Toute transgression de cette tradition est alors considérée comme vulgaire. Même la notion européenne d'« érotisme » serait trop directe, on préfère lui substituer la formule d'« idée de printemps ». Sans artifice, mais aussi sans rudesse, l'amour physique est chanté dans les vers d'une chanson chinoise populaire :

> « La fenêtre ouverte dans la lumière
> d'une lune automnale,

Section de décor mural

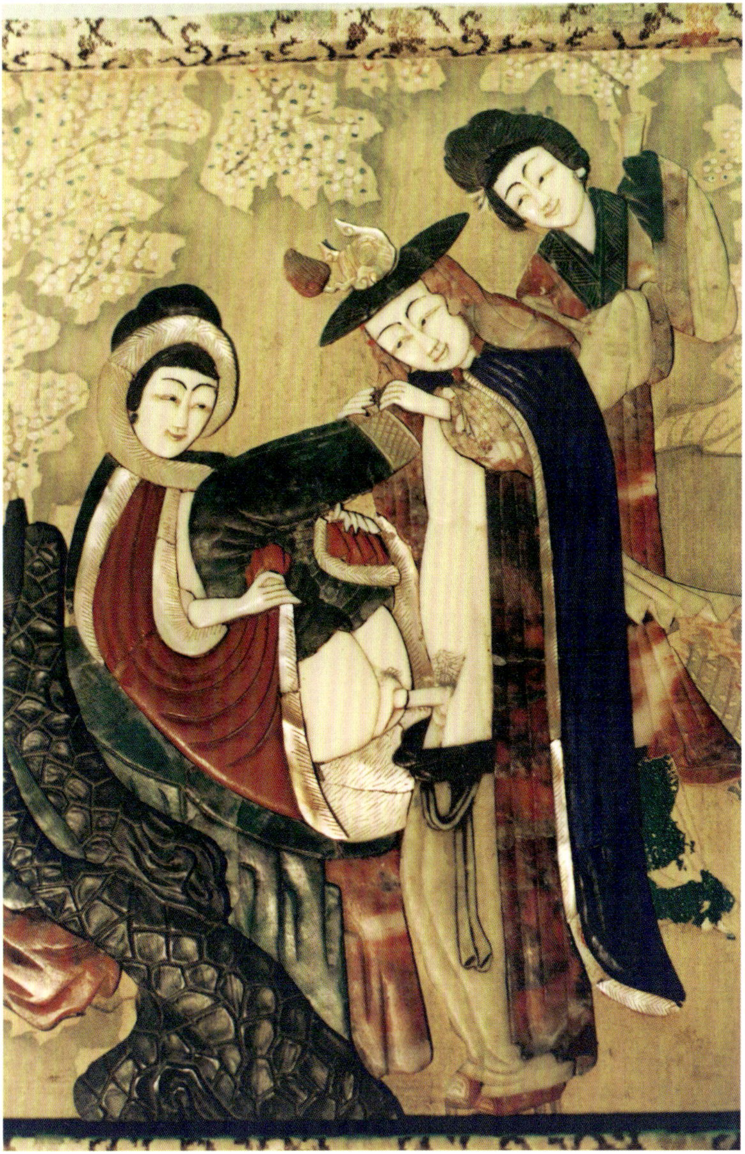

La bougie éteinte, la tunique de soie défaite,
son corps nage dans l'encens des tubéreuses. »

Dans les images érotiques des peintures sur soie ou sur porcelaine, des gravures sur bois ou des illustrations, la sexualité n'est jamais montrée à l'état cru ou de façon pornographique, mais toujours dans un

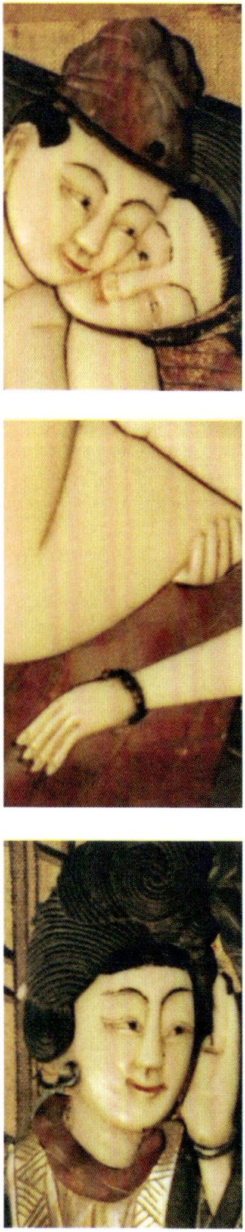

Section de décor mural

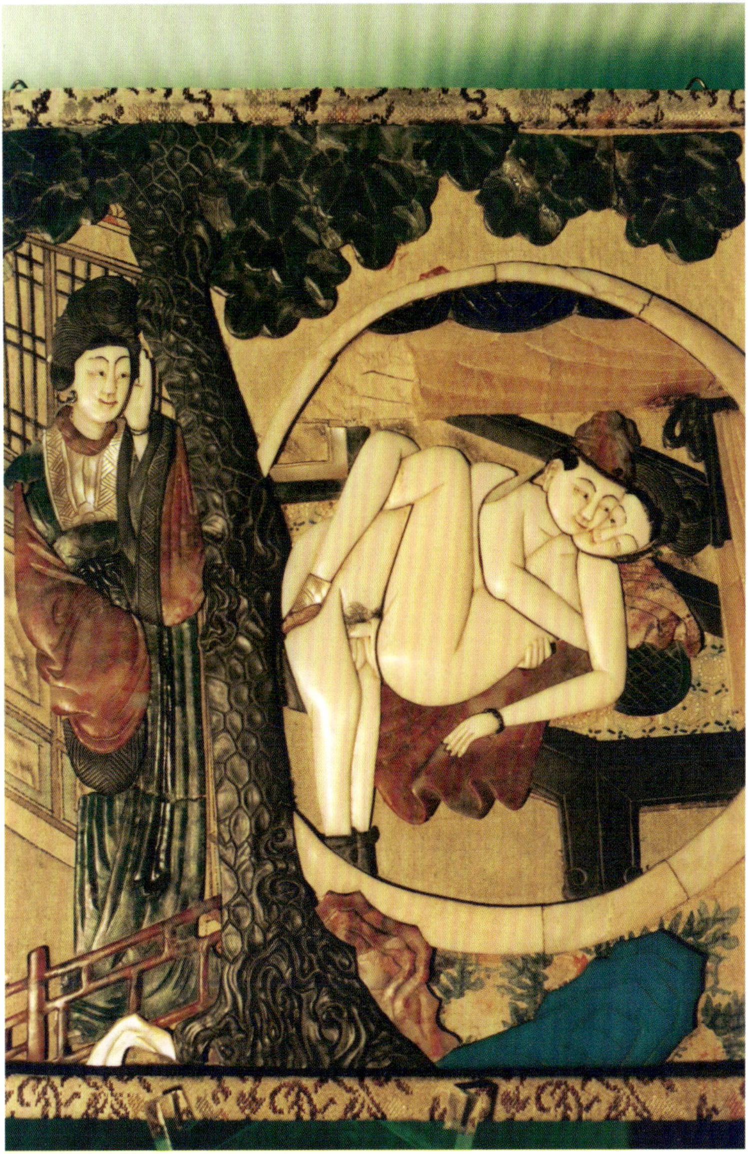

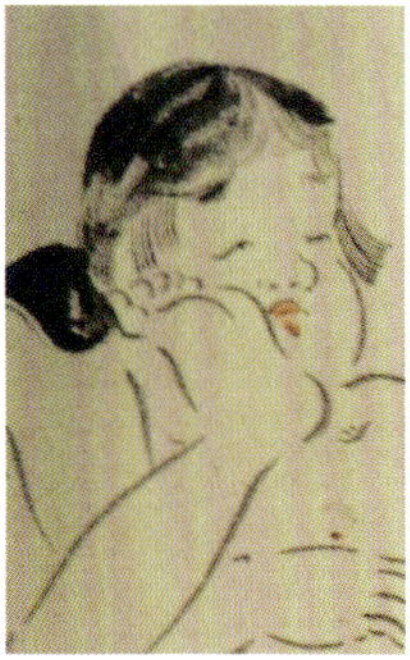

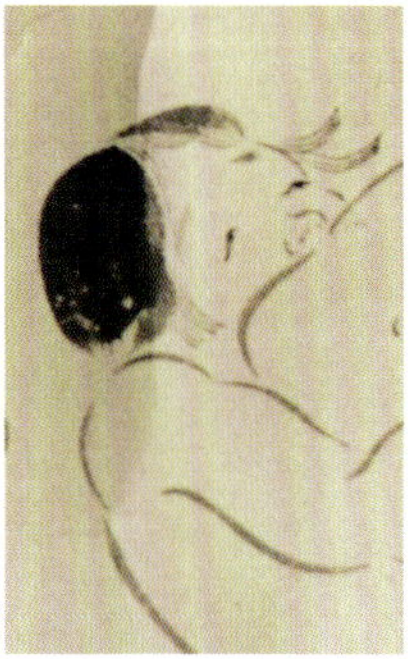

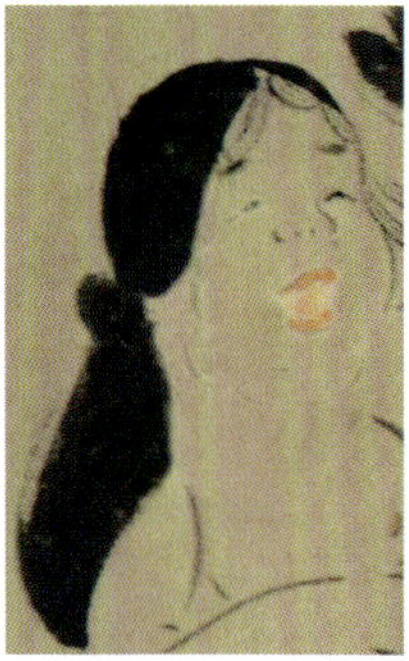

contexte de beauté et d'harmonie. Des détails symboliques et pleins de sens enrichissent ces représentations. Ils évoquent la tendresse qui occupe une place de prédilection dans l'iconographie chinoise. Toutefois, ces détails sont difficilement déchiffrables pour des Européens : les visages froids et impassibles des amoureux sont bien loin d'un embrasement des passions.

Section de décor mural

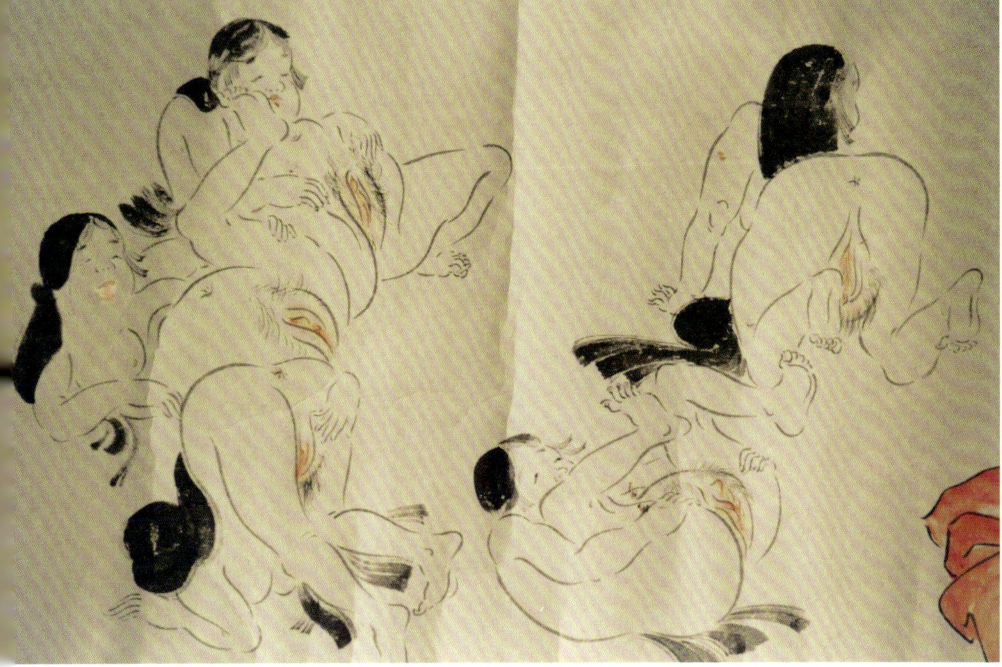

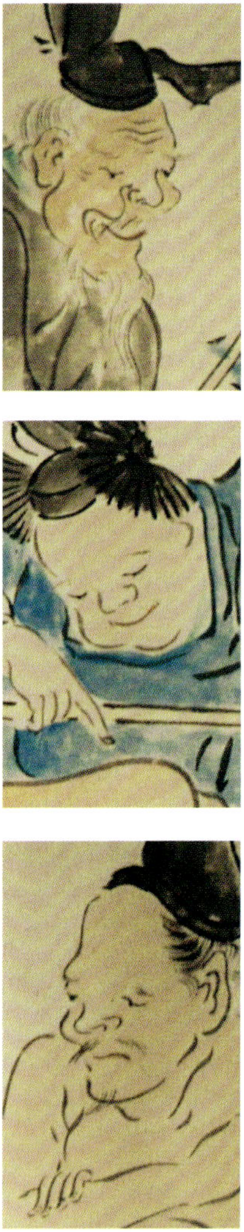

C'est ainsi qu'une des cultures les plus fécondes et les plus anciennes du monde nous invite, à travers ses pratiques religieuses, à faire l'amour. Les manuels taoïstes professent la technique de la retenue du sperme, une invention tout à fait prodigieuse qui permet de satisfaire la femme. Ainsi se produit une

Section de décor mural

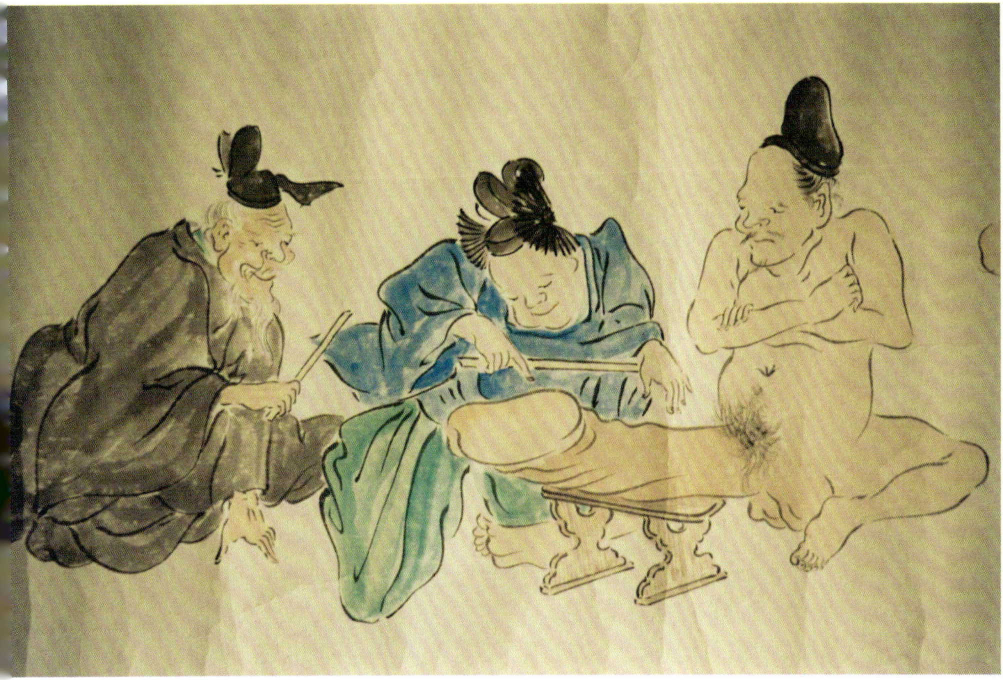

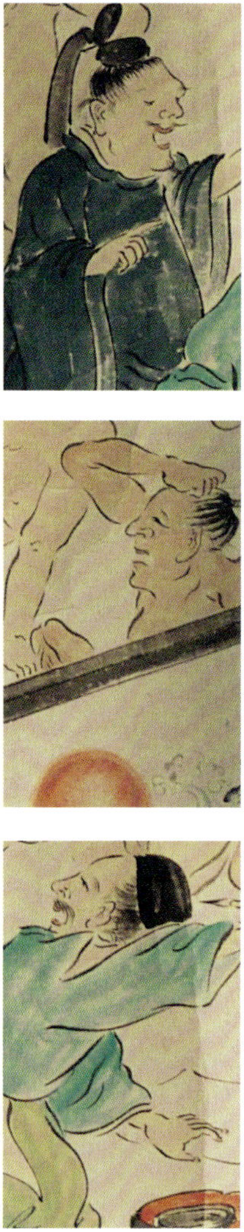

alchimie subtile : l'homme reçoit le Yin de la femme qui obtient de l'homme l'essence pure du Yang. Pour cette raison, le *coitus reservatus* est considéré dans le taoïsme et dans le tantrisme comme la forme la plus subtile de l'union sexuelle, parce qu'il permet de franchir le fossé entre l'énergie masculine

Section de décor mural

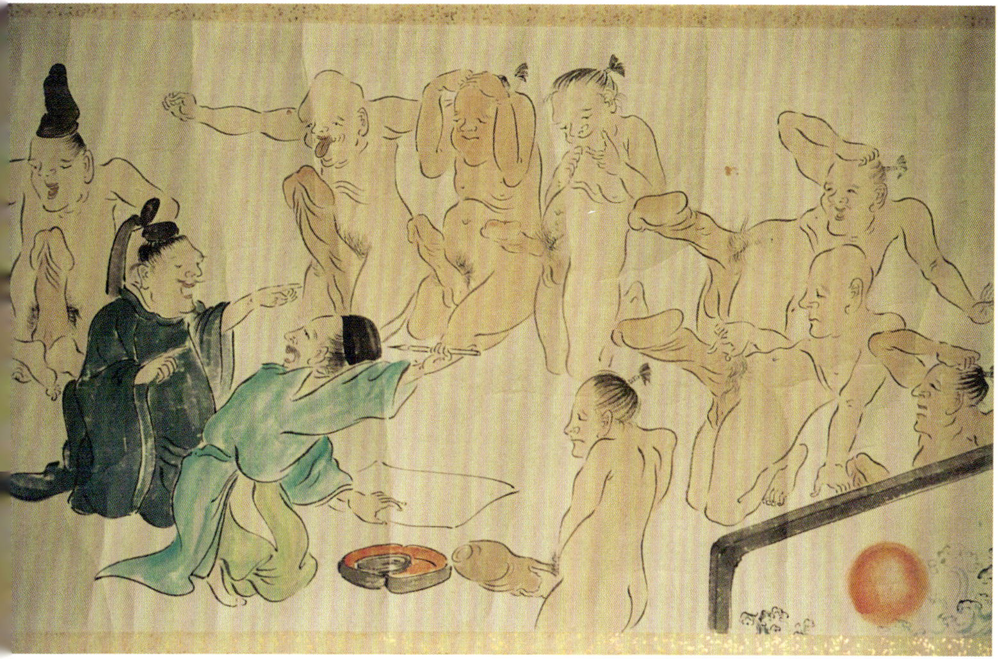

et l'énergie féminine. L'engendrement d'une nouvelle vie n'est pas le but principal de l'acte sexuel. Celui-ci consiste plutôt en l'identification avec les forces cosmiques qu'avec les forces de la vitalité.

La « théorie des sucs » sous-entend que le sperme est conduit par la colonne vertébrale

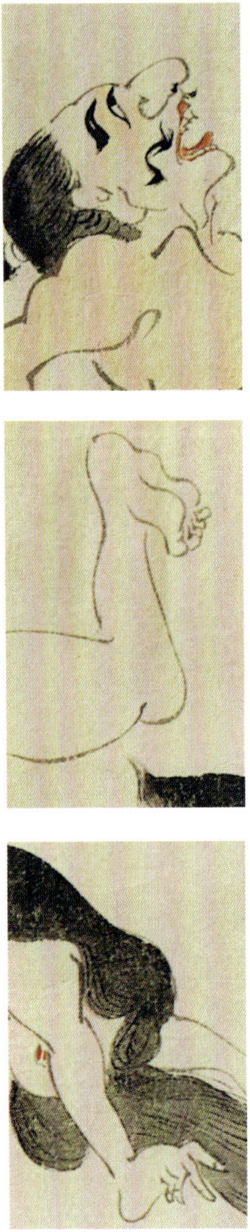

Section de décor mural

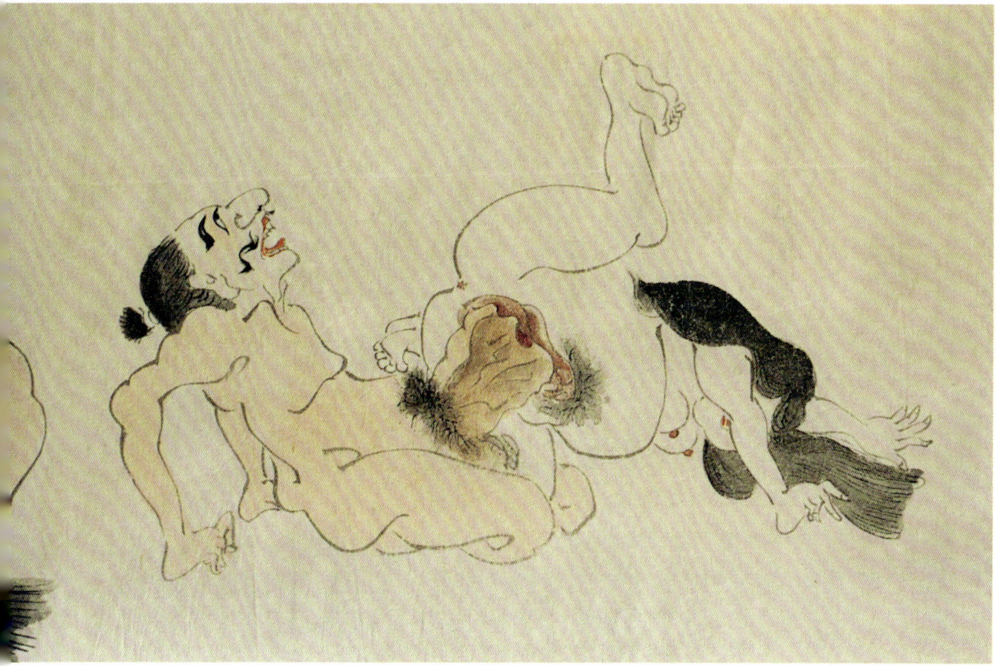

directement au cerveau. Au cours des XVIIe et XVIIIe siècles, la médecine européenne faisait les mêmes suppositions. Que l'on n'oublie pas non plus les angoisses des jeunes garçons, liées à l'onanisme, qui devait les conduire, pensait-on, vers une dégénération de la moelle épinière et un dessèchement du cerveau.

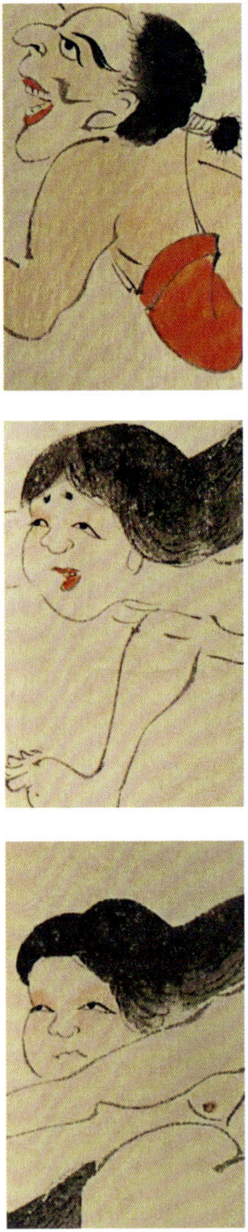

Section de décor mural

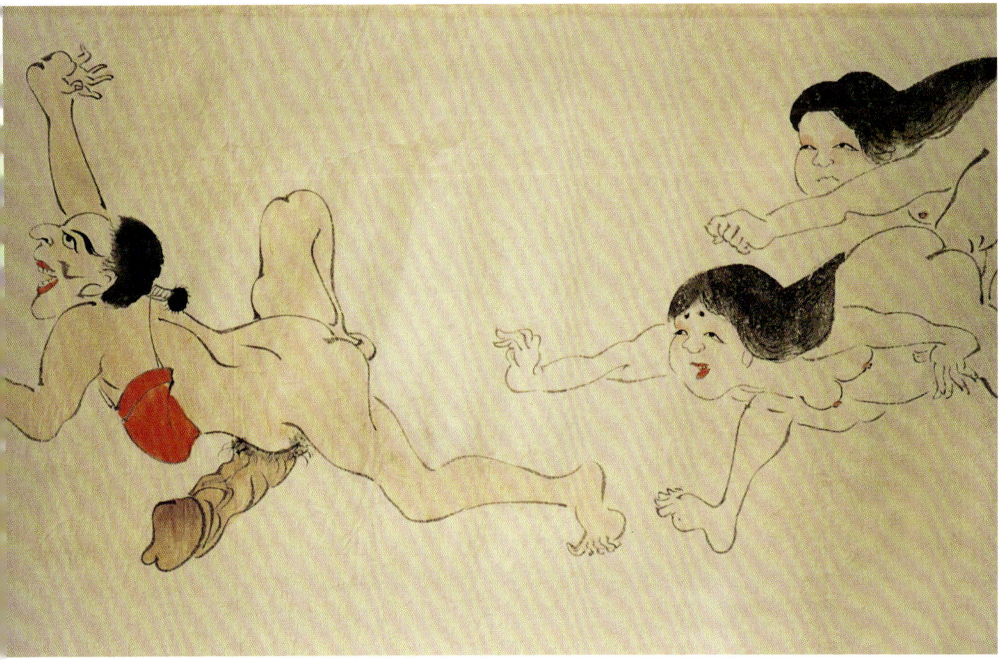

Tandis que l'éjaculation procure un instant de plaisir qui se perd très vite et finit dans un amollissement de tout le corps, un bourdonnement des oreilles, une fatigue des yeux et une sécheresse de la gorge, le *coitus reservatus* ou *coitus interruptus* provoque une croissance de la vitalité et une amélioration de tous les sens.

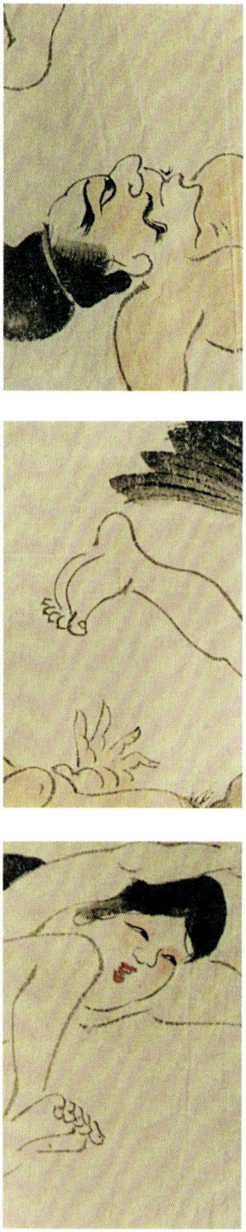

Section de décor mural

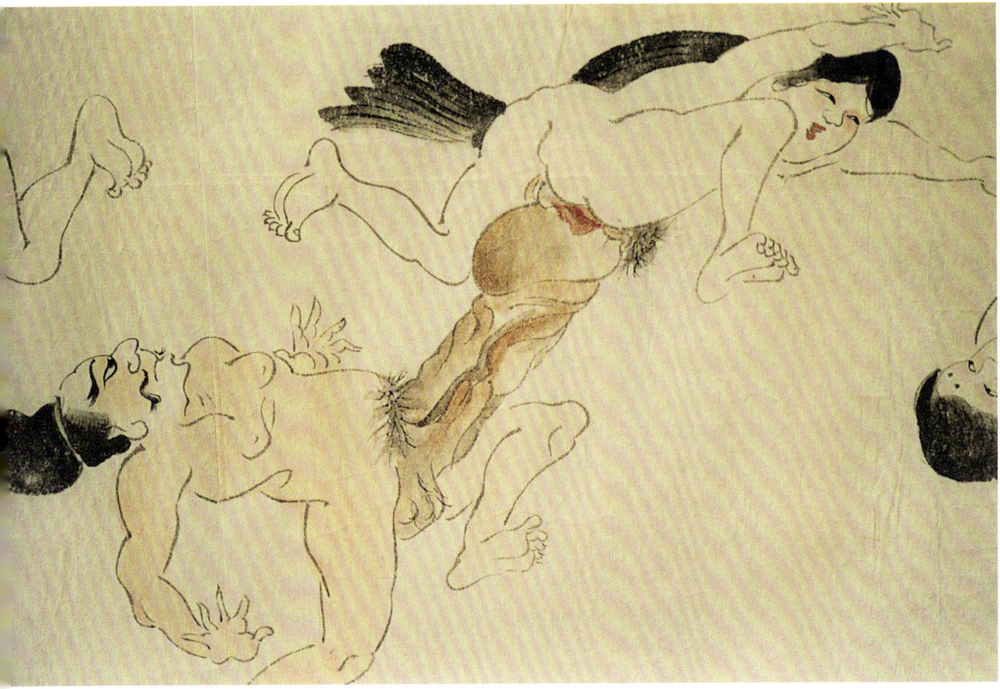

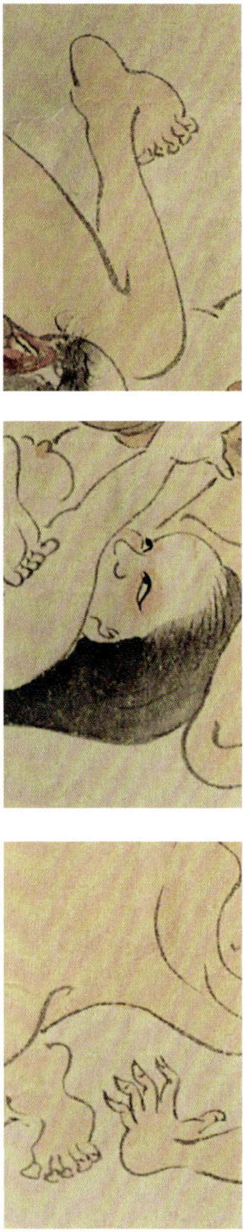

Parmi les manuels les plus connus se trouvent ceux de Sou Nu King et de Sou Nu Fang, qui racontent notamment comment le légendaire Empereur Jaune, Huang-ti (2697-2599 avant J.-C. selon l'historiographie traditionnelle) se faisait instruire par des femmes expérimentées. Dans les *Traités de la chambre à coucher*, on peut lire le dialogue entre l'Empereur et une de ses maîtresses :

Section de décor mural

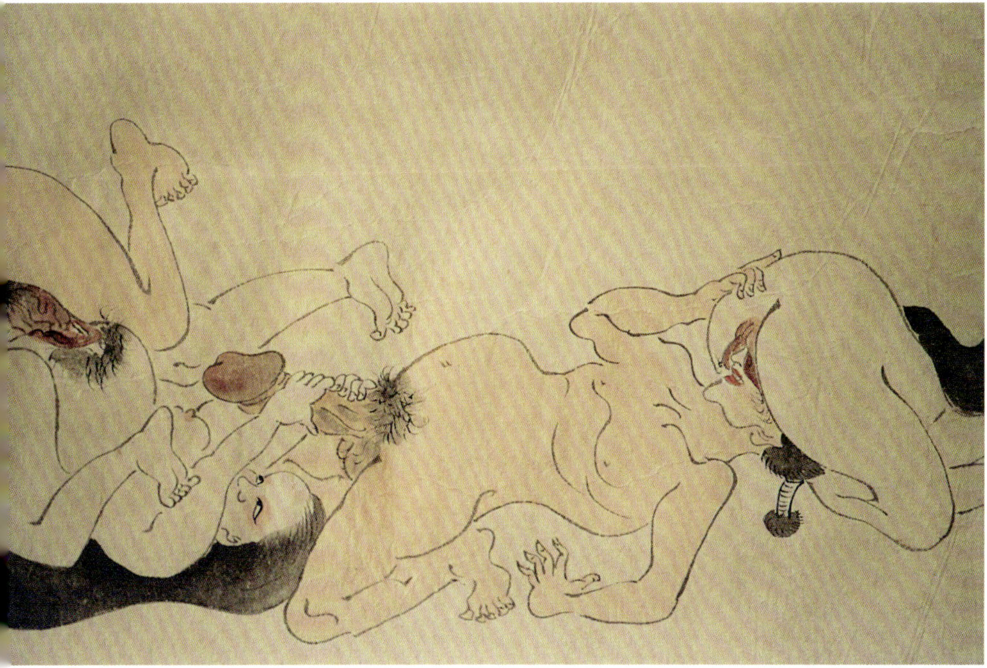

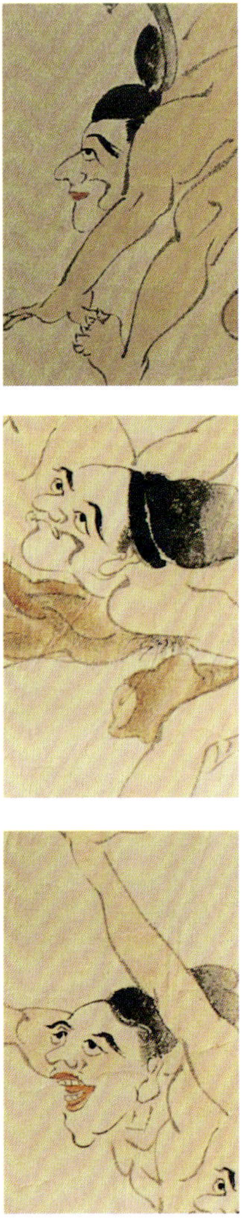

« L'Empereur Jaune demande à la jeune fille : mon esprit est sans force et il lui manque de contenu ; je vis constamment dans la peur et mon cœur est triste. Que puis-je faire pour guérir ? La jeune fille répondit tout naturellement : toute faiblesse humaine provient d'une malheureuse union des corps

Section de décor mural

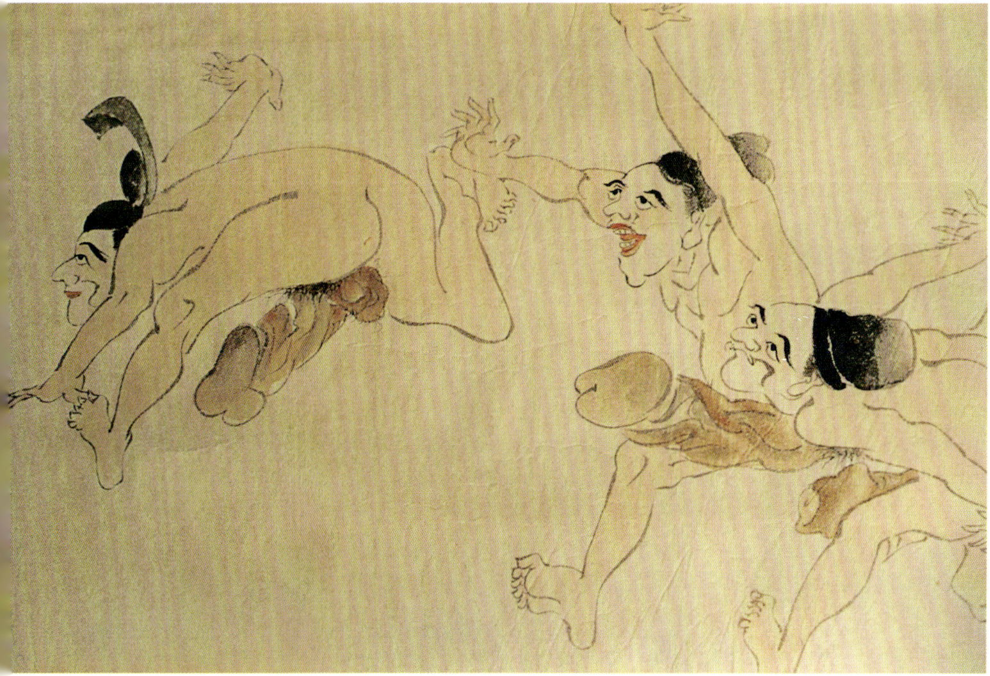

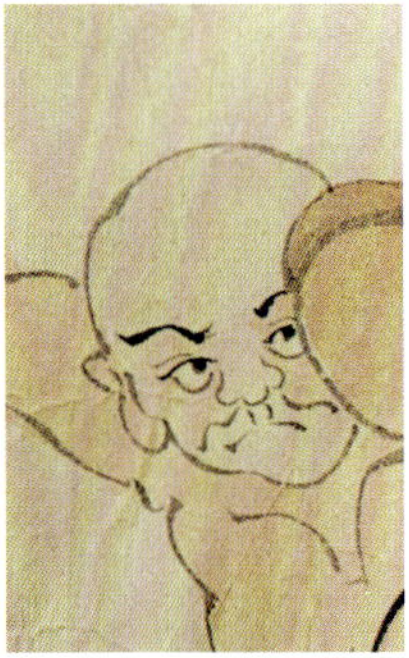

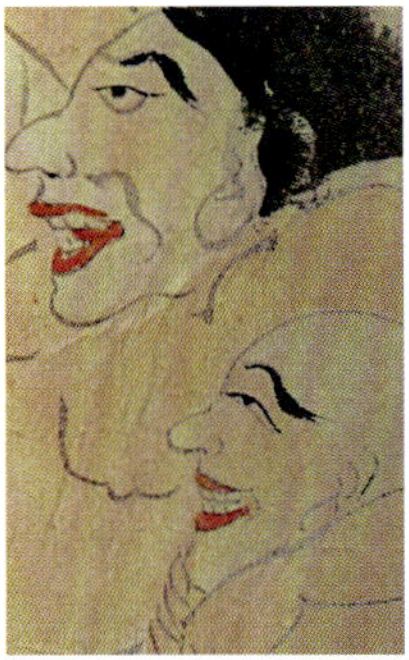

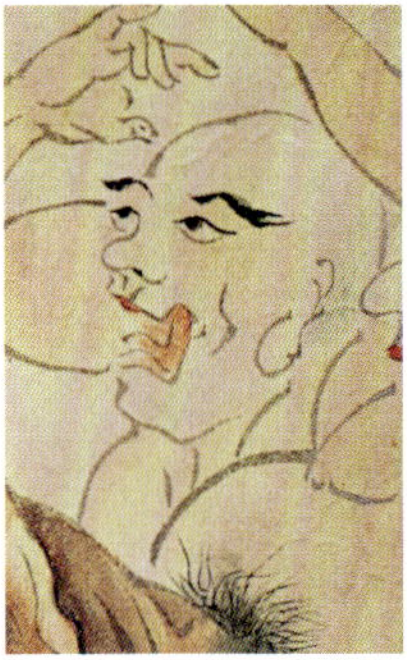

pendant l'acte sexuel. Comme l'eau gagne dans la lutte contre le feu, la femme gagne dans la lutte contre l'homme. Ceux qui sont habiles dans les plaisirs ressemblent aux bons cuisiniers qui savent joindre les cinq épices à une soupe. Ceux qui comprennent l'art du Yin et du

Section de décor mural

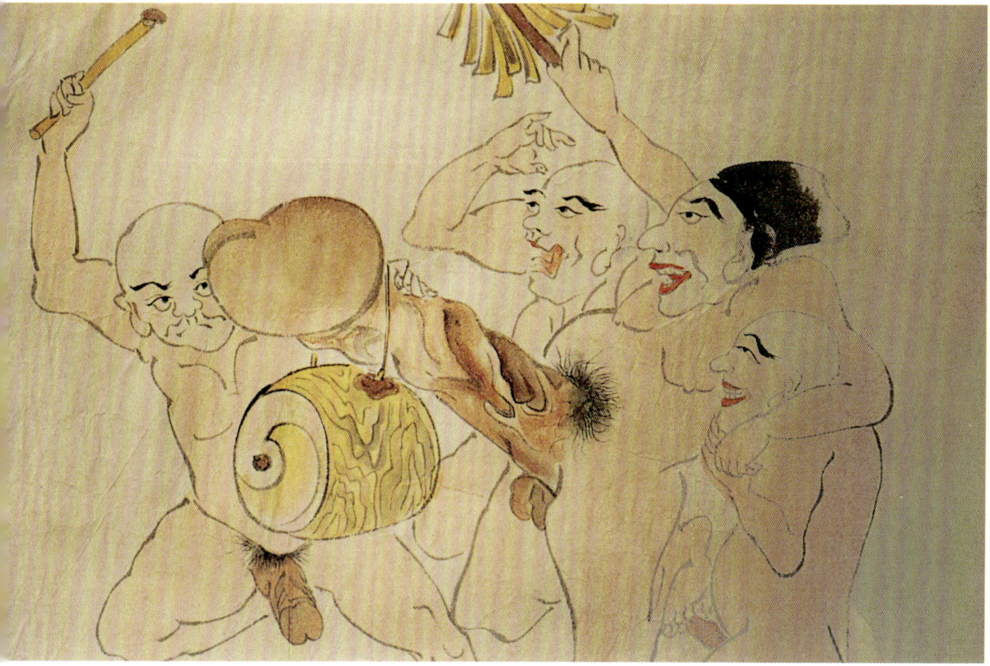

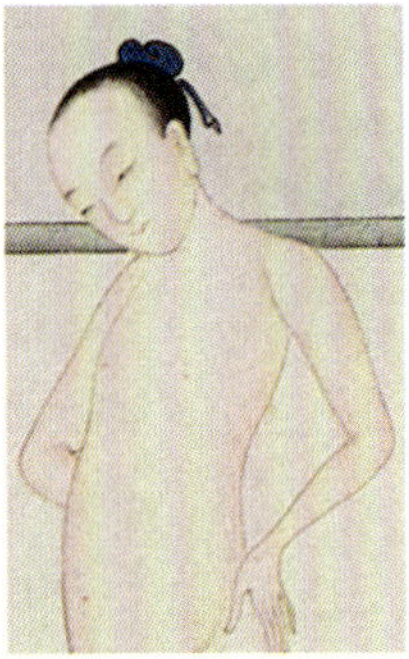

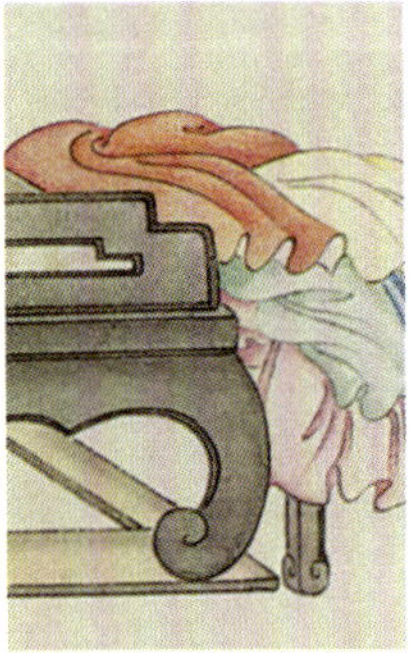

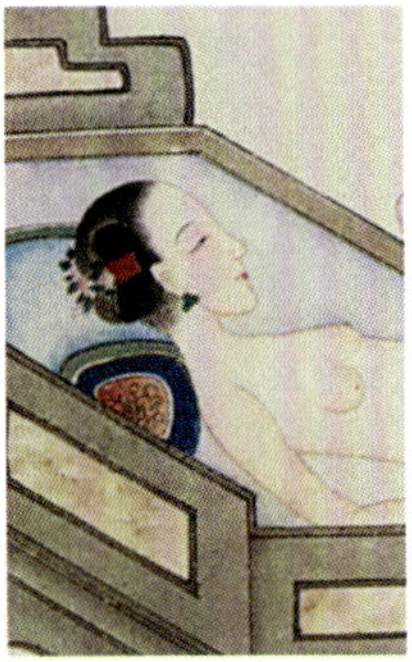

Yang peuvent unir les cinq manières de la volupté ; ceux qui ne le savent pas, meurent avant d'avoir atteint l'âge mûr et sans avoir tiré le moindre plaisir de la concupiscence. Ne faut-il pas prévenir ce danger ? »

Dans une autre leçon du même ouvrage, Huang-ti demanda :

Peinture issue d'un livre de 12 pages

XIXe siècle
Papier, 27 x 32 cm

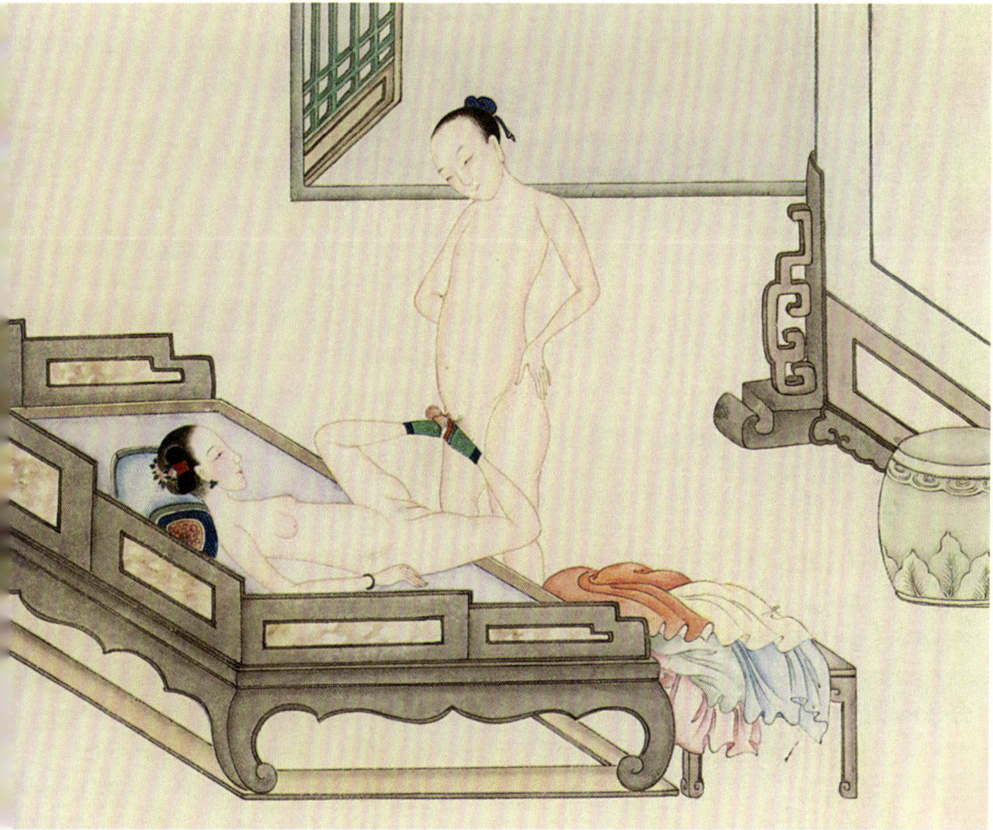

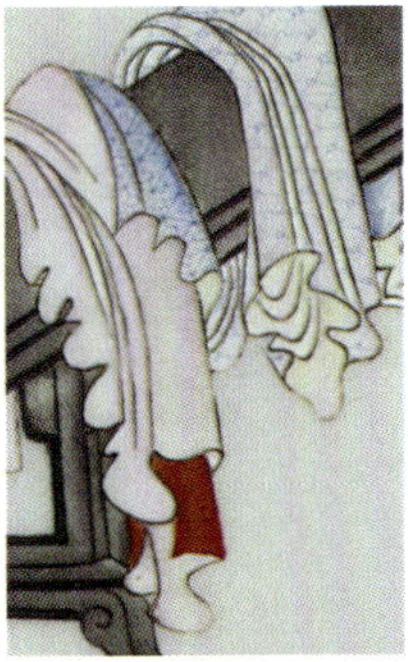

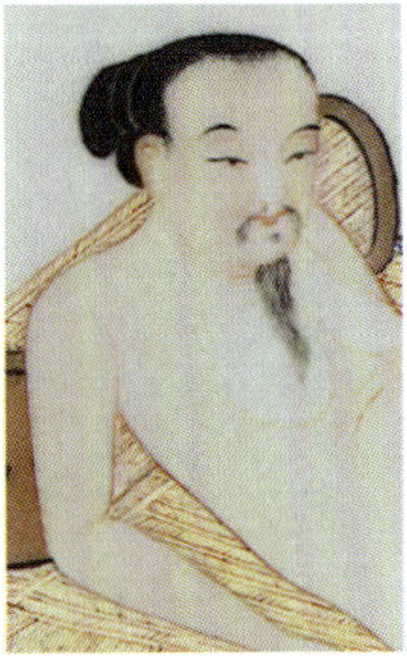

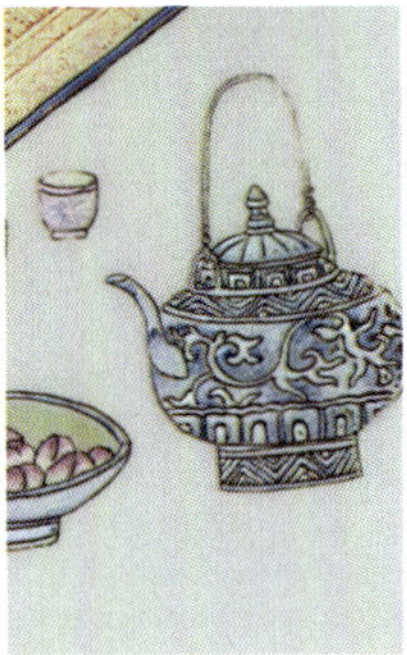

« Qu'obtient-on en pratiquant la copulation selon le chemin du Yin et du Yang ? Pour l'homme, la copulation sert à faire surgir ses énergies, pour la femme elle sert de protection contre les maladies. Ceux qui ne connaissent pas le bon chemin pensent que l'acte sexuel peut être nuisible à la santé.

Carreau de porcelaine rose

Début du XIXe siècle
29,5 x 22 cm

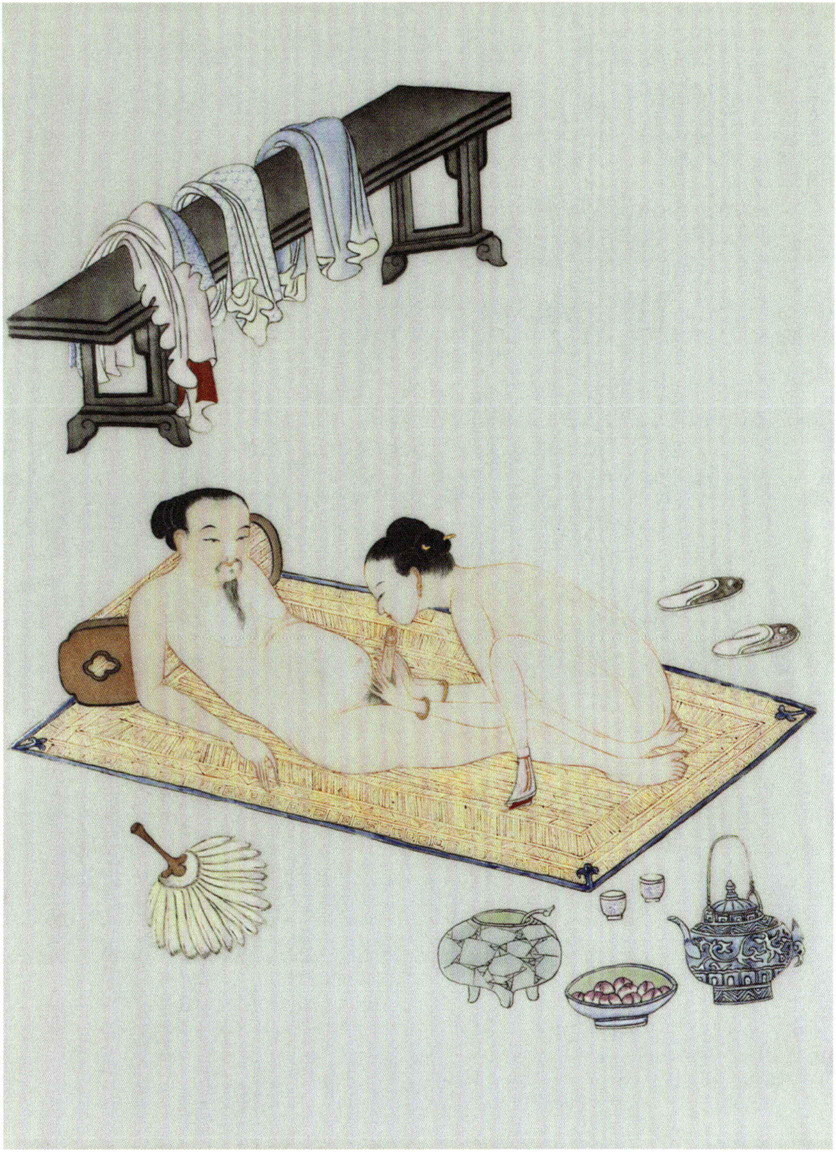

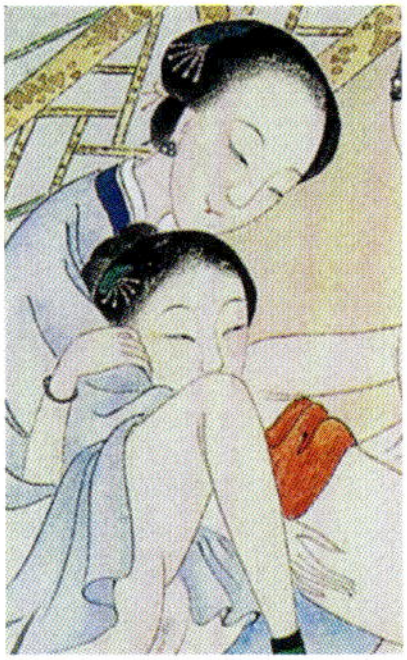

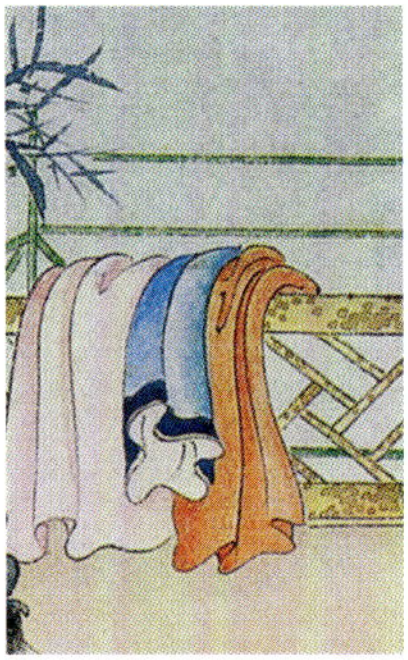

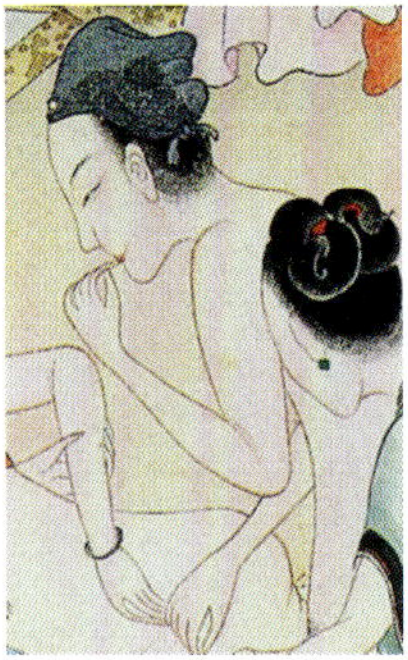

En vérité, l'acte sexuel n'a qu'un seul but : le plaisir et la joie corporelle, mais aussi la paix dans le cœur et la force de la volonté. L'être humain ne se sent ni repus ni affamé, il n'a ni froid ni chaud ; le corps est satisfait et l'âme aussi.

Peinture issue d'un livre de 12 pages

XIXe siècle
Papier, 26,8 x 32,1 cm

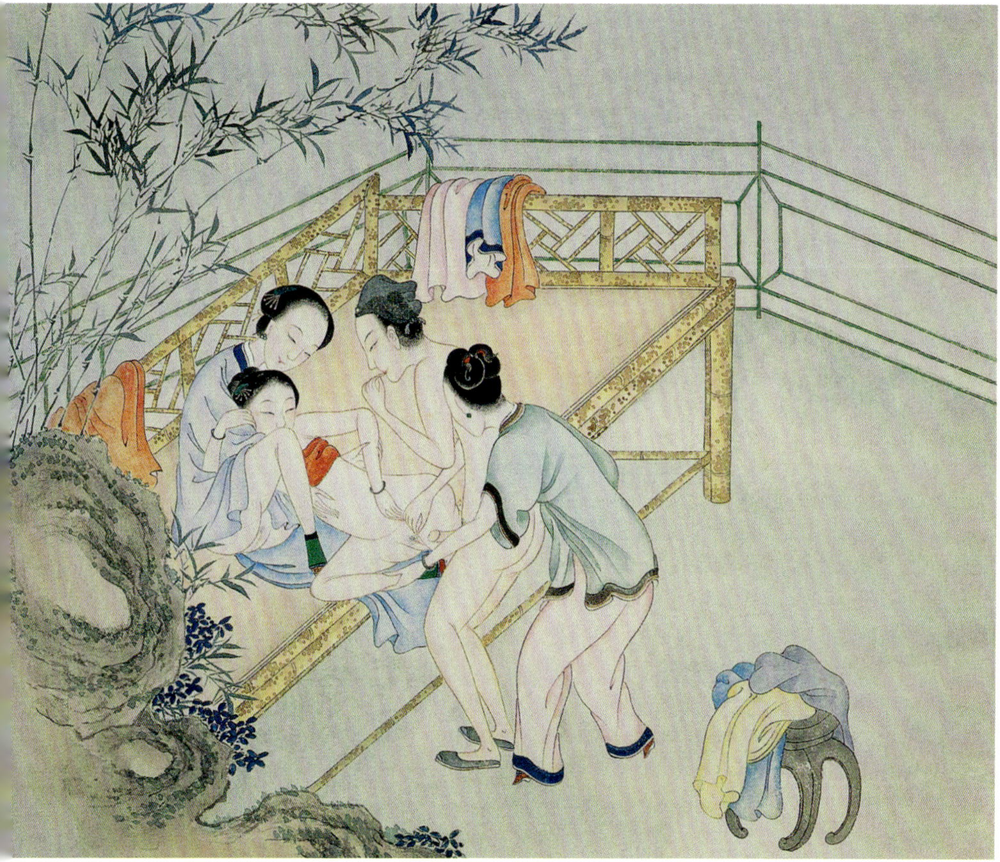

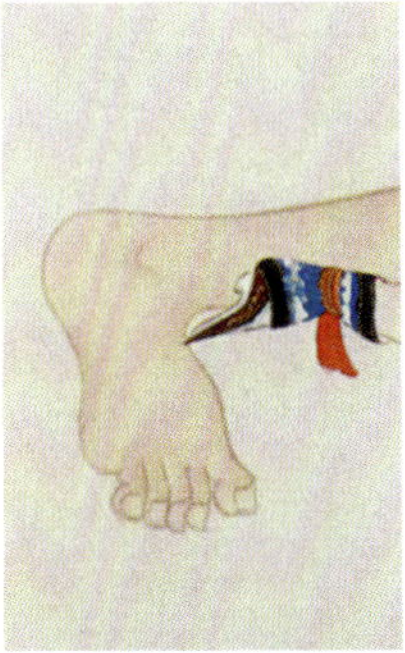

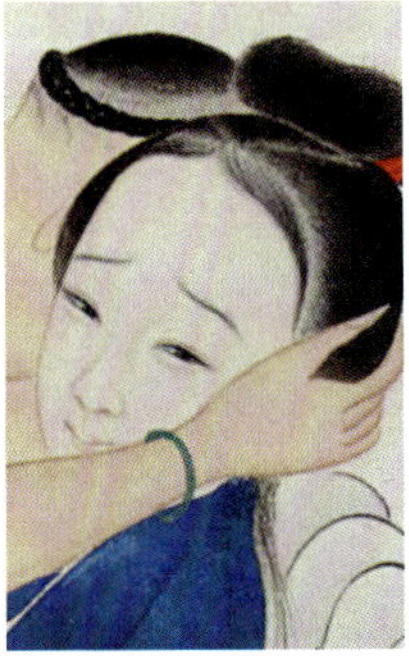

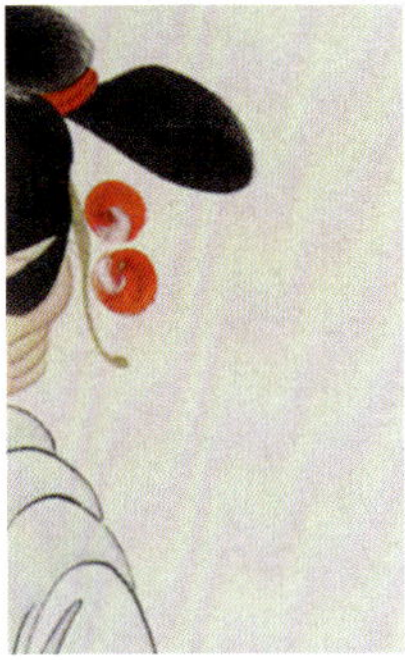

Majestueusement, l'énergie afflue et reflue, et nul désir ne trouble cette harmonie. Tel est le résultat d'une union bien accomplie. Si on suit cette règle, les femmes atteindront le plein plaisir et les hommes resteront toujours sains. »

Ainsi répondit Sunü.

Tous ces manuels conseillent de pratiquer l'amour aussi souvent que possible et même

Peinture issue d'un livre de 12 pages

XIXe siècle
Papier, 26,6 x 40,6 cm

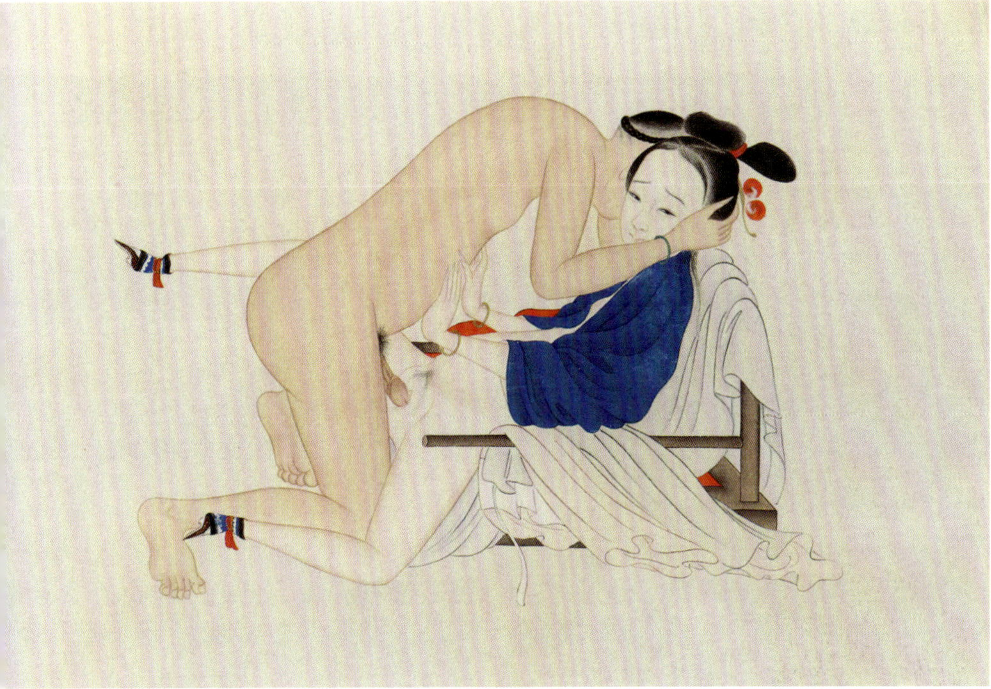

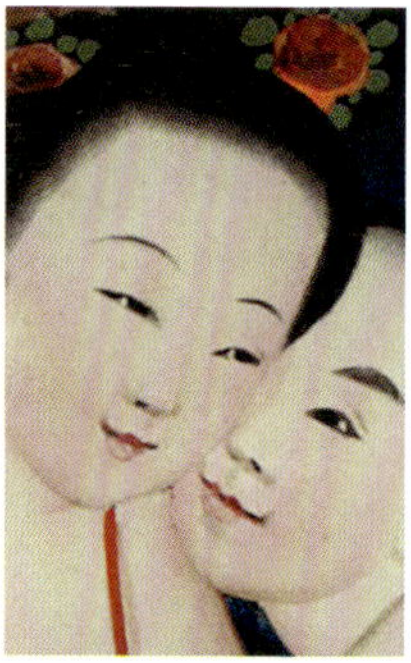

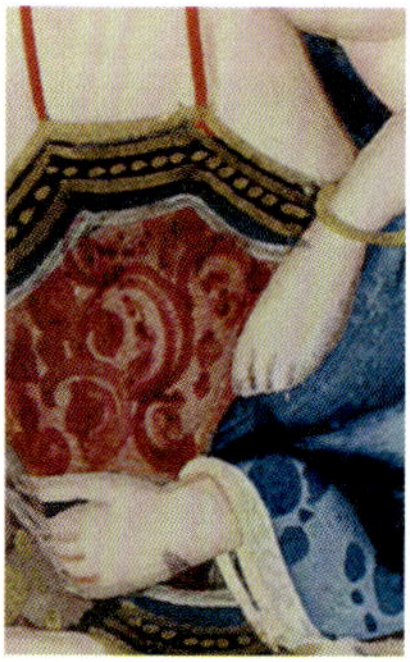

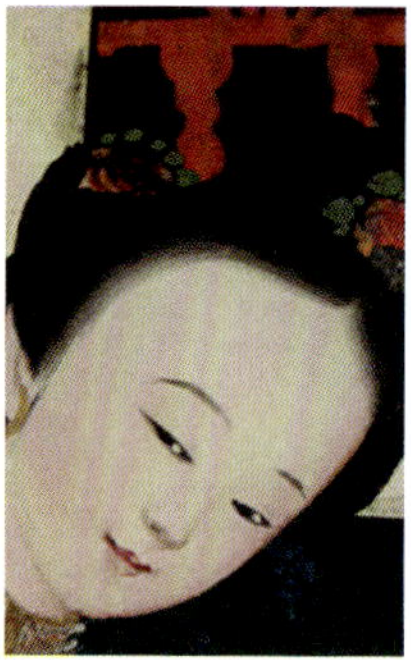

dans un âge avancé : « L'homme n'aimerait pas, peu importe son âge, vivre sans femme ; s'il est sans femme, sa concentration en souffre ; si sa concentration en souffre, les forces de son esprit s'affaiblissent ; si les forces de son esprit s'affaiblissent, sa durée de vie se raccourcit. »

Peinture sous verre

XIXe siècle
Diamètre : 12 cm

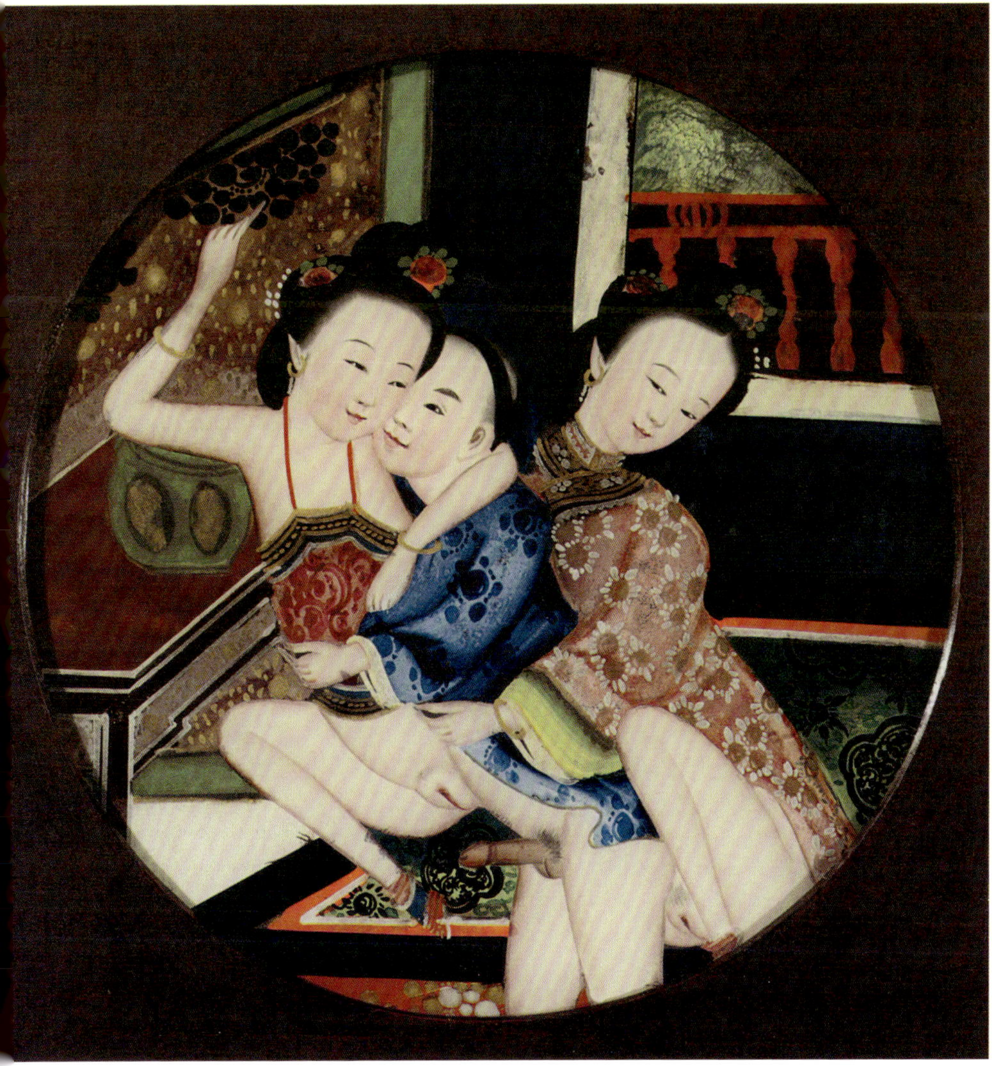

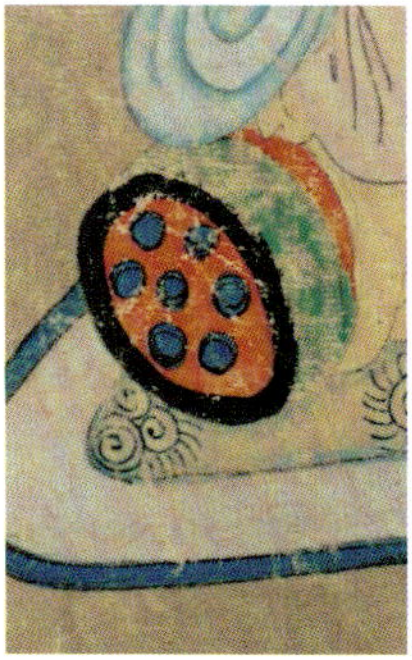

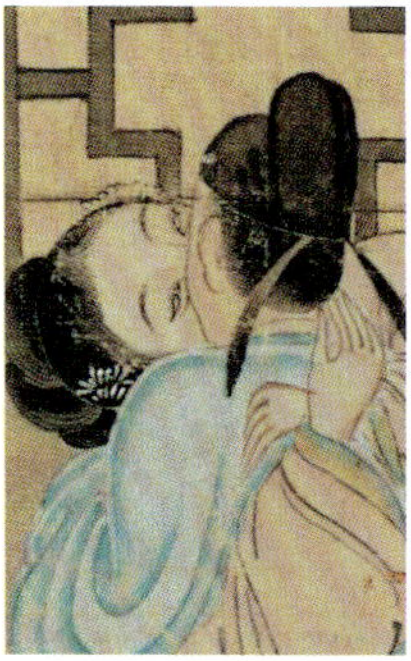

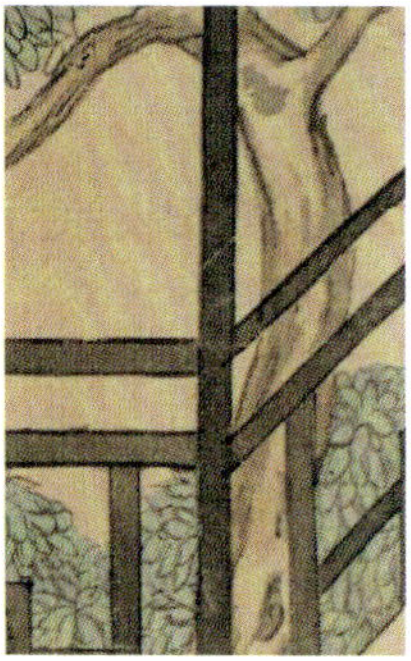

La bibliographie des œuvres de l'époque des Han, c'est-à-dire l'ère antérieure à la naissance du Christ, comporte huit livres entièrement consacrés à l'art d'aimer. Depuis cette époque la maxime suivante a été adoptée : « L'art de la relation sexuelle avec une femme consiste à rester maître de soi-même en

Peinture sur soie, extrait d'un livre de mariage

Les livres de mariage datant des XVIIIe et XIXe siècles illustraient, de manière délicate et détaillée, les différentes positions sexuelles de base. Ils étaient offert aux filles des familles chinoises les plus riches la veille de leur mariage, en tant que manuel d'éducation sexuelle de dernière minute

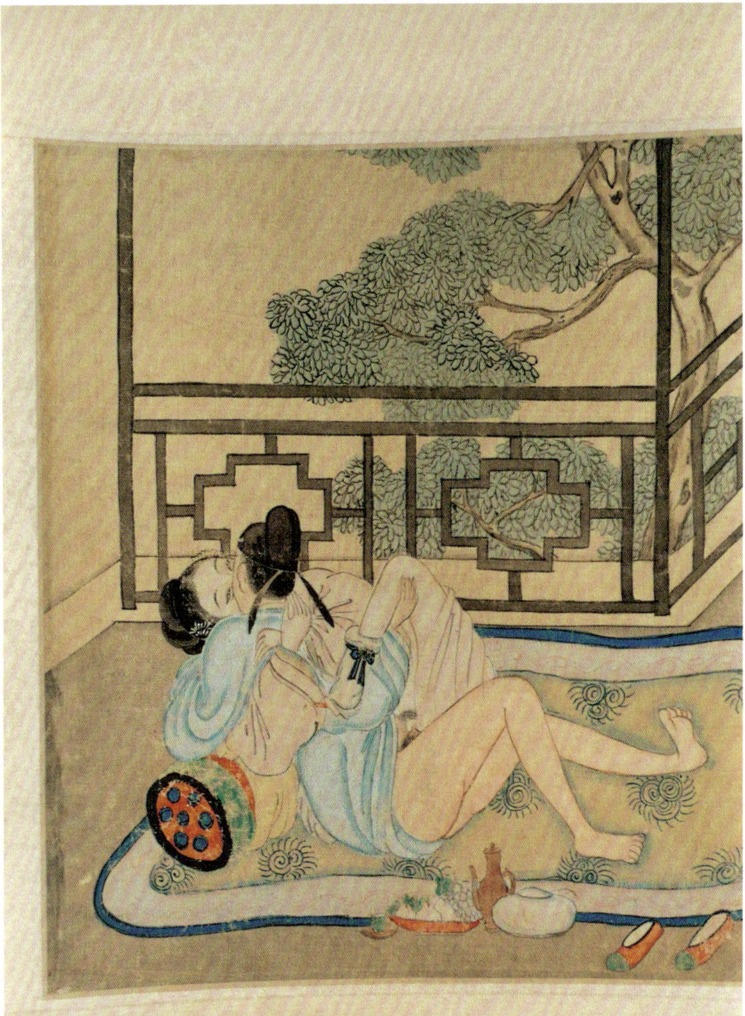

empêchant l'éjaculation afin que le sperme puisse regagner le cerveau. » Depuis, tout Chinois cultivé se doit de connaître la technique de renforcement de la puissance masculine nommée « boire à la fontaine de jade » : il fallait rester dans la femme pendant qu'elle avait son orgasme et ne la quitter qu'après, sans déverser son sperme.

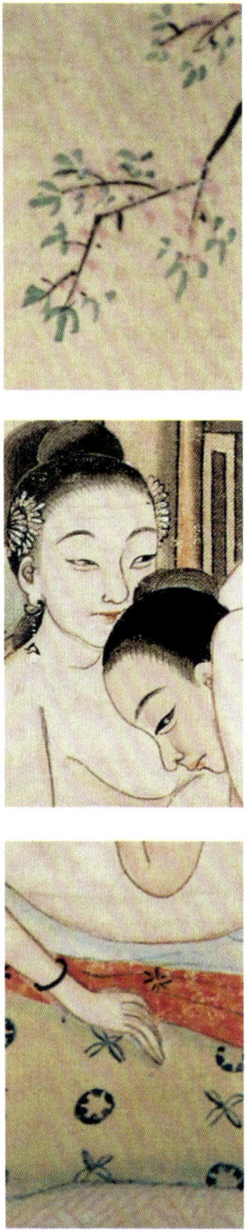

Peinture sur soie, extrait d'un livre de mariage

XVIIIe - XIXe siècle

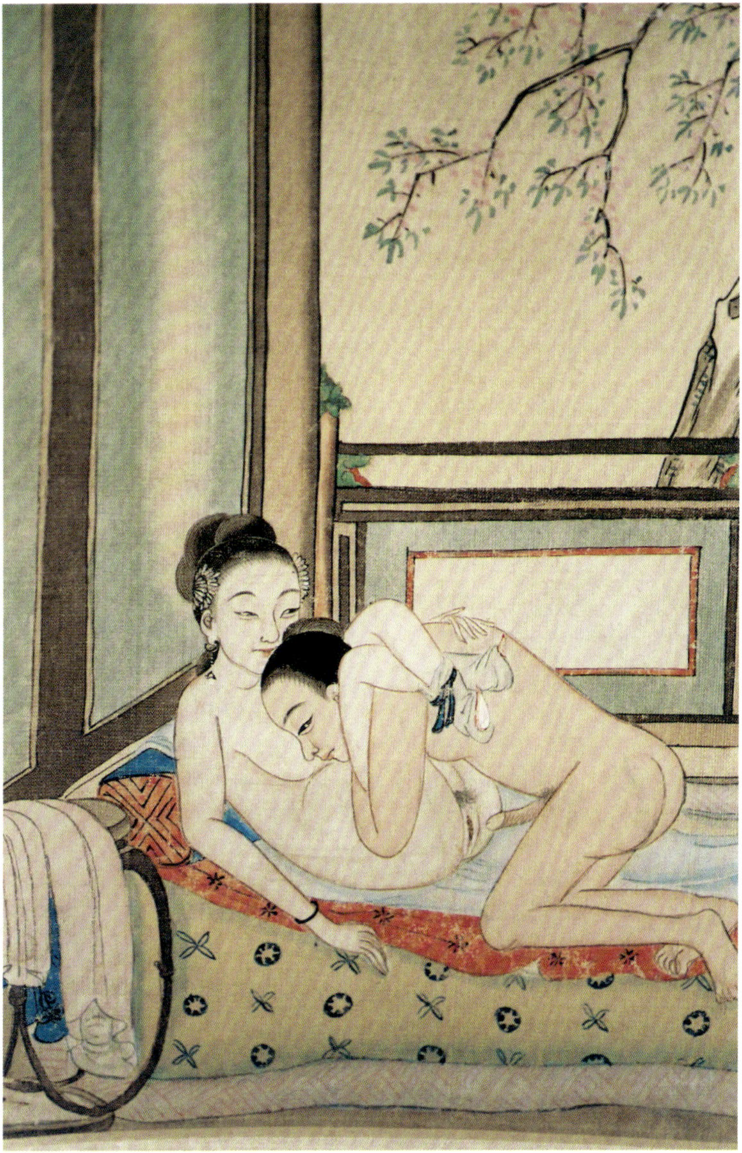

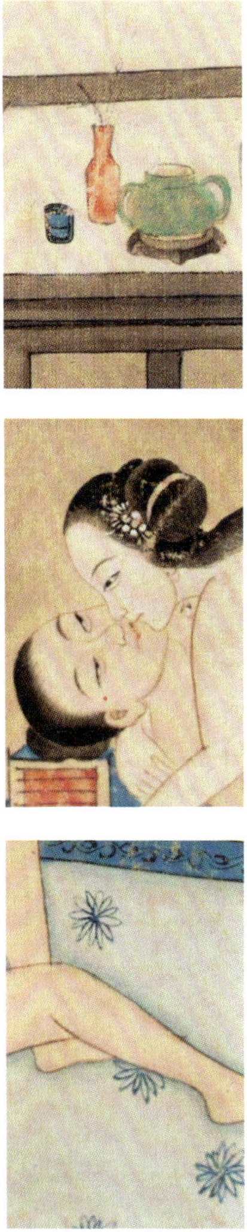

Les traités enseignent que l'on pouvait même avoir plusieurs relations avec différentes femmes, dans une même nuit, si on suivait cette technique. Une sagesse taoïste en rappelle l'aspect positif pour la santé :

> « Ceux qui sont capables d'avoir plusieurs relations sexuelles chaque jour sans déverser leur sperme,

Peinture sur soie, extrait d'un livre de mariage

XVIIIe - XIXe siècle

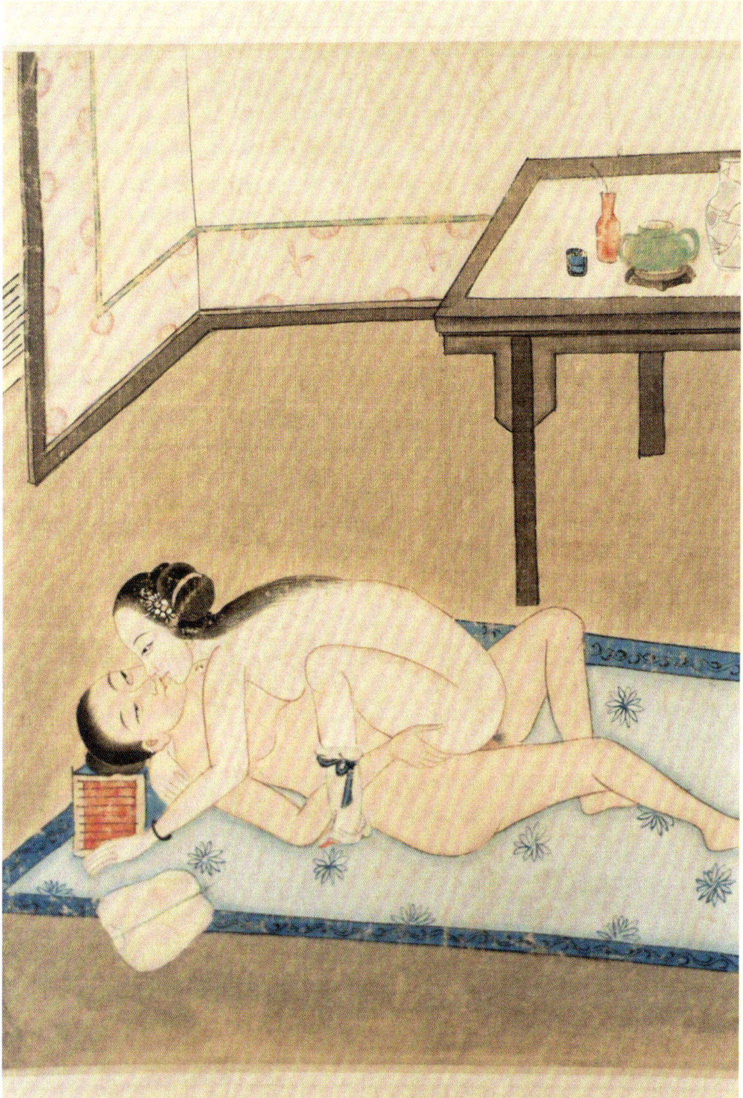

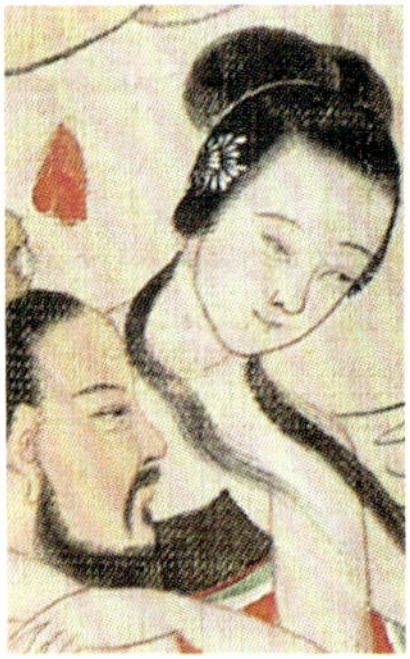

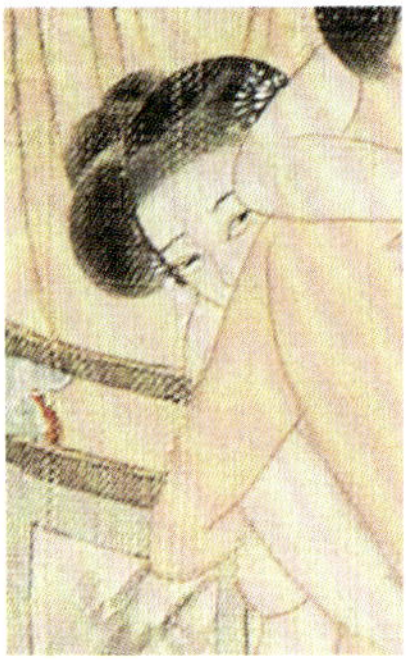

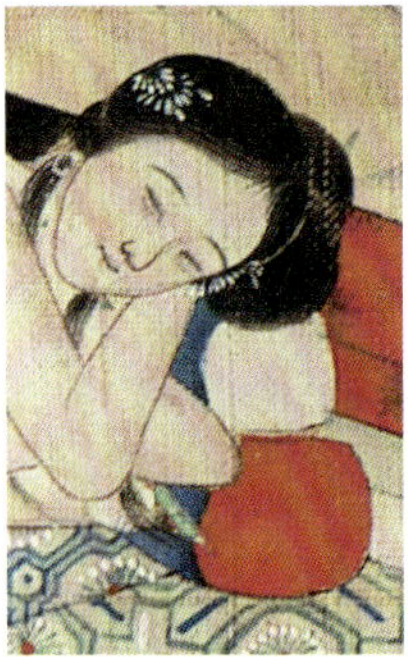

guériront de toutes leurs maladies et atteindront un âge fort avancé. Si les rapports sexuels ne se limitent pas à une seule femme, le succès de cette méthode ne sera qu'agrandi. Le mieux étant de faire l'amour avec dix femmes ou plus, au cours d'une même nuit. »

Peinture sur soie, extrait d'un livre de mariage

XVIIIe - XIXe siècle

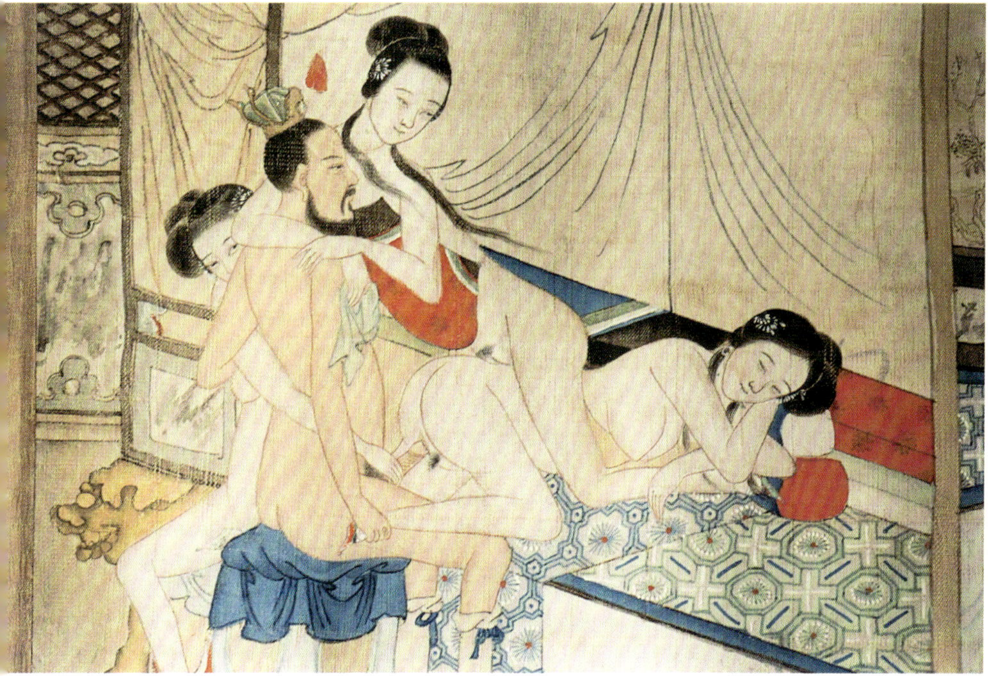

Sexe, médecine et religion sont donc étroitement liés dans le taoïsme en raison du nombre important de flux énergétiques qui traversent le corps. Il existe une relation entre le monde extérieur dans lequel l'homme vit et l'intérieur individuel de chacun. La sexualité est ainsi appelée à jouer un rôle central dans la vie de chacun.

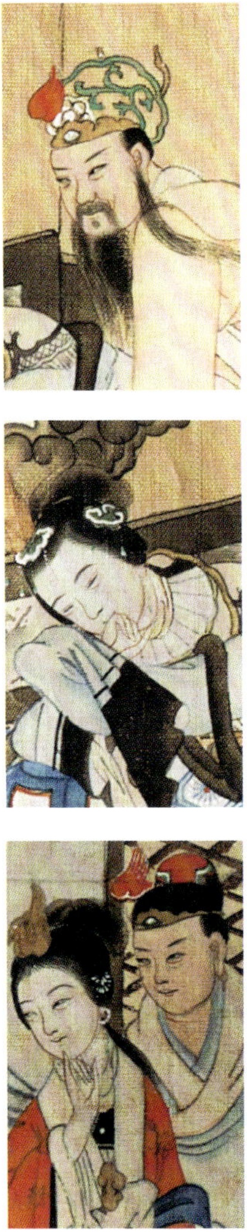

Peinture sur soie, extrait d'un livre de mariage

XVIIIe - XIXe siècle

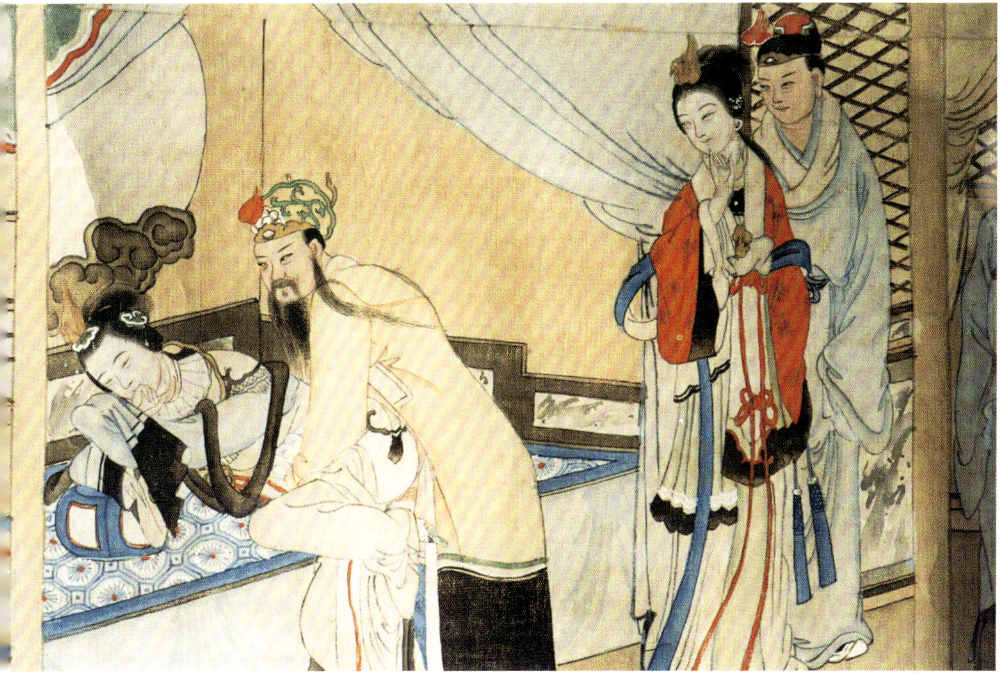

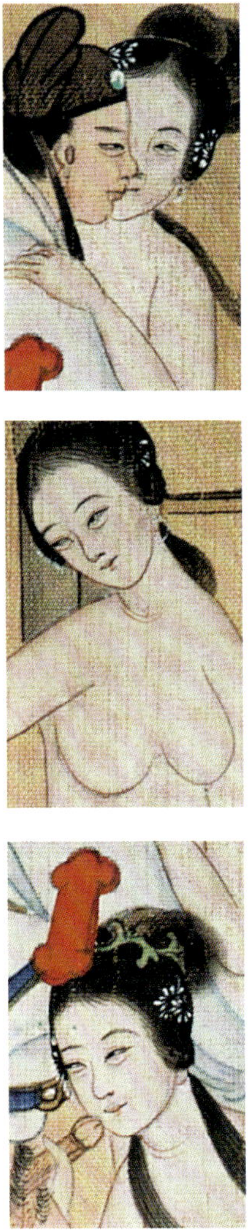

C'est pourquoi l'homme considérait la satisfaction sexuelle de plusieurs femmes comme un devoir. Et cela sans avoir épuisé toutes ses énergies. Logiquement, les hommes devaient apprendre différentes techniques érotiques afin de procurer à plusieurs femmes des orgasmes répétés, sans vivre pour autant leur propre orgasme. L'éducation taoïste,

Peinture sur soie, extrait d'un livre de mariage

XVIIIe - XIXe siècle

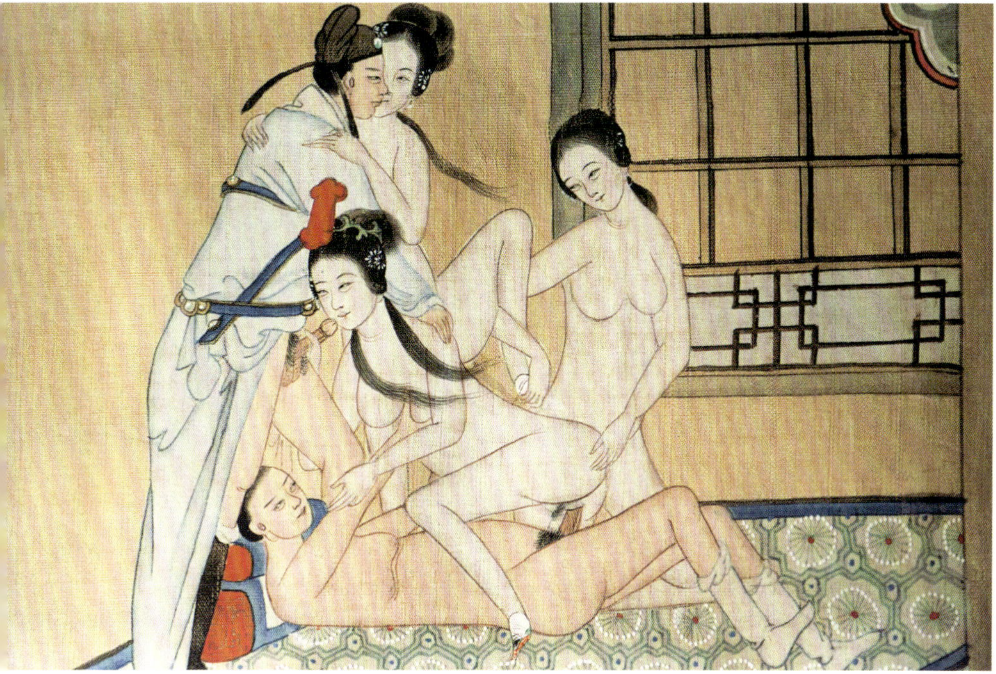

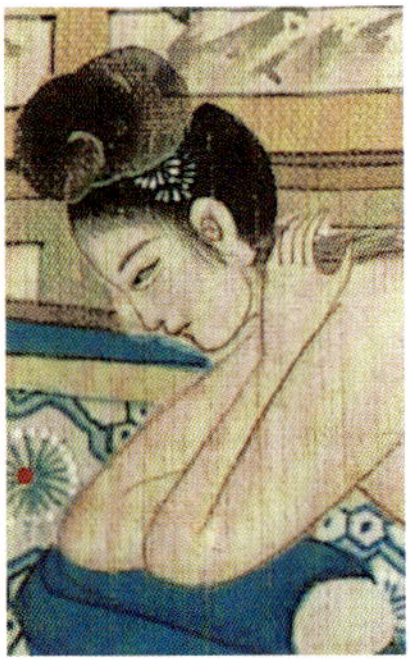

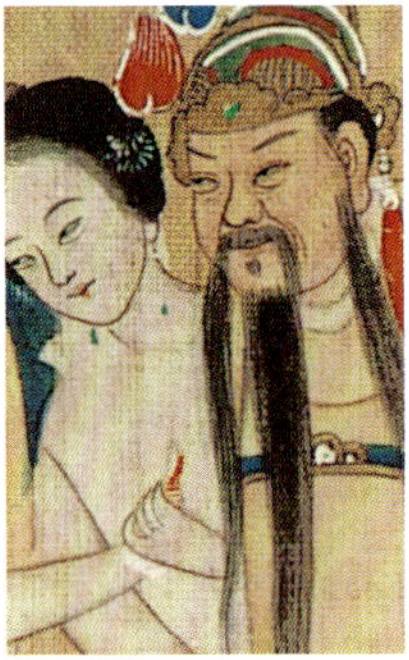

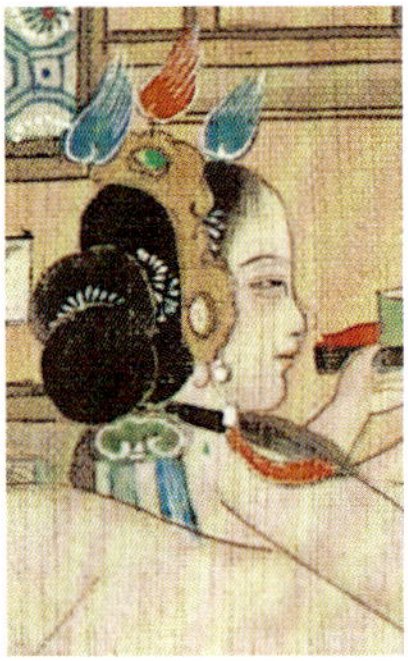

depuis l'effort le plus simple jusqu'aux cimes spirituelles les plus élevées, se fondait sur le contrôle des énergies sexuelles. Le tantrisme, influencé par le bouddhisme, correspondait par opinions et intentions en grande partie au taoïsme.

Le plus fort développement de l'art érotique se concentra principalement dans les riches

Peinture sur soie, extrait d'un livre de mariage

XVIIIe - XIXe siècle

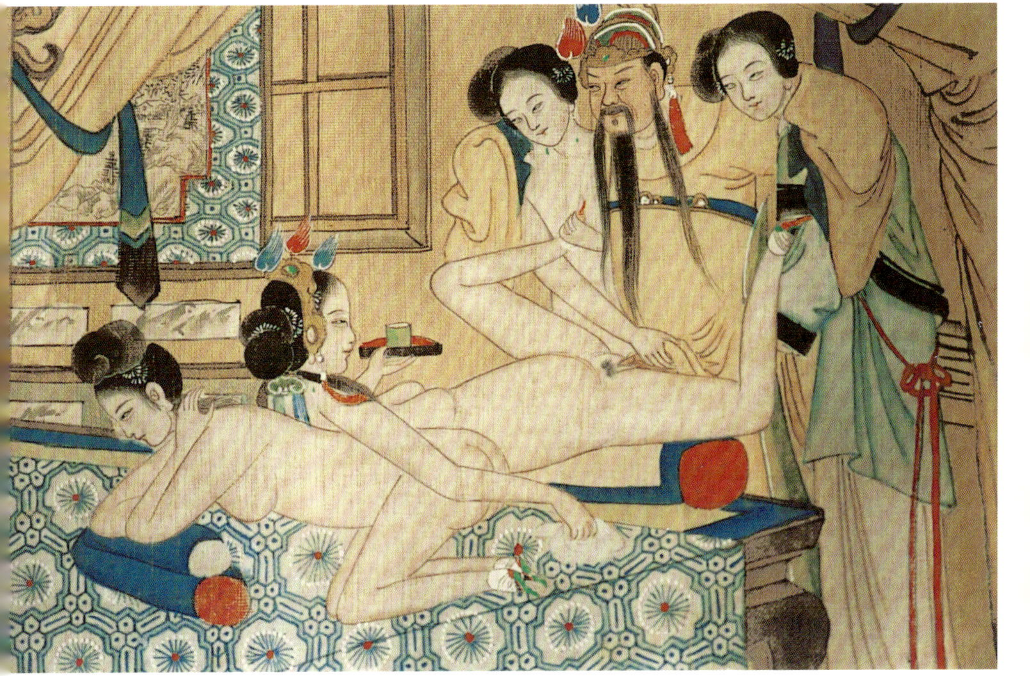

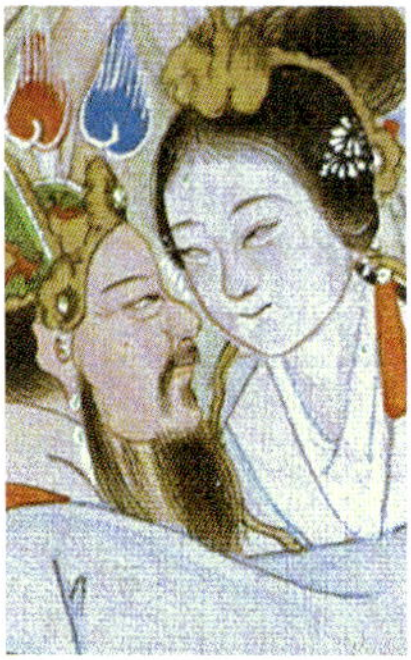

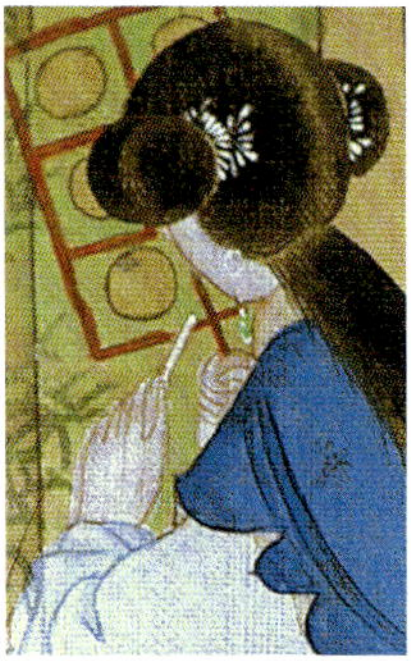

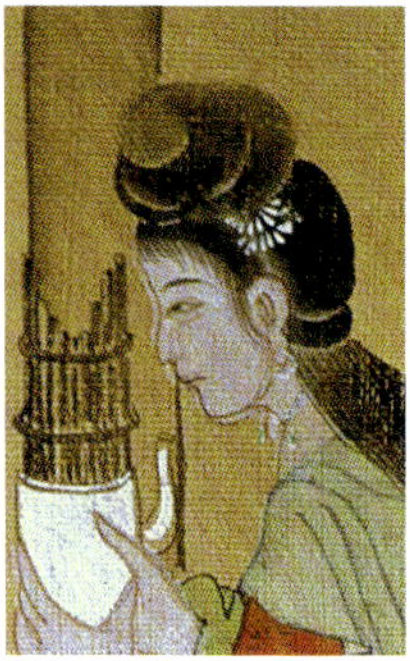

cités commerciales du sud de la Chine, au commencement de cette période considérée comme le début des temps modernes pour le continent asiatique. À partir du Xe siècle, des villes aussi fameuses que Suzhou, Hangzhou ou Quanzhou étaient les plus florissantes du monde entier. Les commerçants fréquentaient des bordels luxueux, des maisons de vin et

Peinture sur soie, extrait d'un livre de mariage

XVIIIe - XIXe siècle

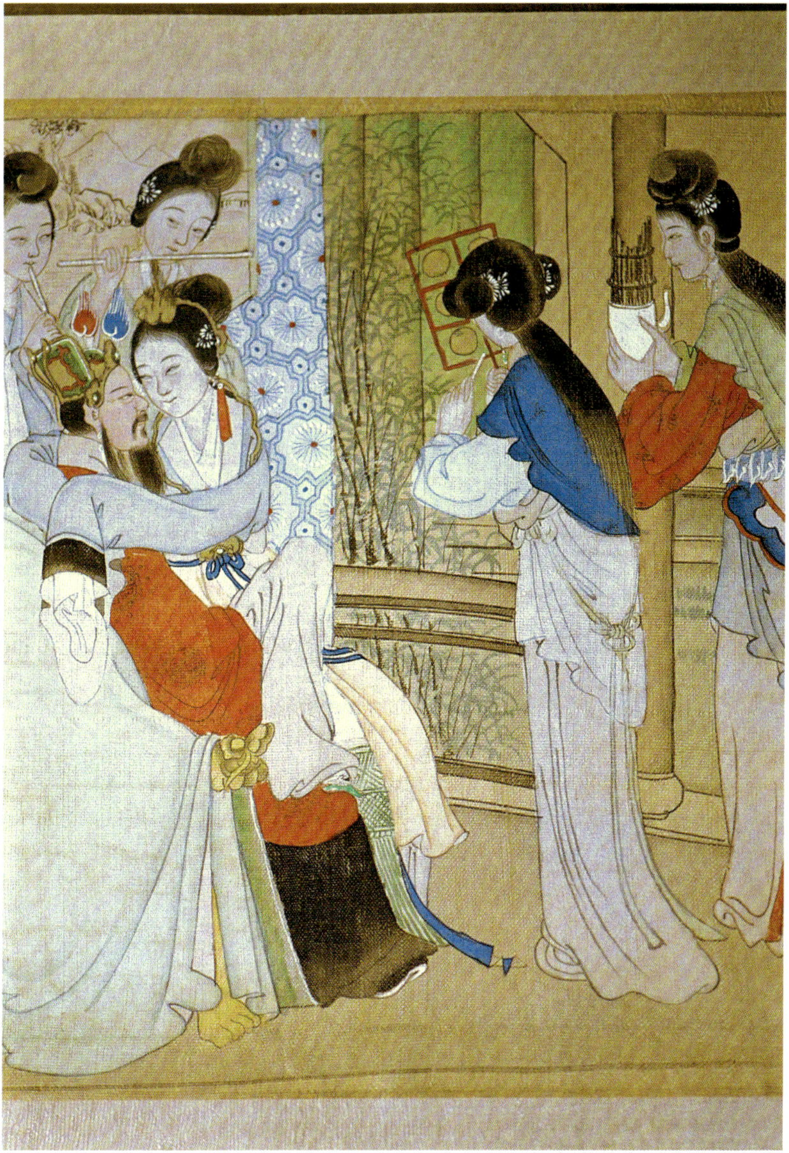

autres lieux du plaisir, comme les maisons de thé ou les bains. Ils formaient une subculture aujourd'hui largement documentée par les écrits et romans de cette époque. La culture des courtisanes en faisait partie.

L'âge d'or de l'art érotique chinois date de la fin de la période Ming (1368-1644) qui se

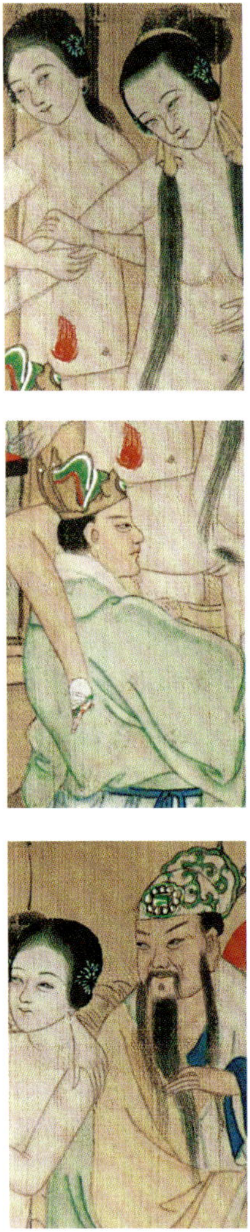

Peinture sur soie, extrait d'un livre de mariage

XVIIIe - XIXe siècle

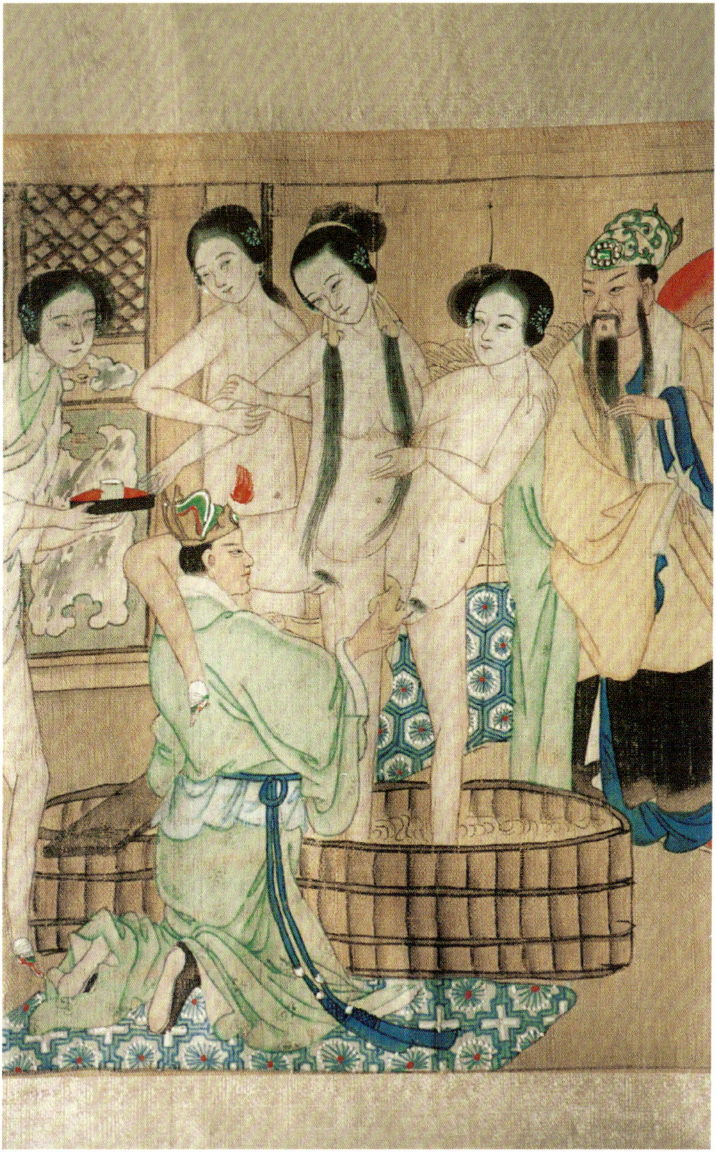

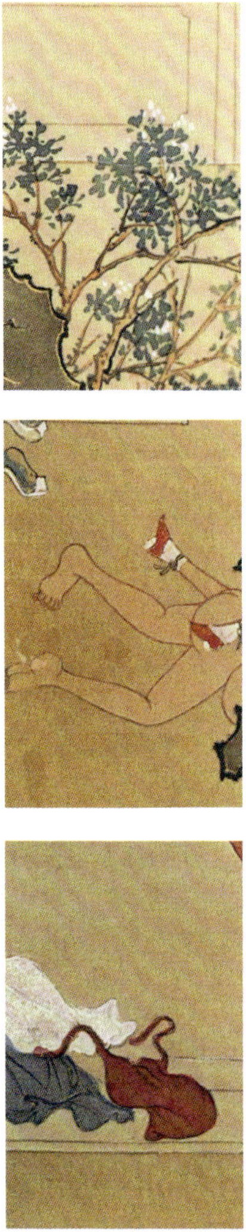

caractérise par une liberté relativement grande et par l'épanouissement de toutes sortes d'arts et de sciences.

La pruderie du confucianisme fut à l'origine de la destruction d'un grand nombre de peintures érotiques qui illustraient les anciens manuels taoïstes. Le confucianisme réfutait l'érotisme, prônait la séparation des sexes

Peinture sur soie, extrait d'un livre de mariage

XVIIIe - XIXe siècle

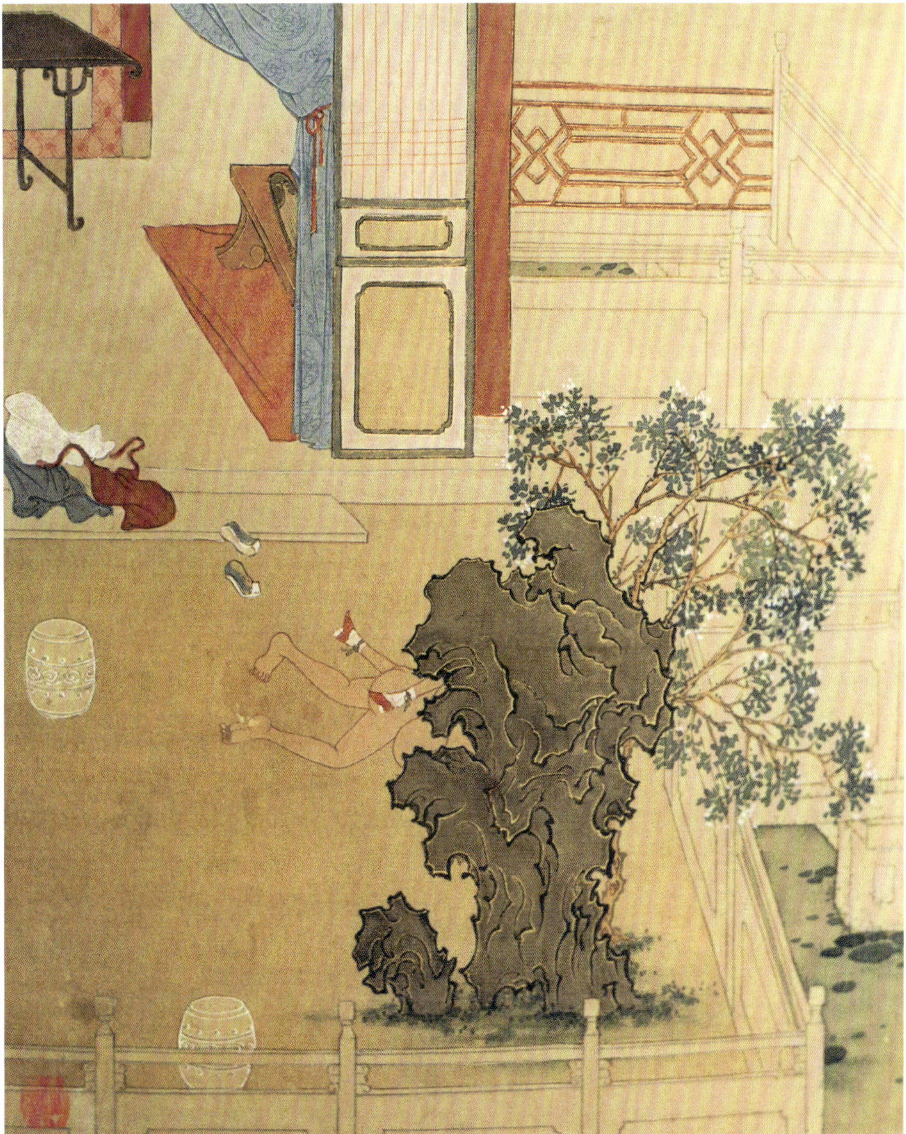

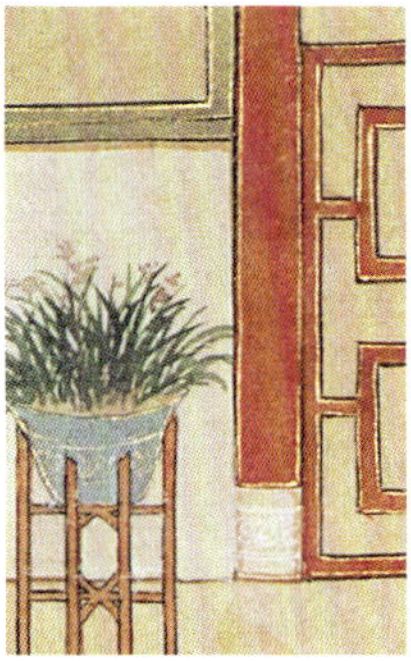

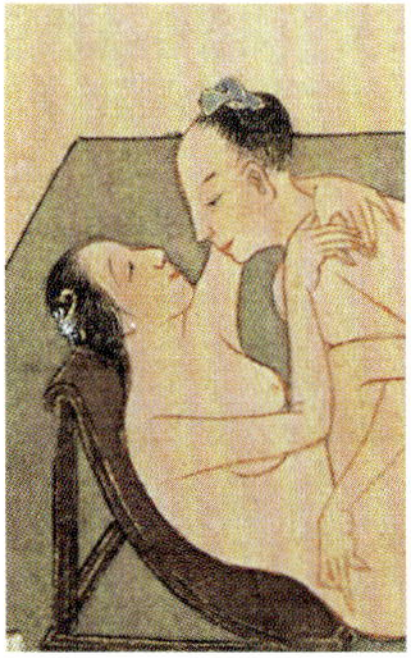

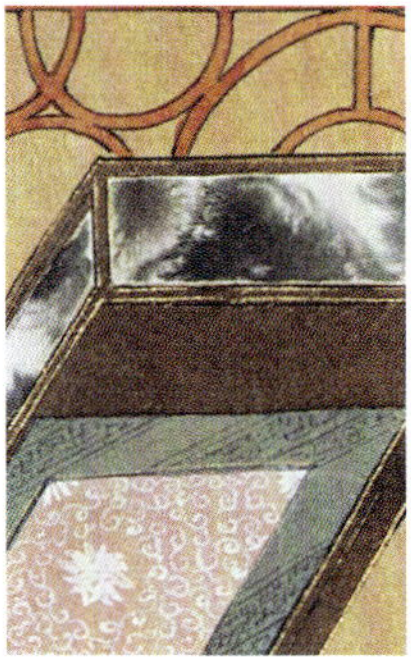

ainsi que la subordination des passions personnelles aux lois de la famille et de l'État.

Plus tard, le christianisme joua un rôle néfaste en favorisant ces pratiques iconoclastes. Ce qui avait survécu à toutes ces époques disparut finalement lors de la révolution culturelle maoïste. Ces détours philosophiques peuvent sans doute expliquer

Peinture sur soie, extrait d'un livre de mariage

XVIIIe - XIXe siècle

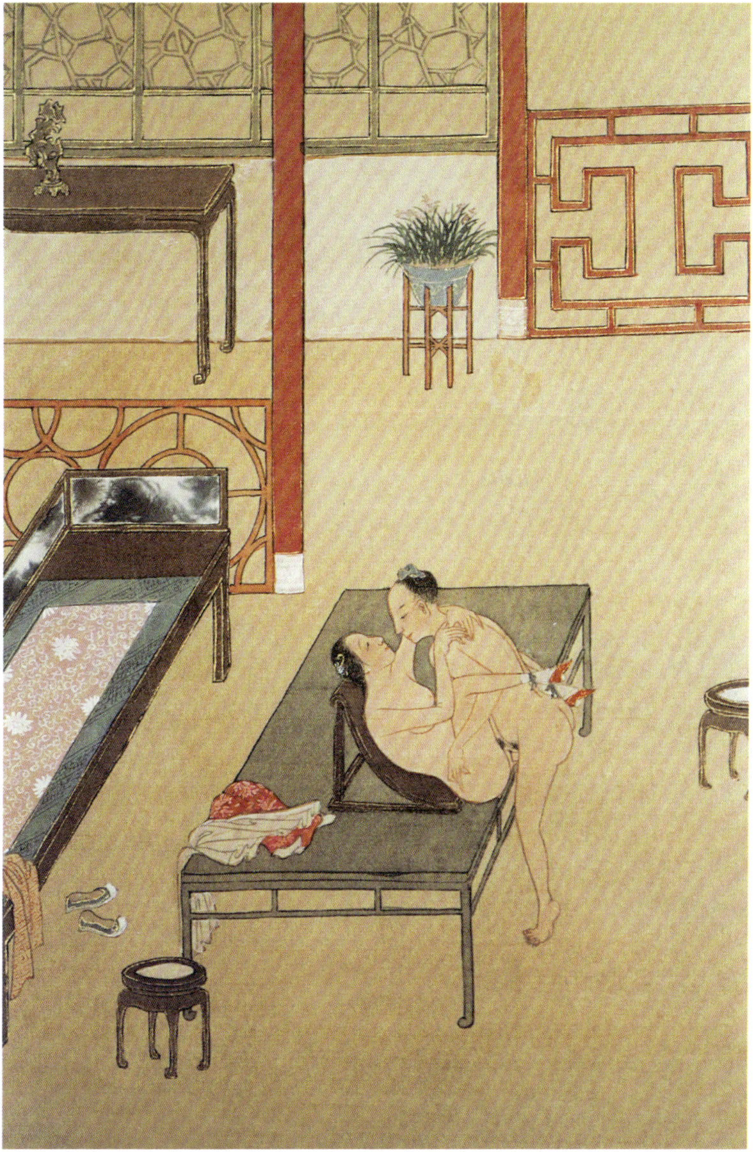

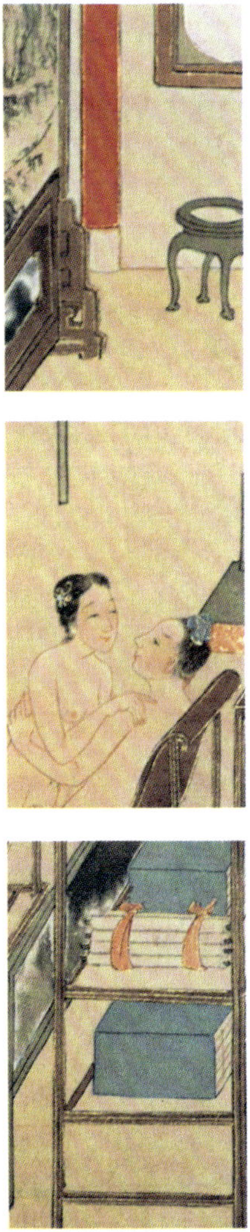

la délicatesse de l'érotisme chinois. Comme des moulins à prières, on répète ces indications dans les livres sur la Chine. Pourtant, l'érotisme asiatique reste encore très énigmatique. En tant qu'Européens, nous nous demandons comment l'extase sensuelle peut se marier avec une technique si finement

Peinture sur soie, extrait d'un livre de mariage

XVIIIe - XIXe siècle

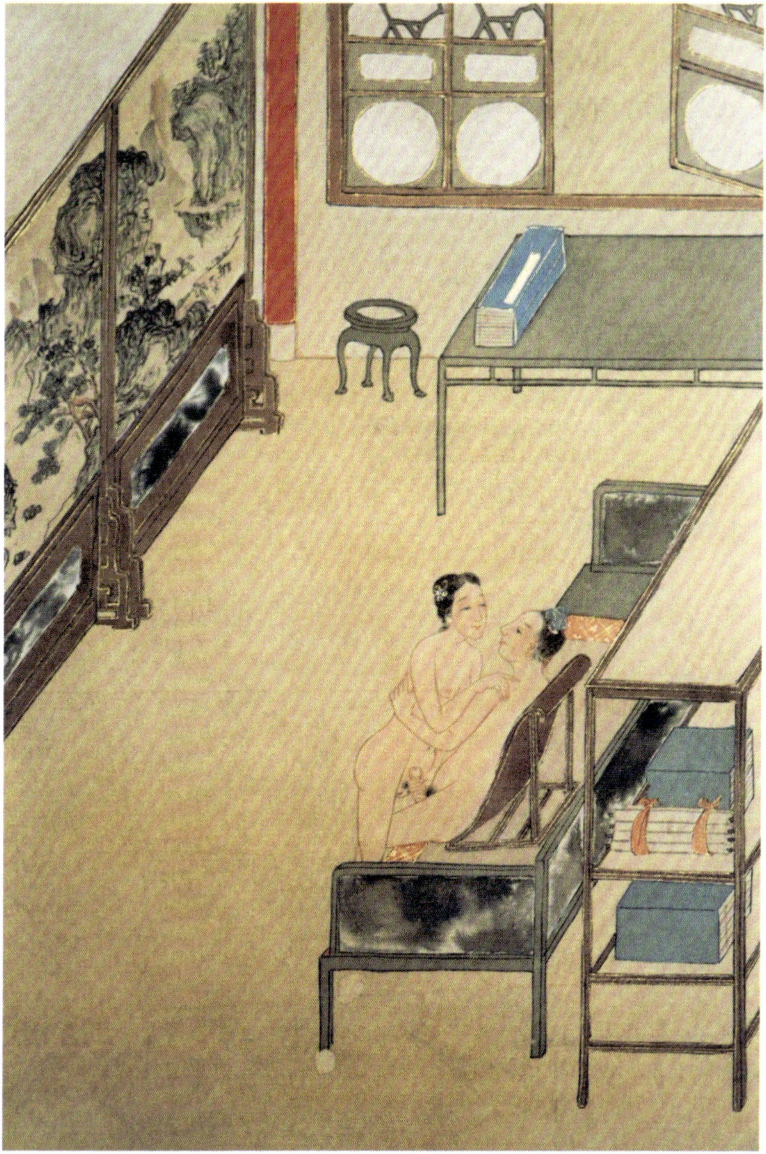

élaborée et une telle myriade de prescriptions et de recettes. Ne perd-on pas de cette façon la spontanéité des émotions et les sentiments passionnels ? Toute cette culture de la finesse, du petit et du pur n'obéit-elle pas à un mécanisme d'édulcoration et d'idéalisation ?

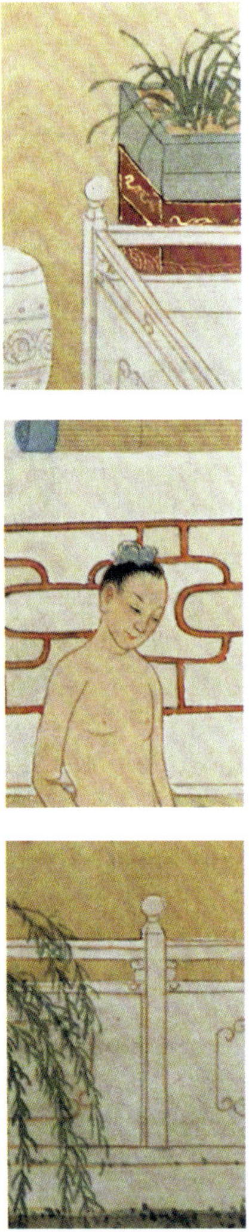

Peinture sur soie, extrait d'un livre de mariage

XVIIIe - XIXe siècle

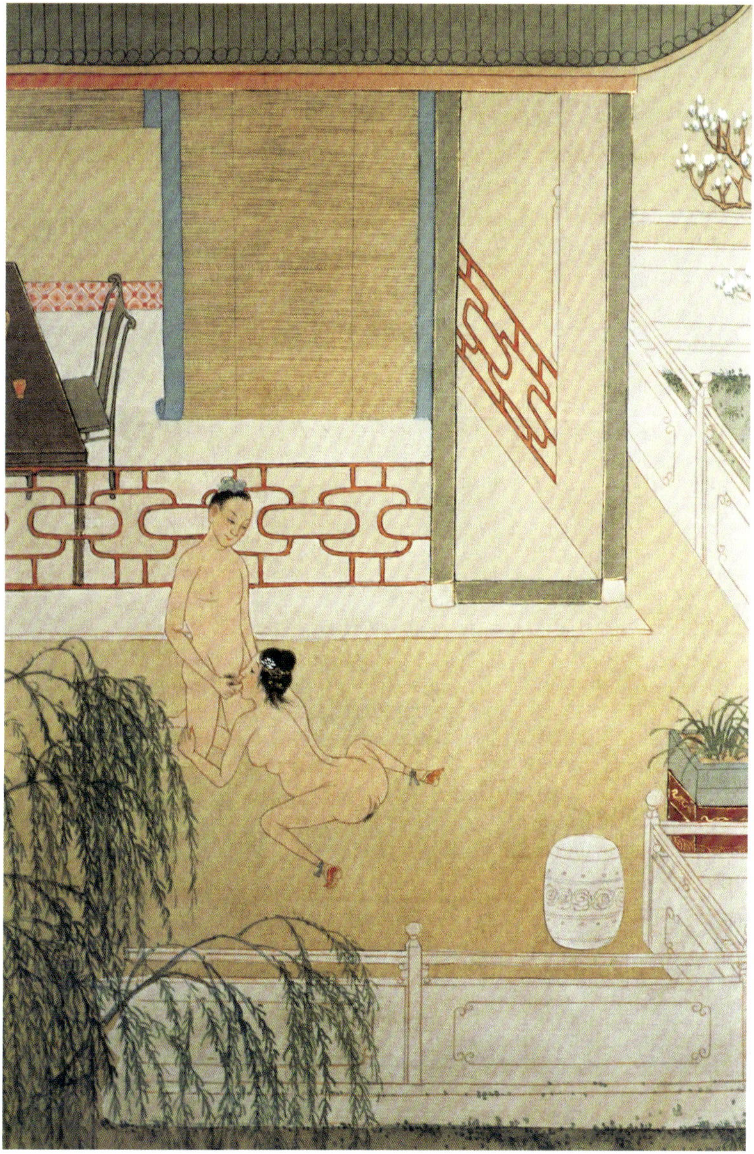

N'assistons-nous pas à une mutation vers le contraire ? Et ce contrôle si subtil des pulsions, n'indique-t-il pas des angoisses refoulées, cachées par l'explication officielle et idéologique de l'amour ?

Éviter l'orgasme masculin, c'est sûrement aujourd'hui une mesure très raisonnable afin

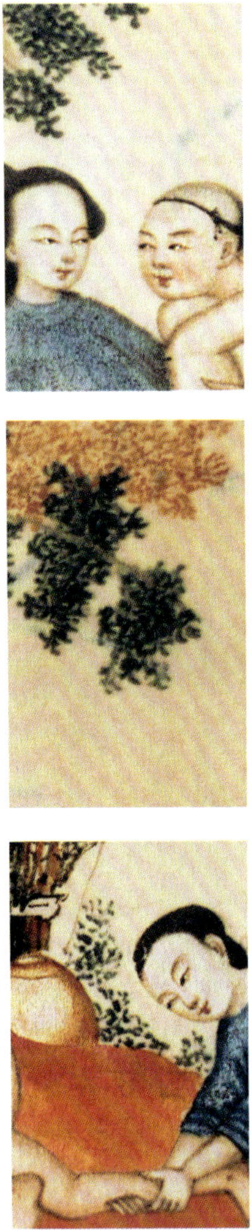

Peinture sur soie, extrait d'un livre de mariage

XVIIIe - XIXe siècle

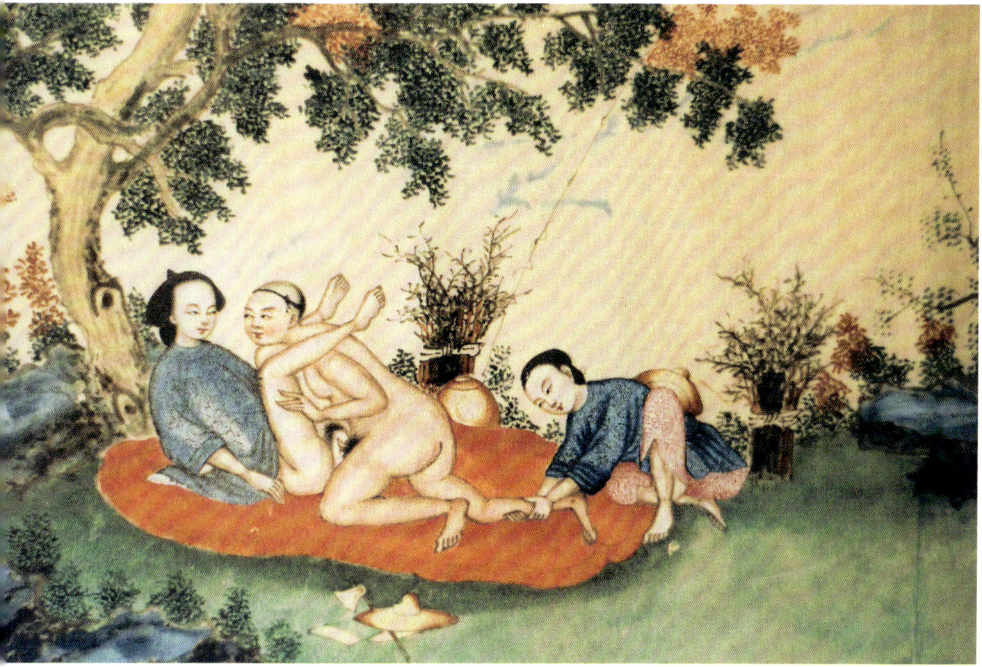

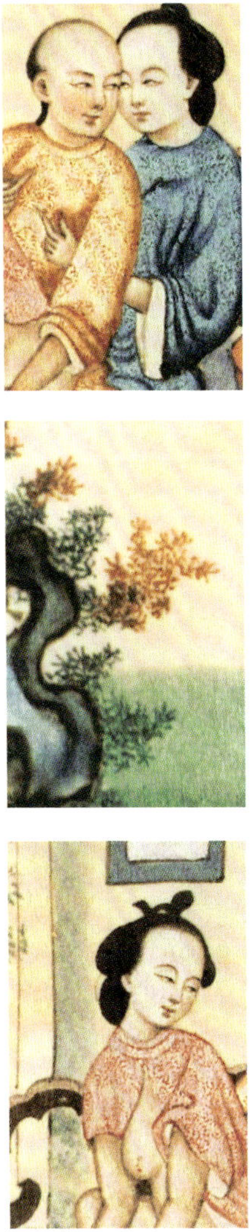

de réduire le nombre de naissances, mais quand ce fait est expliqué par la perte d'énergies vitales, on soupçonne une toute autre motivation. N'y a-t-il pas ici une peur de l'orgasme, en tant que peur de la dilution onirique du soi ? Effectivement, l'orgasme

Peinture sur soie, extrait d'un livre de mariage

XVIIIe - XIXe siècle

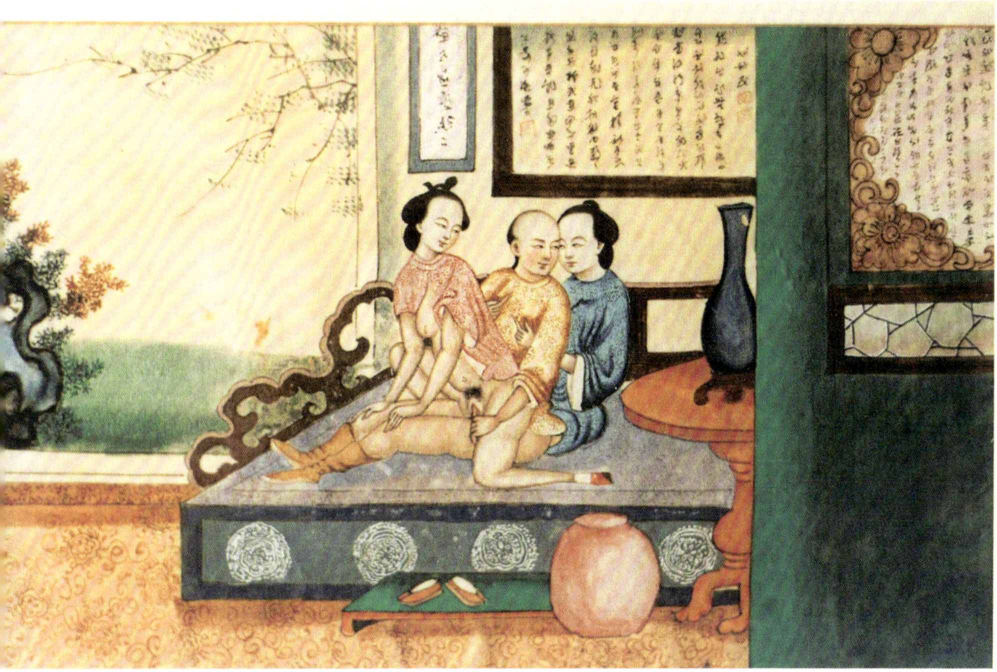

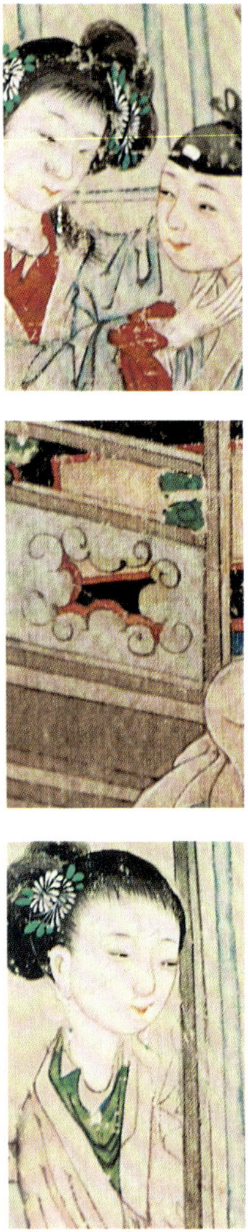

signifie « petite mort » car en lui s'abolissent pour un instant les frontières de l'individu que nous construisons.

Fuir la mort : cela ne signifierait-il pas, pour cette sexualité centrée autour du mâle, fuir l'union avec la femme ? L'homme comprend-il la peur de la mort comme une peur du matriarcat ?

Peinture sur soie, extrait d'un livre de mariage

XVIIIe - XIXe siècle

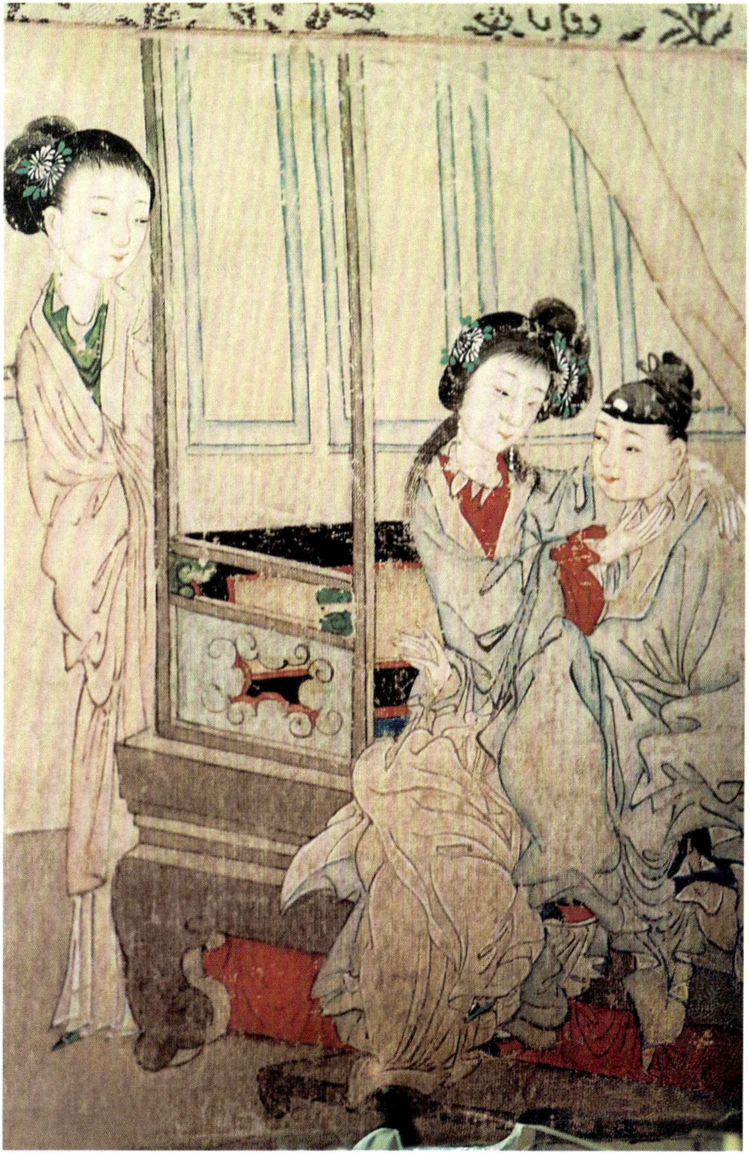

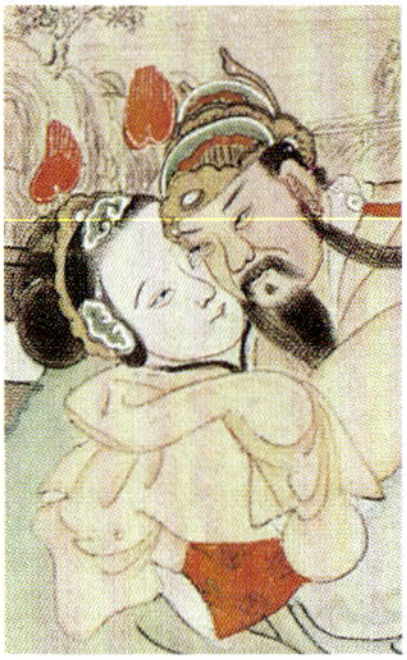

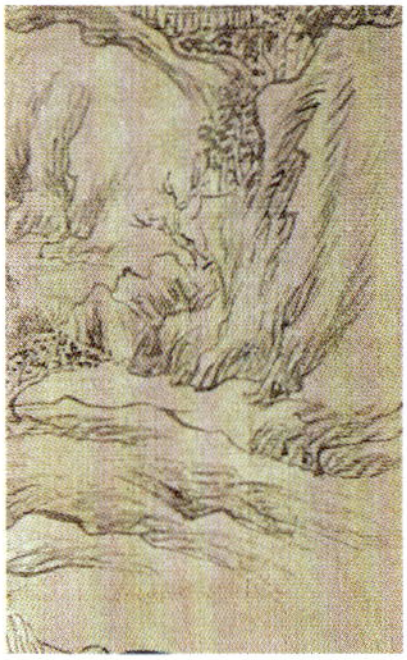

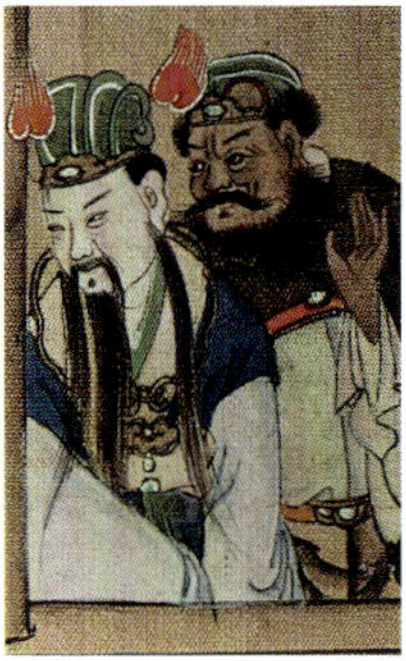

La chasteté ne peut être que dangereuse ; mais la perte du sperme en tant que perte de la substance même de la vie ne l'est pas moins. Si un jeune homme néglige sa vie sexuelle, il sera hanté par des fantômes qui surgiront dans ses rêves sous forme de séduisantes jeunes femmes. S'il leur cède, elles

Peinture sur soie, extrait d'un livre de mariage

XVIIIe - XIXe siècle

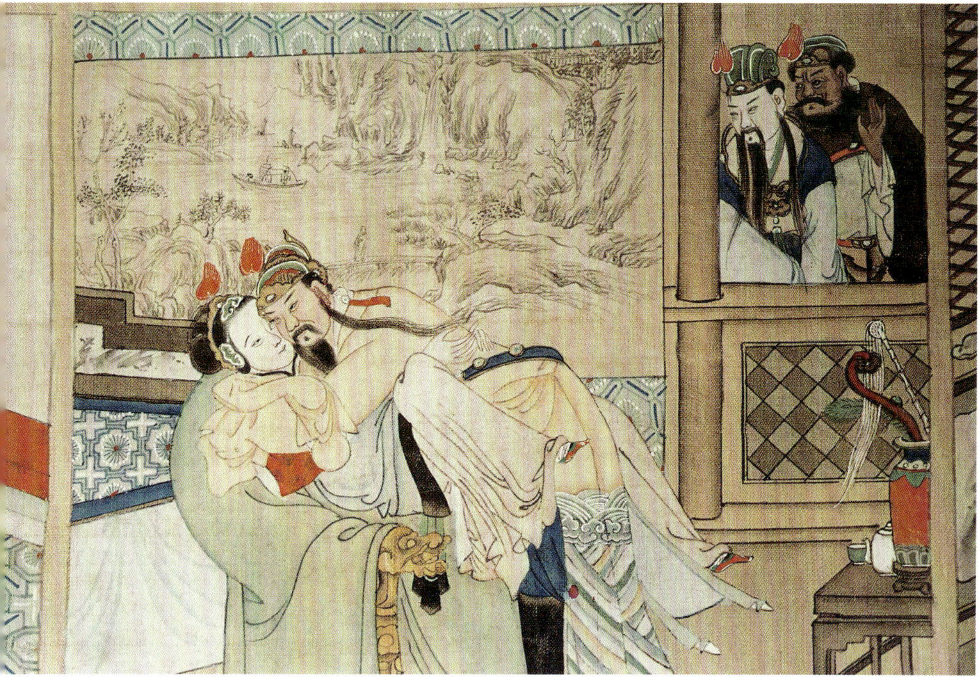

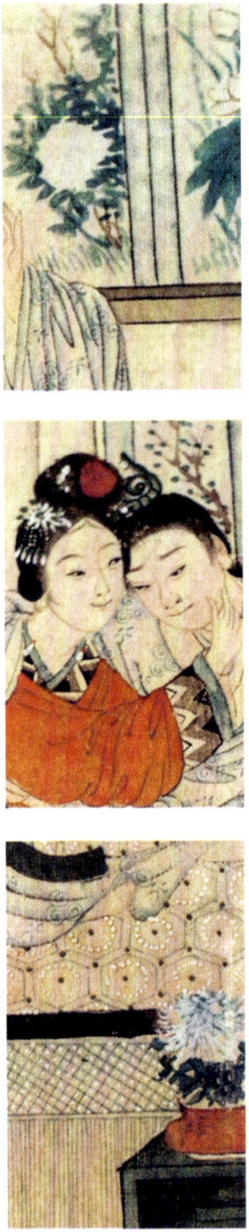

suceront sa force vitale. C'est exactement sur ce point que la tradition chinoise rencontre la tradition européenne. Dans le rêve, c'est l'inconscient qui réclame son droit. Ainsi préconise-t-on des rapports réguliers.

Dans ce sens, la sexualité chinoise semble être serrée dans un étau, entre deux peurs

Peinture sur soie, extrait d'un livre de mariage

XVIIIe - XIXe siècle

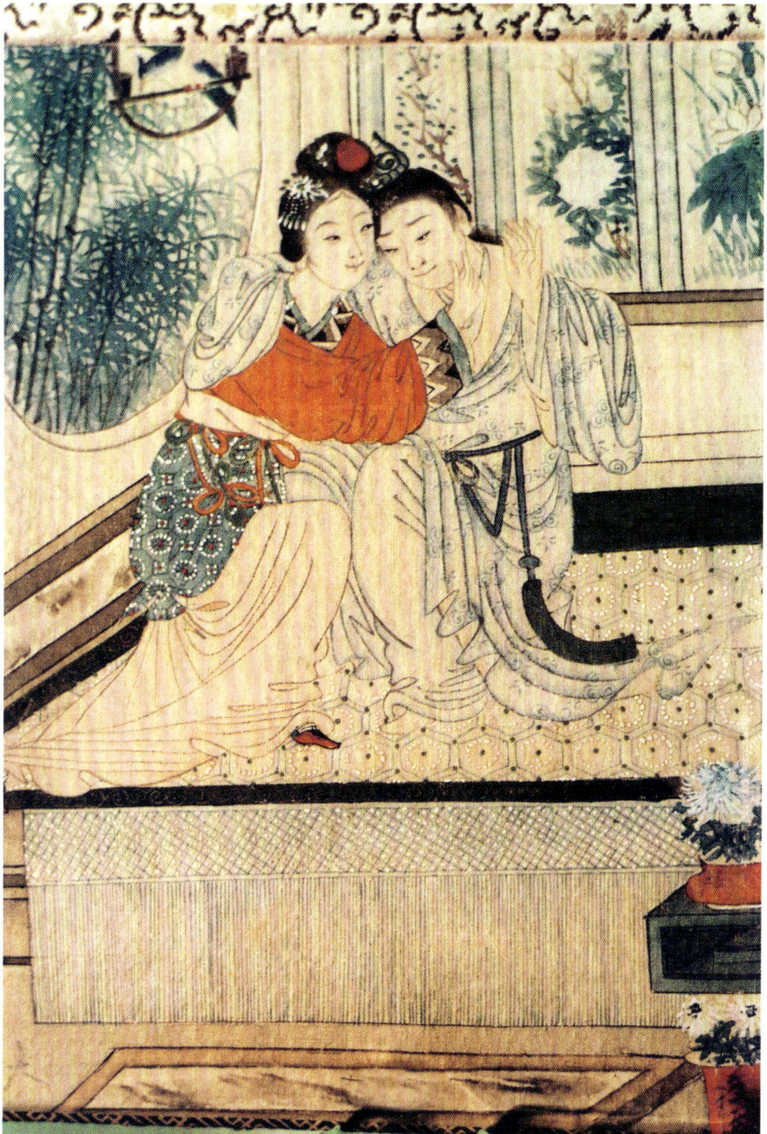

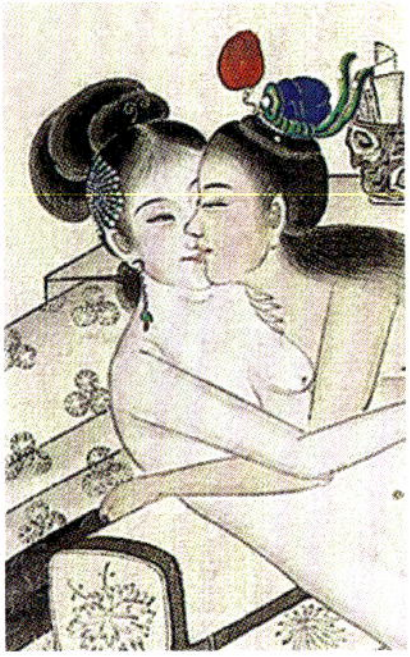
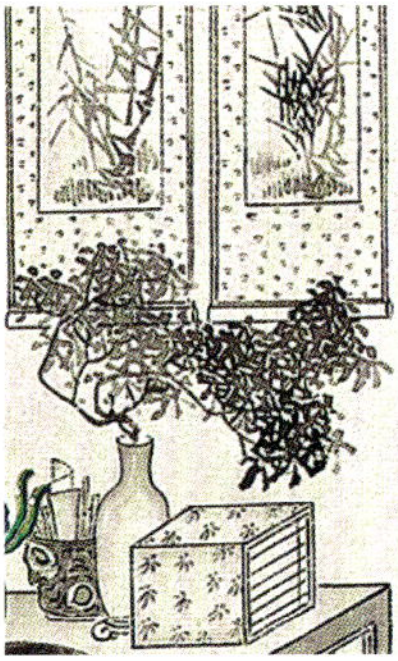
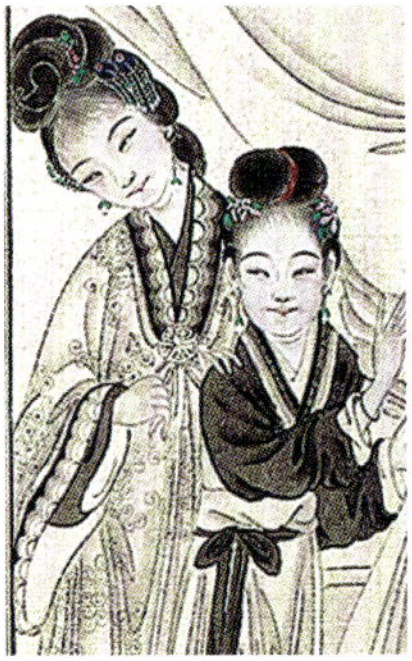

bien distinctes : d'un côté, la peur de perdre sa force vitale à cause d'une retenue sexuelle et de l'autre côté, la peur de perdre sa force vitale par éjaculation. Partageant la même condition humaine, c'est-à-dire étant tous nés d'une mère et d'un père qui, sous une forme

Peinture sur soie, extrait d'un livre de mariage

XVIIIe - XIXe siècle

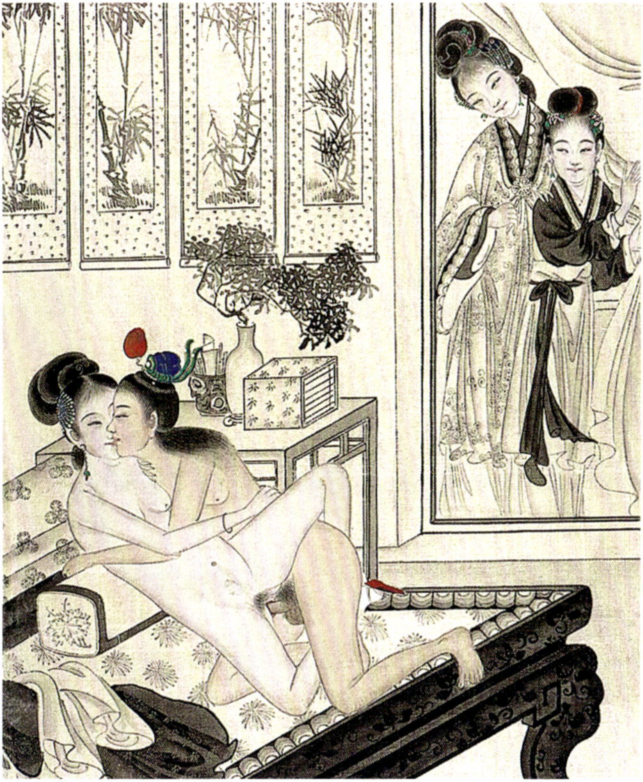

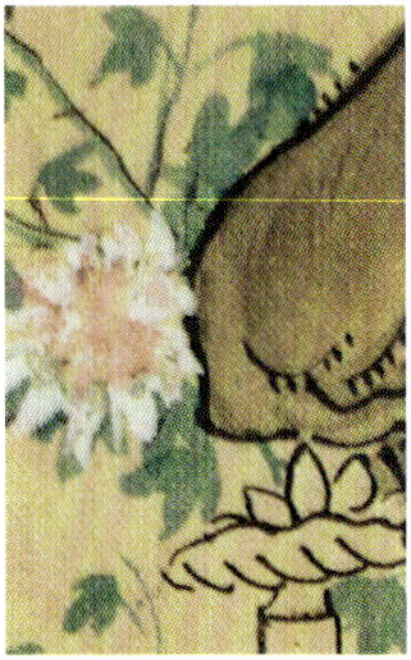

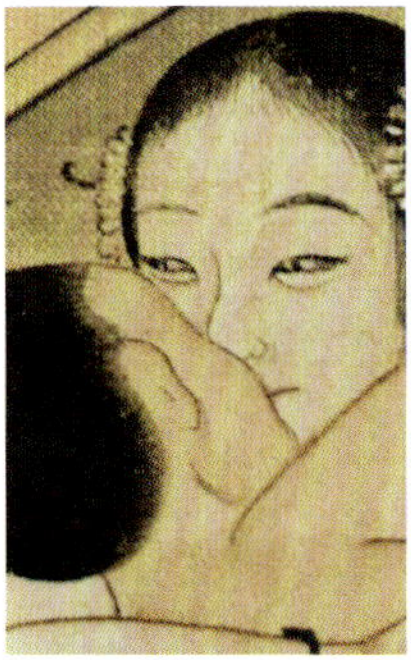

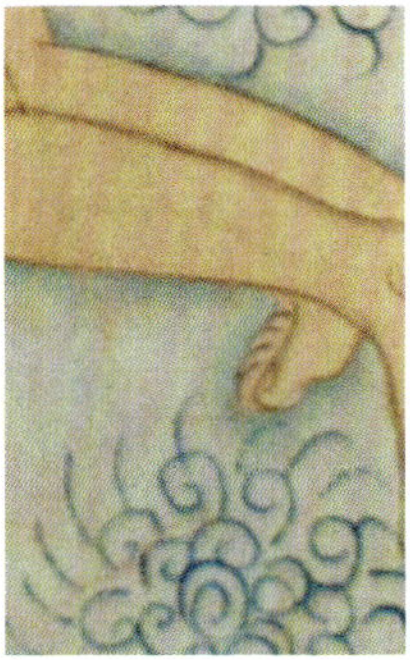

ou sous une autre, doivent surmonter le complexe d'Œdipe, la sexualité ne peut consister, même en Chine, en autre chose qu'un amalgame de jouissances et d'angoisses. C'est exactement ces éléments que l'on doit rechercher derrière les affirmations inlassables d'une harmonie éternelle.

Peinture sur soie, extrait d'un livre de mariage

XIXe siècle

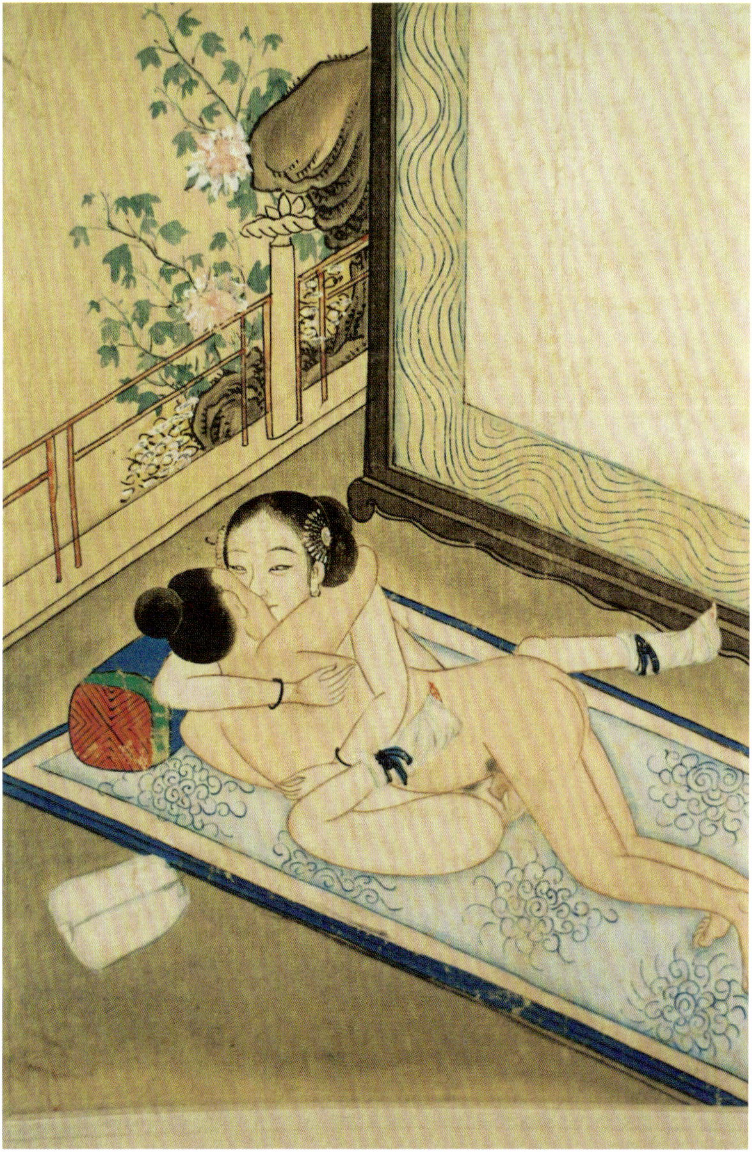

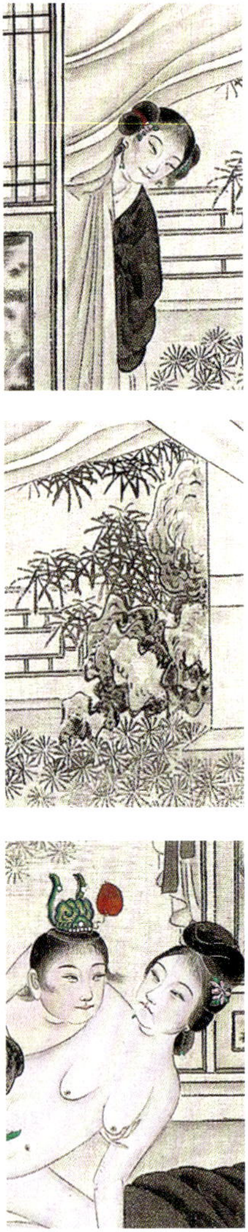

Que signifie, par exemple, le fait que sur des centaines et des centaines de représentations d'actes sexuels qui se vantent de dresser un inventaire complet de toutes les positions possibles, je n'aie trouvé que deux ou trois scènes de cunnilingus ? Cette position était-elle condamnée ? Sur 1 000 images érotiques, seules trois représentent ce motif. N'est-ce pas

Peinture sur soie, extrait d'un livre de mariage

XVIIIe - XIXe siècle

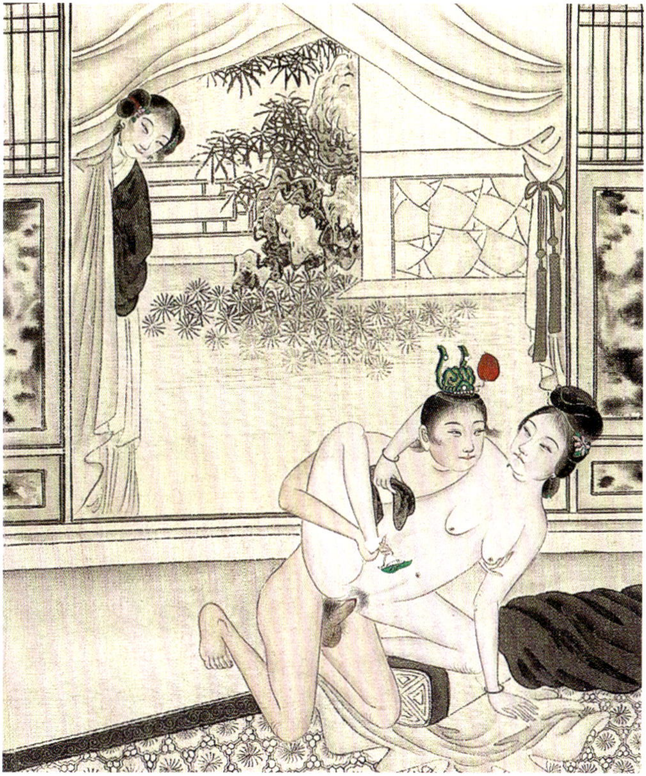

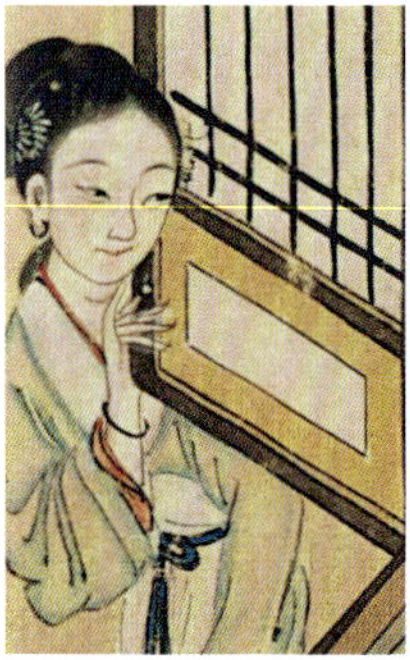

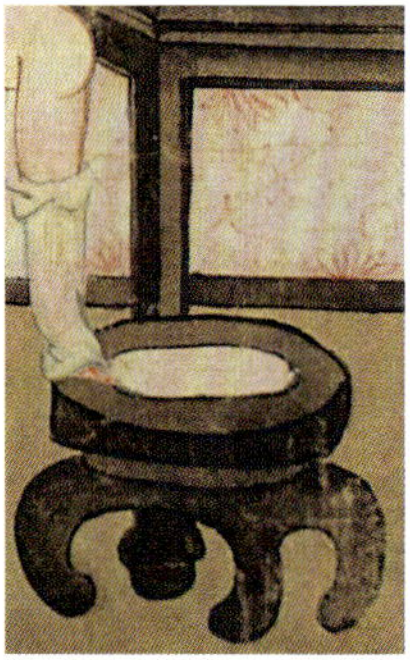

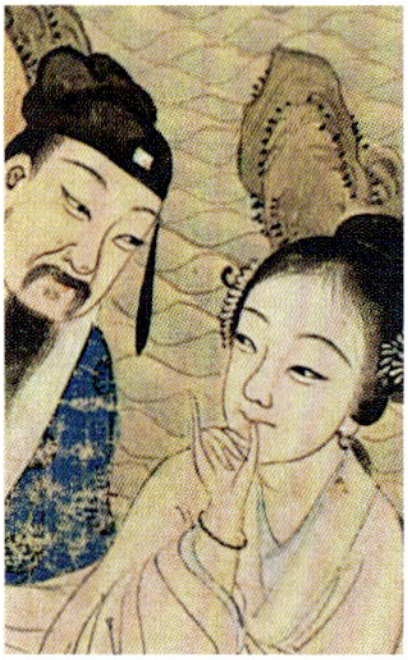

étrange ? De même, un autre motif peut nous fournir un indice sur les peurs refoulées.

Sur toutes les images que nous connaissons, les femmes portent leurs chaussures même en étant nues. Jamais la nudité des pieds d'une femme n'est montrée. Ces pieds enserrés dans des chaussures brodées représentaient la plus sublime qualité érotique. Et les petits pieds

Livre de mariage

XIXe siècle

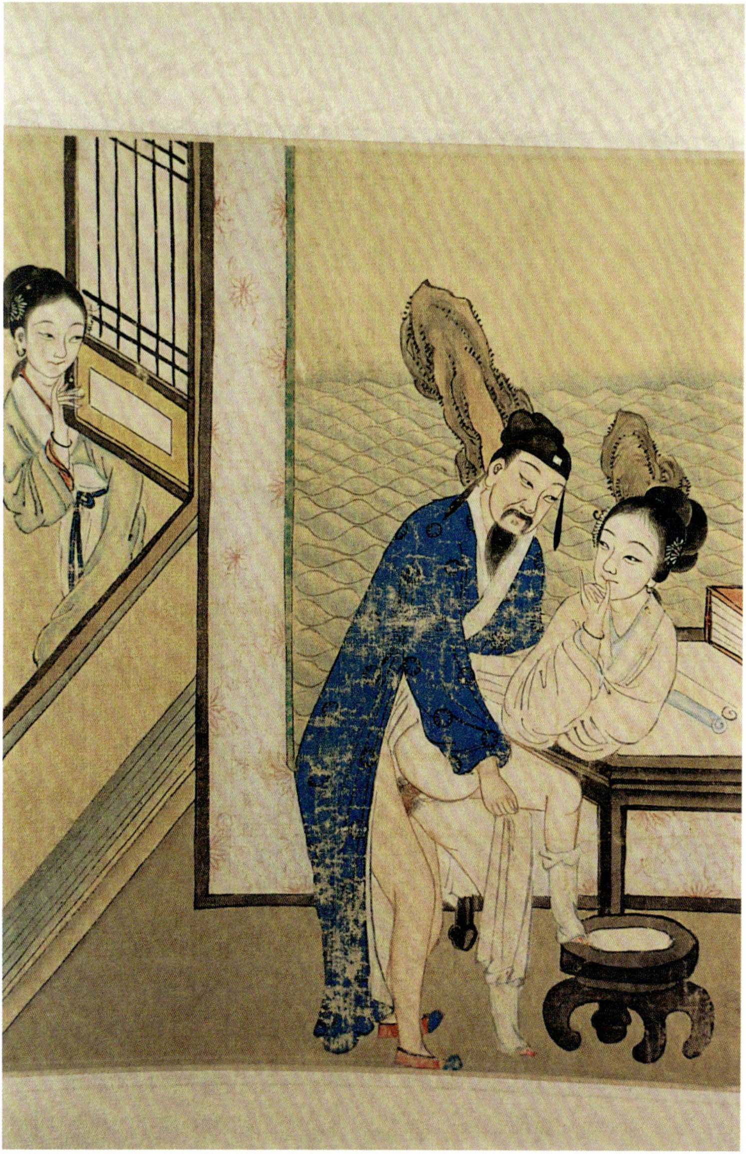

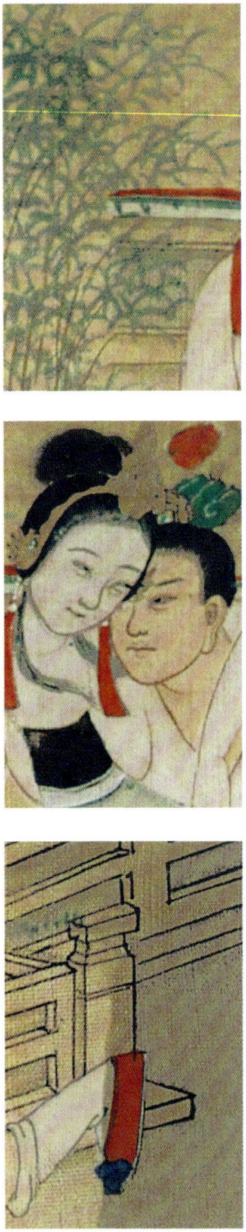

exerçaient un charme tout particulier sur les hommes que nous ne pouvons saisir aujourd'hui.

Durant la période Ming, cette coutume des pieds enserrés se développa rapidement. Les concubines, les courtisanes, mais aussi les femmes simples, majoritairement les femmes de paysans, eurent ainsi leurs pieds cassés dans leur enfance. Puis ils étaient enveloppés

Livre de mariage

XIXe siècle

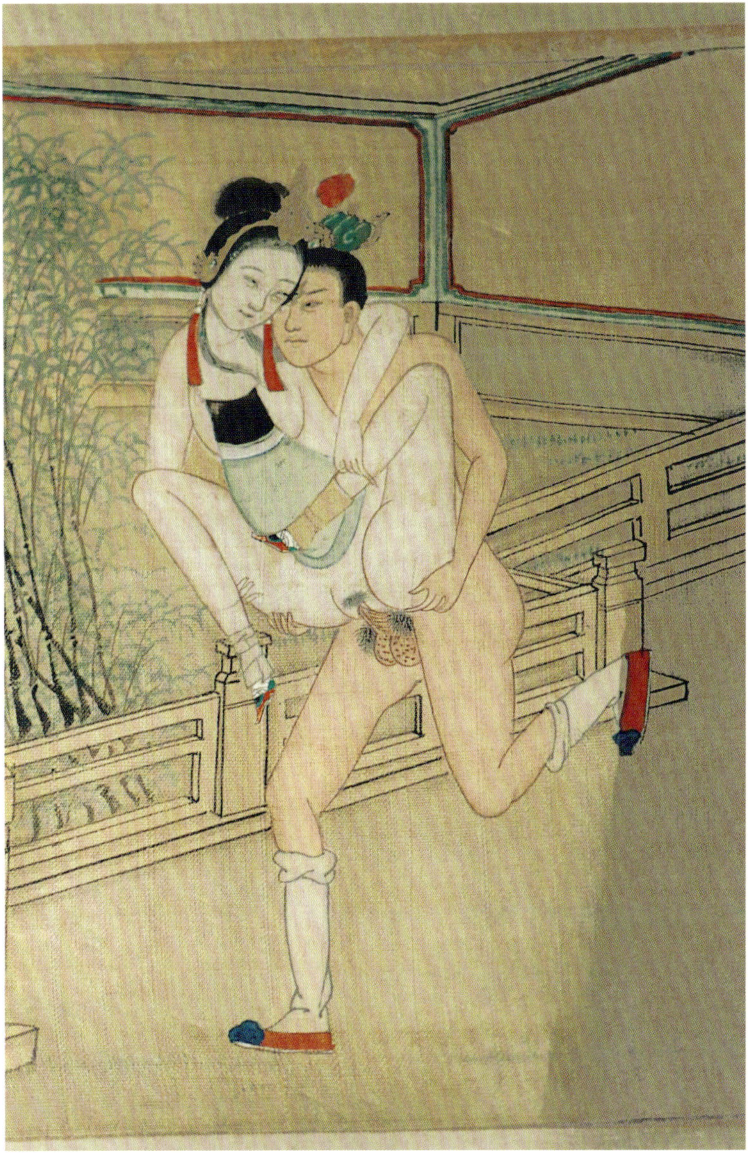

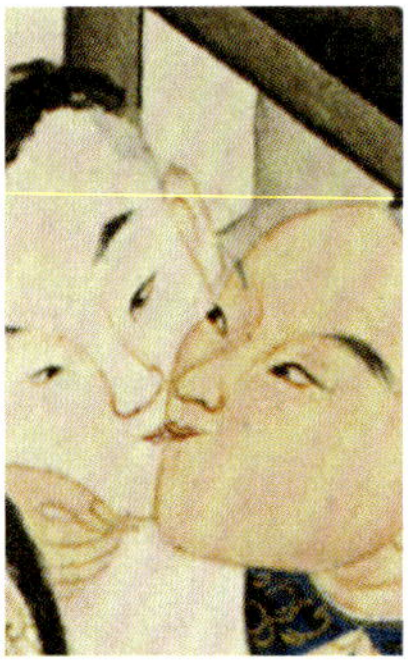

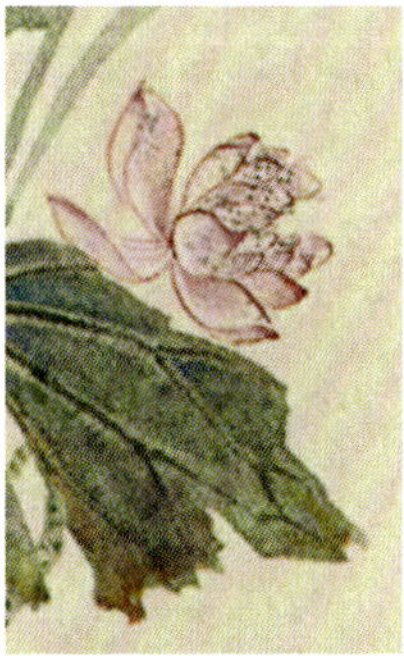

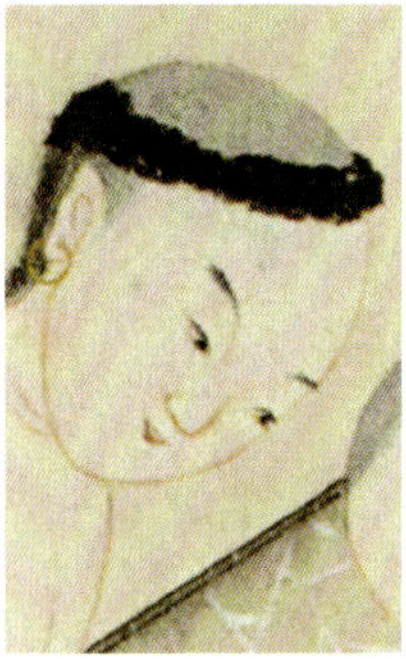

pour le reste de leur vie. Le refus de cette coutume était alors considéré comme honteux. Quand en 1644, on essaya d'abolir cette pratique, les femmes mandchoues firent presque une révolte. En effet, ce signe de noblesse était particulièrement chéri parmi les populations les plus pauvres. Le pied enveloppé représentait en même temps le plus

Peinture sur papier

Milieu du XIXe siècle
23 x 29,5 cm

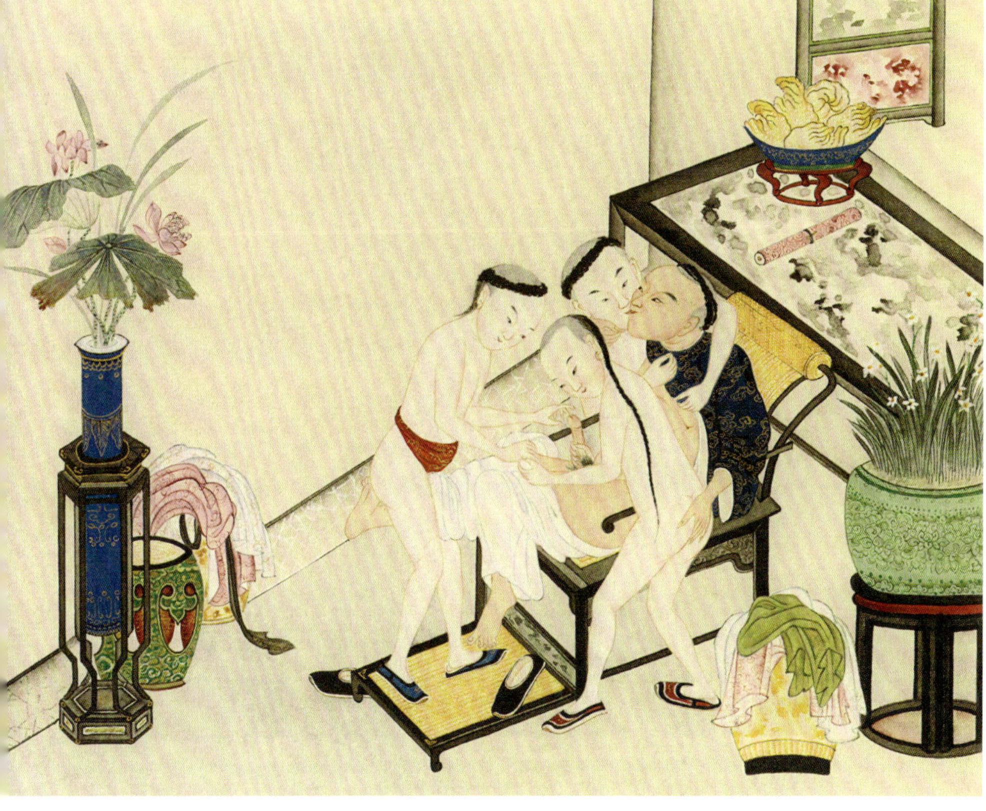

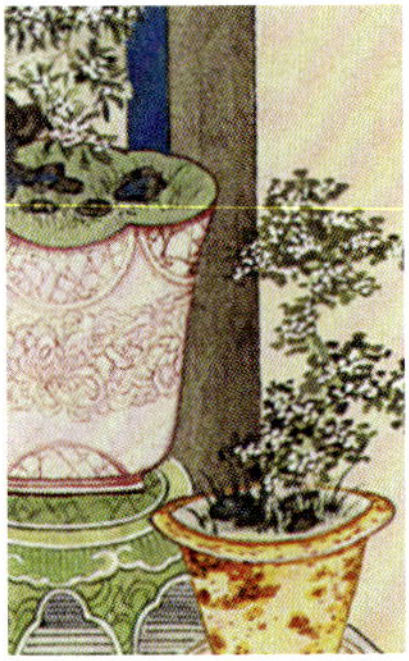

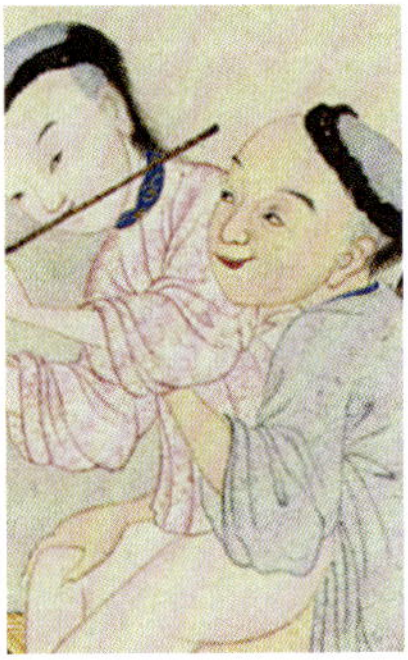

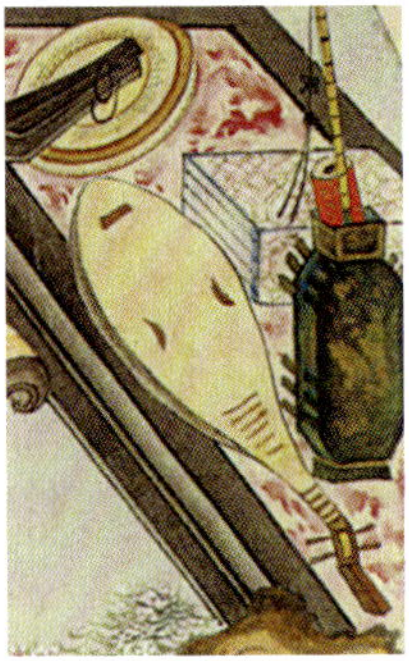

fort tabou : si une femme se laissait toucher au pied sans trop de résistance, on pouvait tout espérer d'elle. Cette coutume fut enfin abolie par Mao Tsê-Tung, en 1949. Certains auteurs ont soumis l'idée, que cette « démarche des lotus d'or » favorisait les réflexes vaginaux, effet que la médecine n'a pourtant pas prouvé.

Peinture sur papier

Milieu du XIXe siècle
23 x 29,5 cm

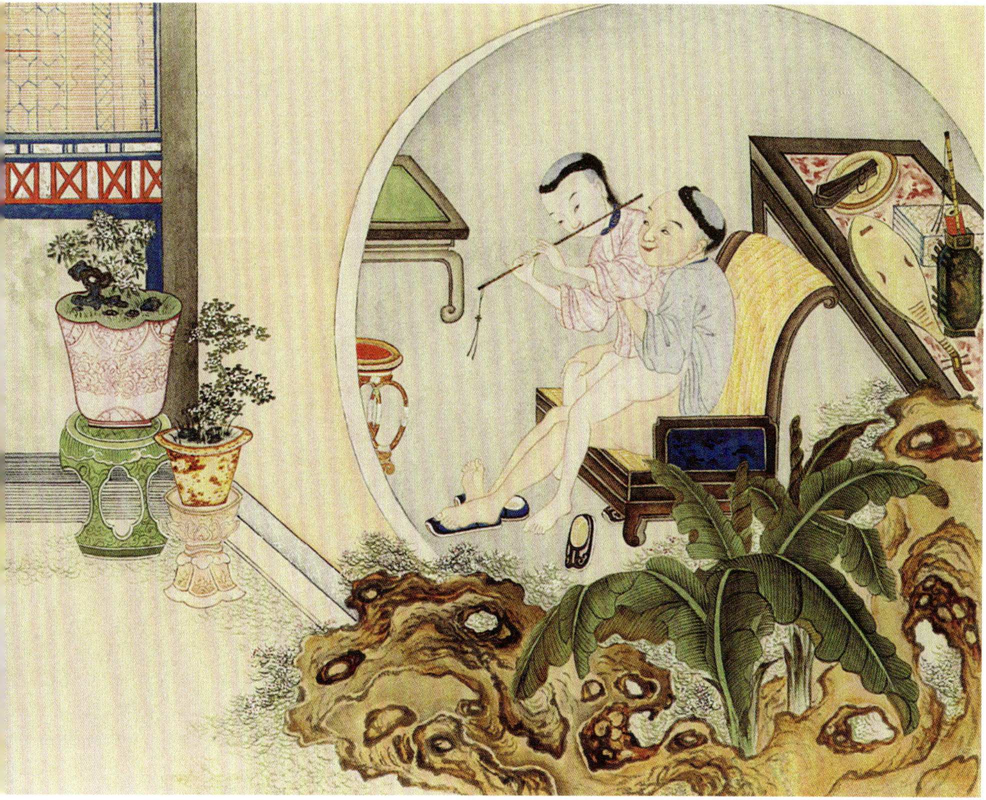

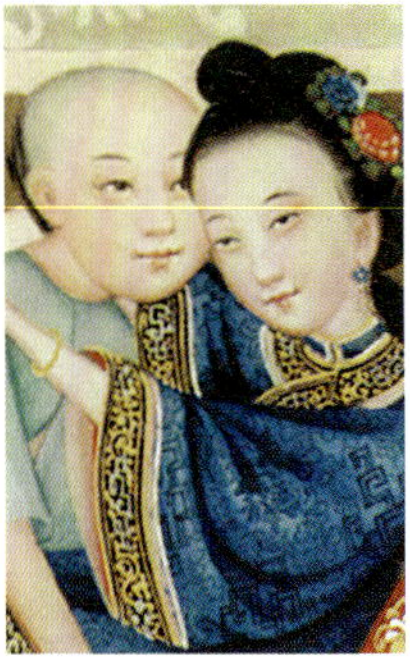

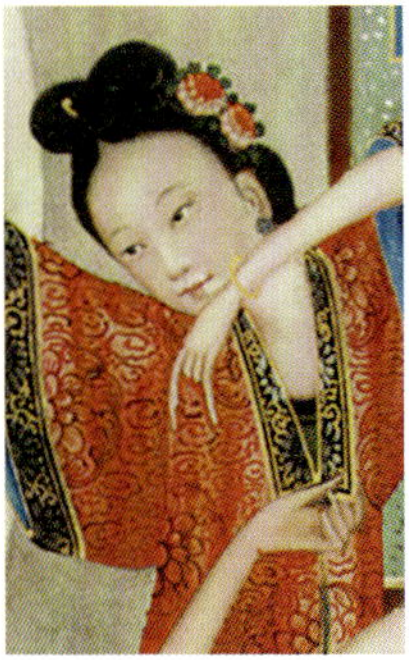

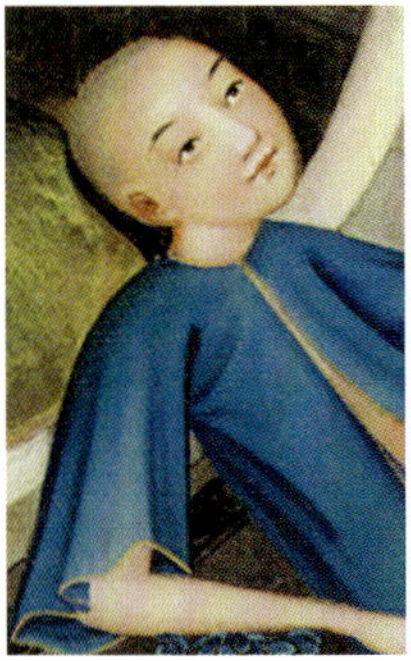

Étiemble prétend que le pied lié de la femme chinoise « n'a rien à voir avec ce qui fut et qui reste l'essence de l'érotisme chinois : la théorie du Yin et du Yang, le *coitus reservatus*, le respect de la jouissance du partenaire et le naturel de la sensibilité ».

Élément d'une paire de peintures sous verre

Milieu du XIXe siècle
39,5 x 30 cm

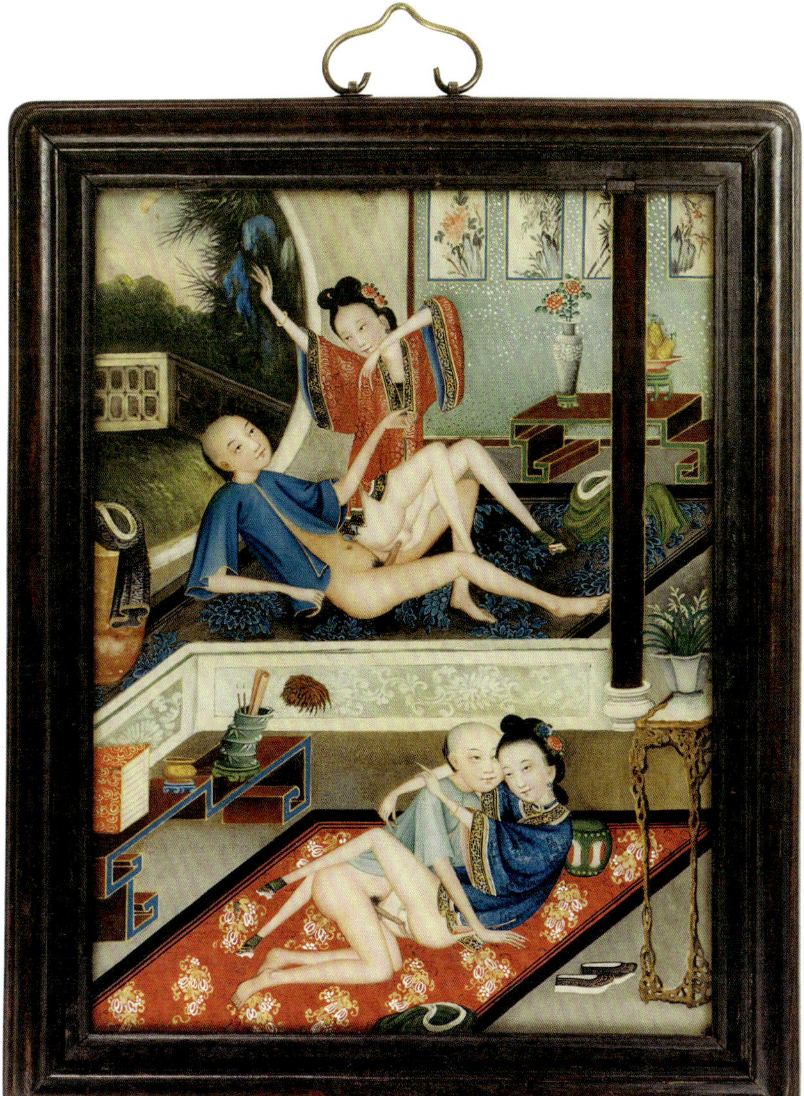

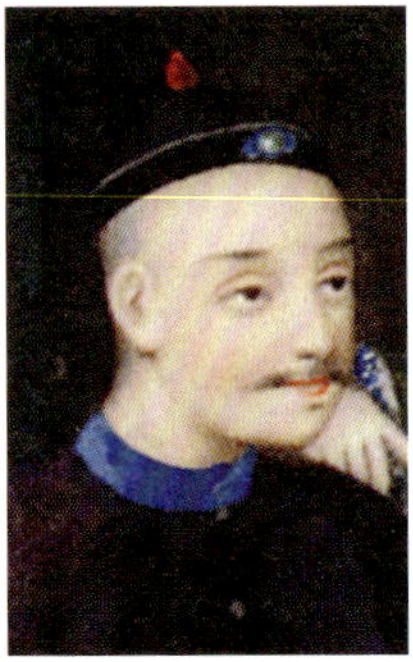
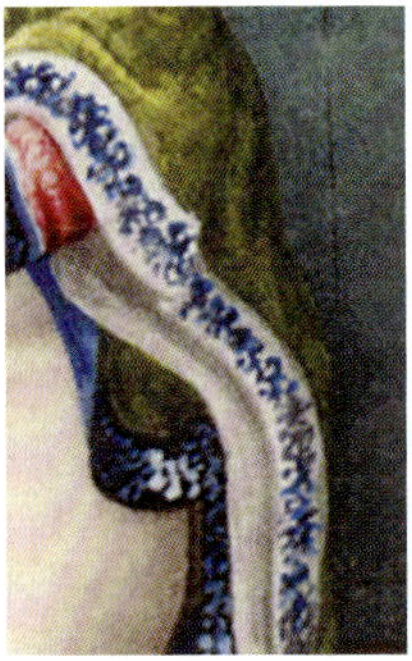
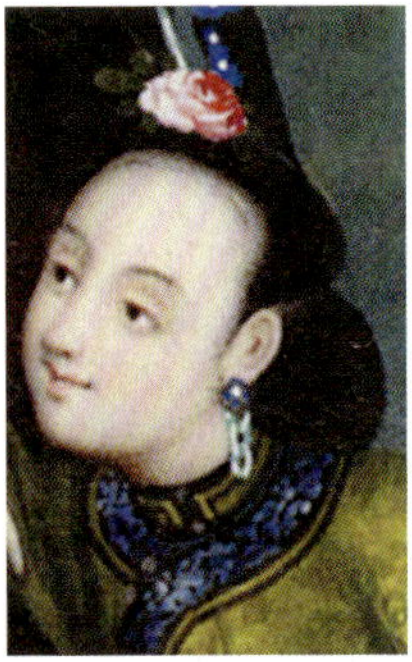

Ne divise-t-on pas ici ce qui est intimement lié ? Si l'on réfléchit : un pied bot acquis par mille douleurs, des mollets sans profil qui s'enfoncent dans deux bas pleins d'ulcères pénibles : cela n'a rien à voir avec l'érotisme chinois. N'est-ce pas une castration symbolique de la femme ? Une castration qui

Gouache sur papier de riz

Milieu du XIXe siècle
23,4 x 18 cm

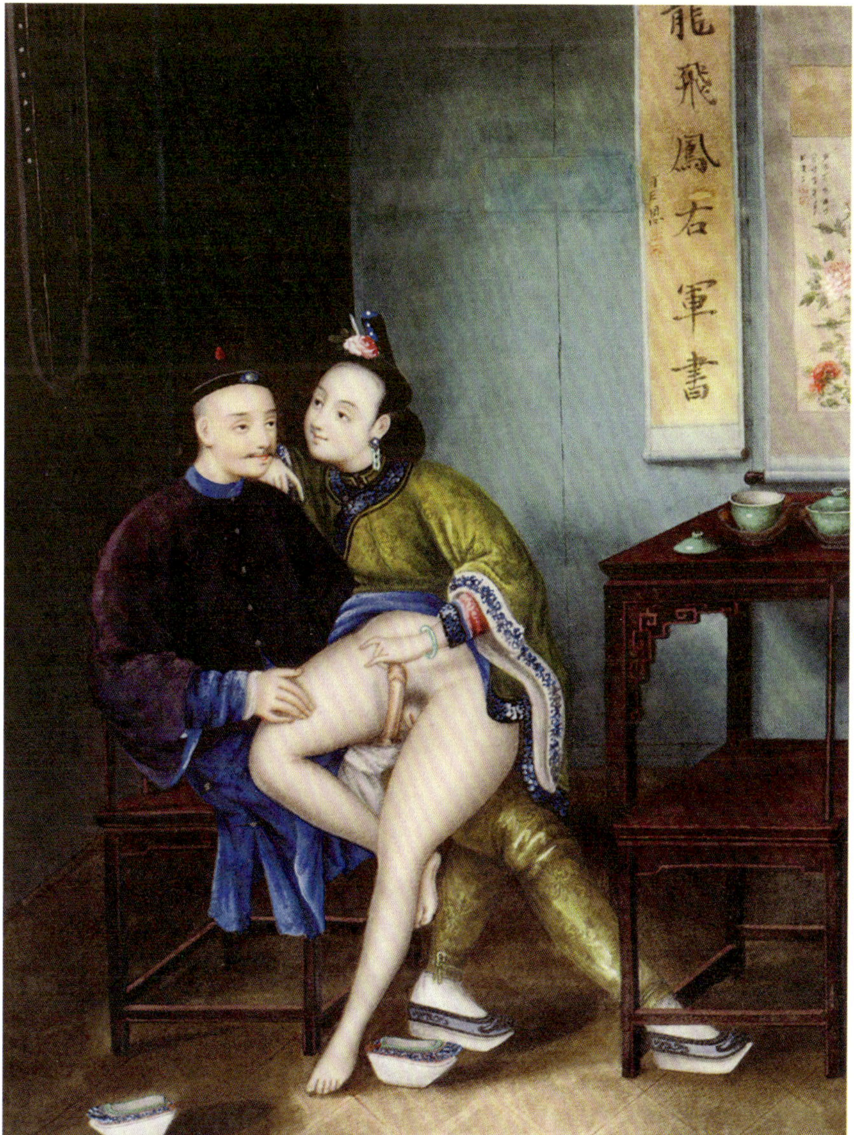
龍飛鳳右軍書

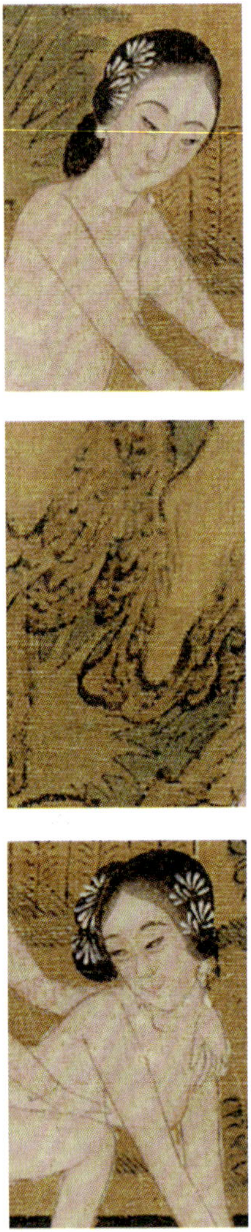

trouvait sa réparation dans l'orteil avec lequel on avait vite établi une signification phallique ?

Et le conditionnement du corps féminin pendant le XIXe siècle dans des corsages à armatures, n'a-t-il pas non plus à voir avec l'érotisme européen ? Le corps féminin, sadiquement enlacé et étouffé par des menottes

Peinture sur soie, détail d'un rouleau horizontal

Seconde moitié du XIXe siècle, 17 x 137 cm

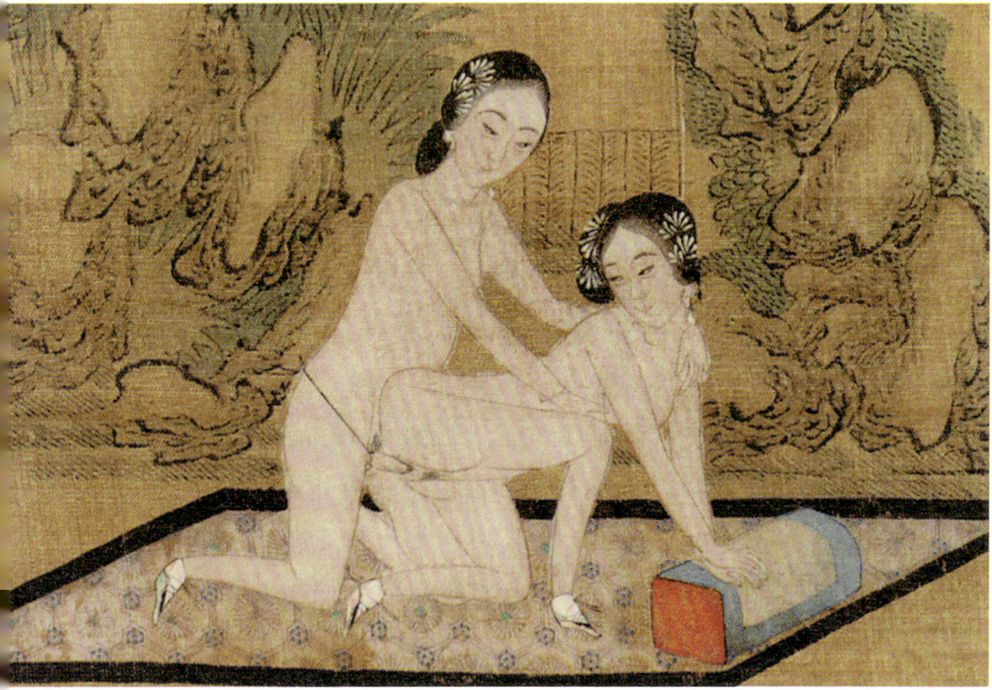

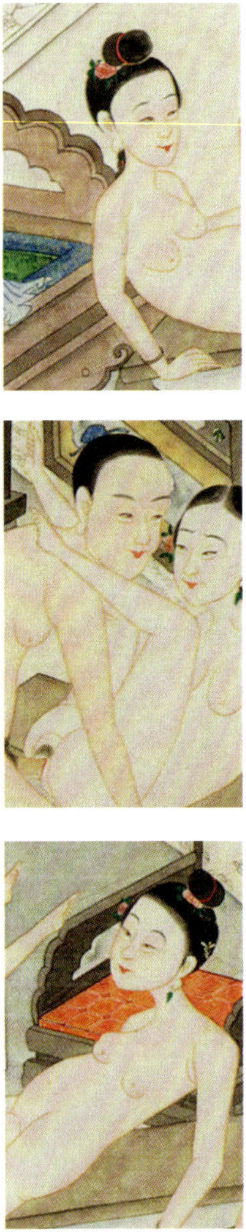

et des ceintures : n'est-ce pas un indice fondamental de la peur primaire de la femme ?

Il est évident que persiste une sorte d'idéologie qui embellit la sexualité chinoise mais qui n'est pourtant rien d'autre qu'une conscience erronée. Comme l'écrivait Bougainville en 1771 dans son *Voyage autour du monde*, ainsi que dans d'autres récits

Peinture sur soie

Fin du XIXe siècle, 51 x 84,5 cm

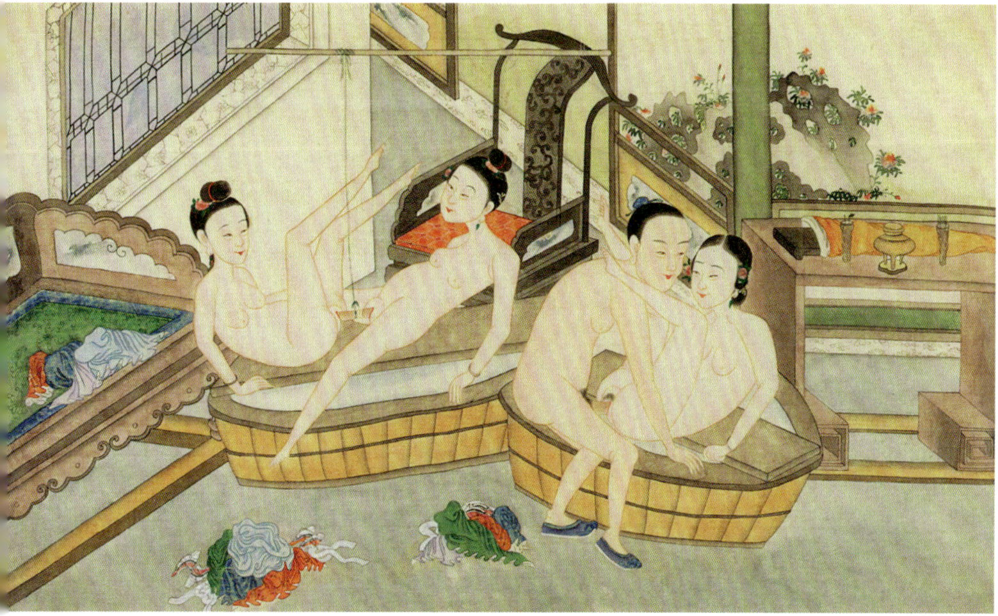

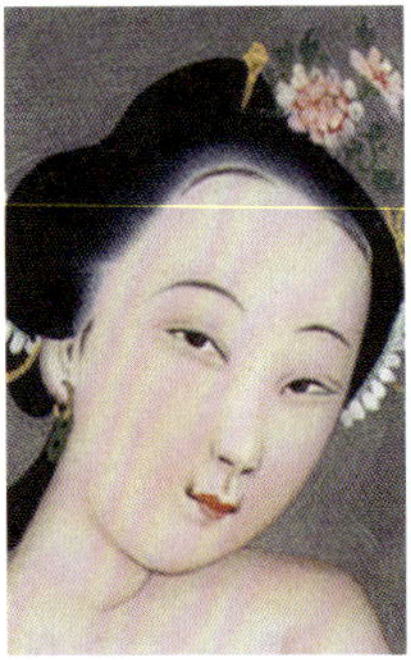

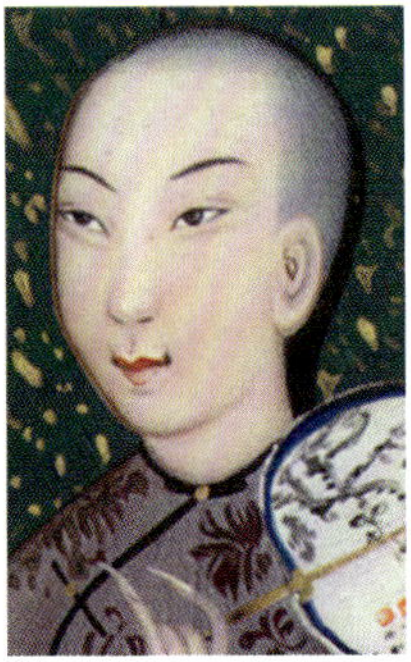

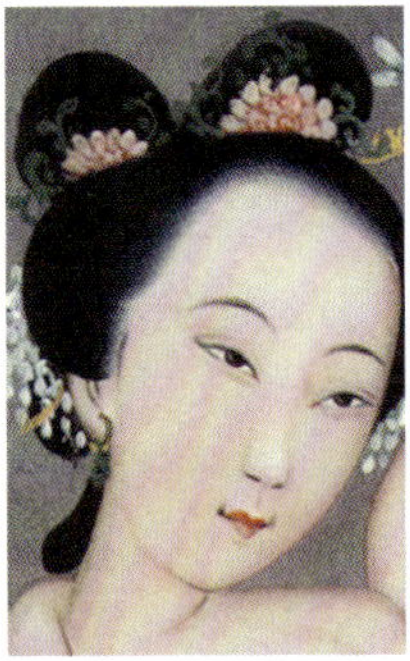

exotiques du XVIIIe siècle, il est souvent expliqué que la sexualité chinoise critique notre « état déchu et décadent » tout en cachant son conservatisme sexuel et sa morale démodée.

Peut-être ne suis-je moi aussi qu'un Européen désespérément décadent qui ne pourra jamais trouver l'approche de ce noble art qu'est l'amour.

Peinture sous verre

Fin du XIXe siècle, 34,5 x 23,2 cm

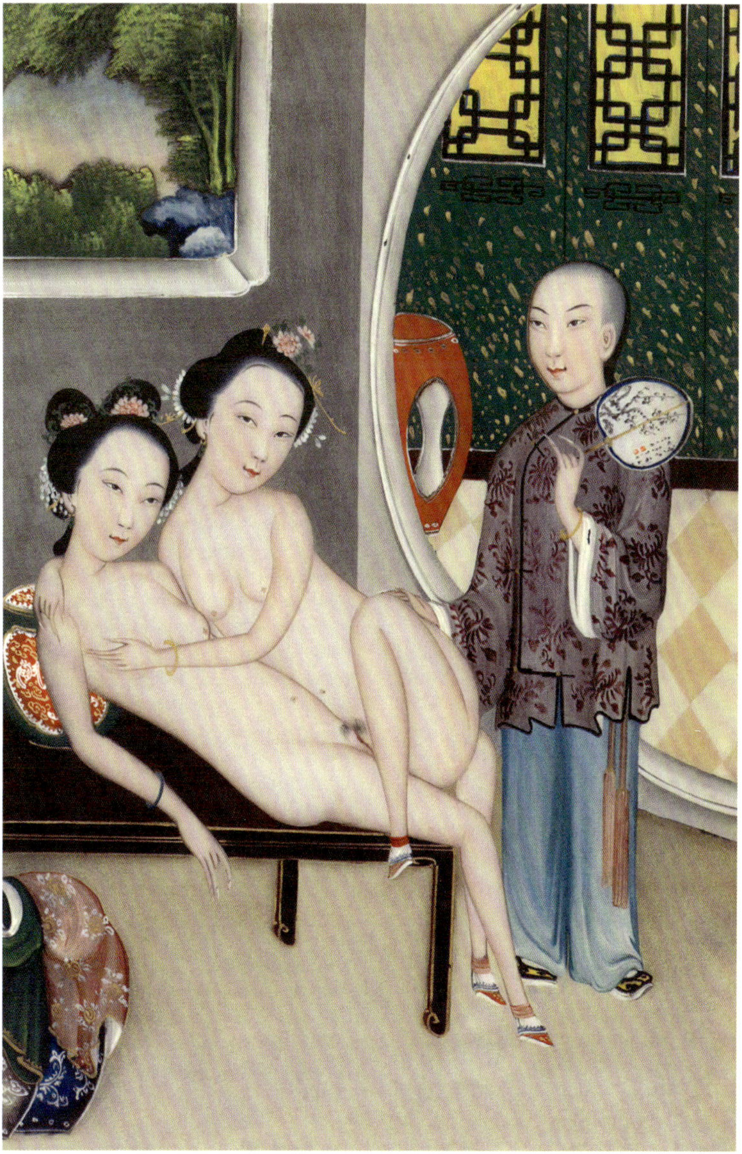

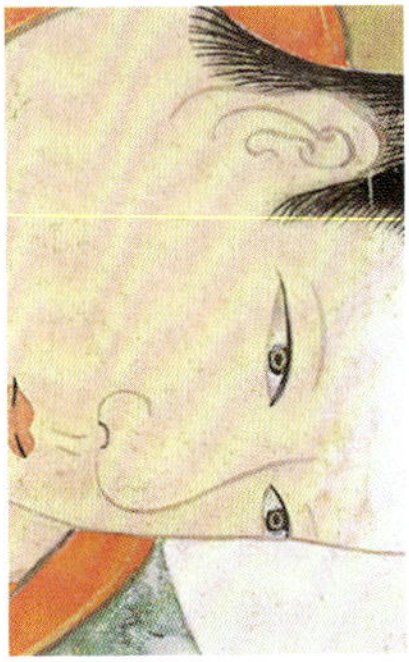

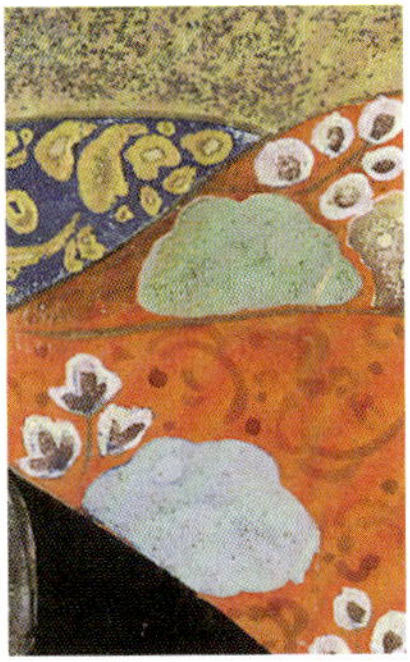

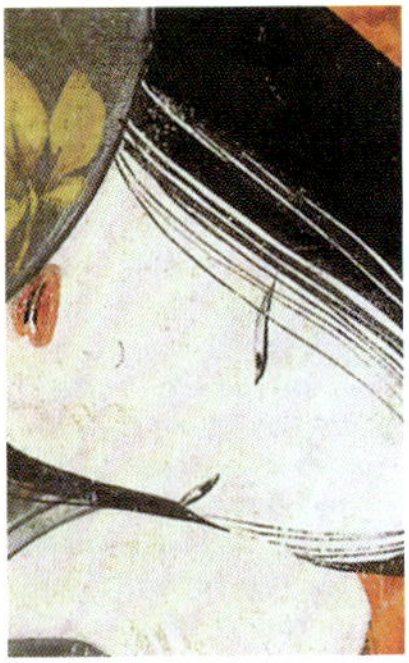

Entre le Sublime et le grotesque

À Propos des gravures érotiques japonaises

À l'opposé des représentations de l'art classique japonais, les livres de gravures *Ukiyo-e* montrent « des images d'un monde

Scène érotique (détail)

Vers 1600

Peinture sur rouleau de papier, encre couleurs, or et argent, hauteur : 27 cm

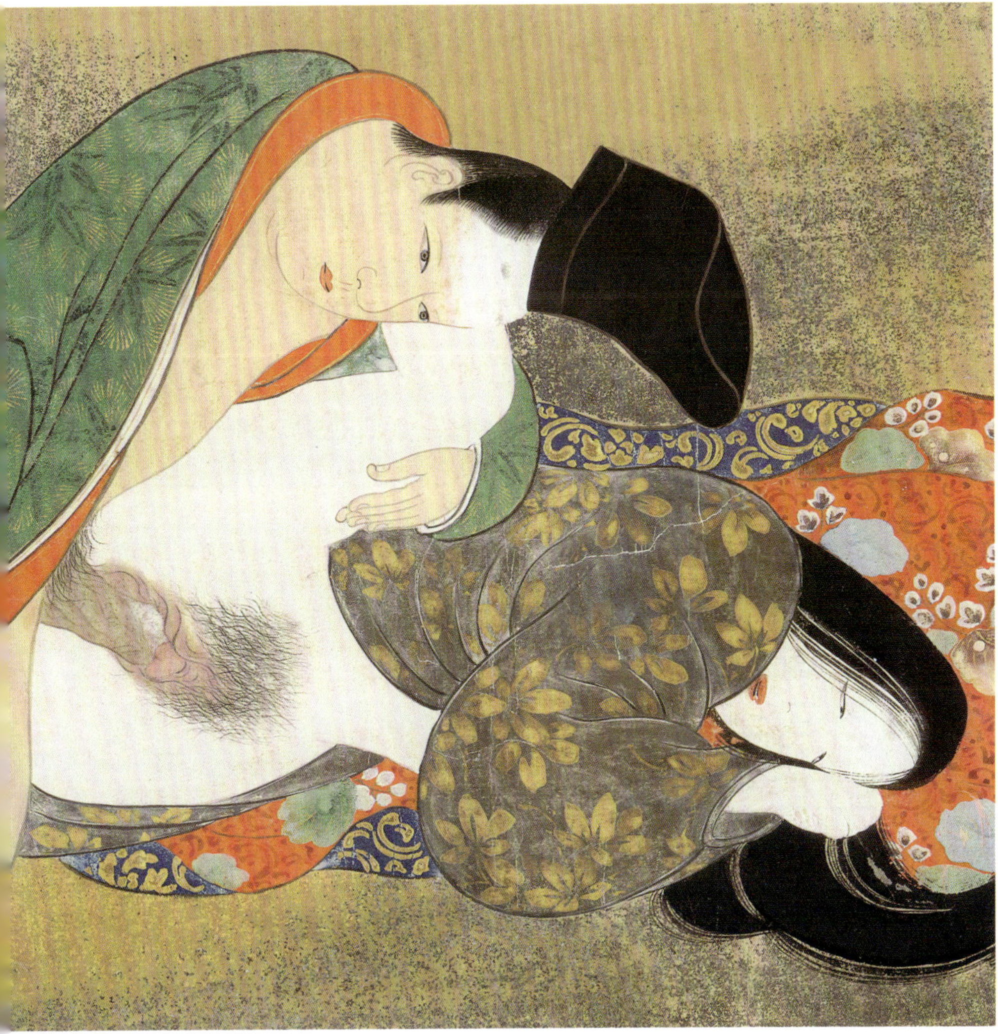

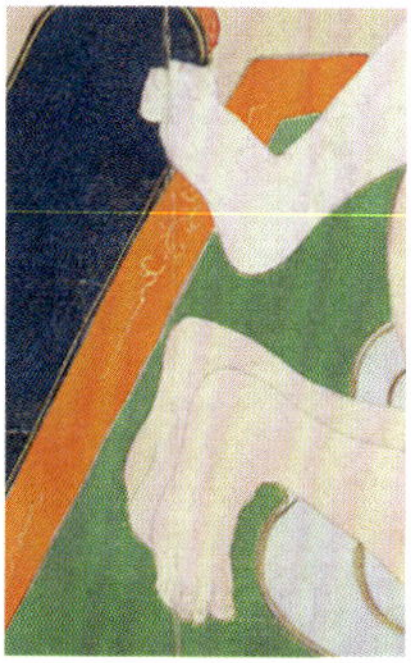

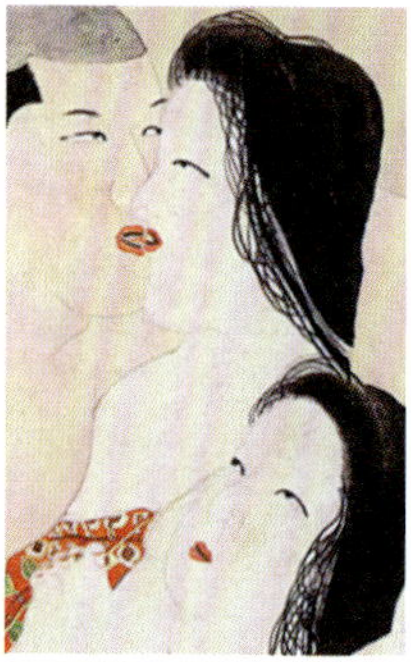

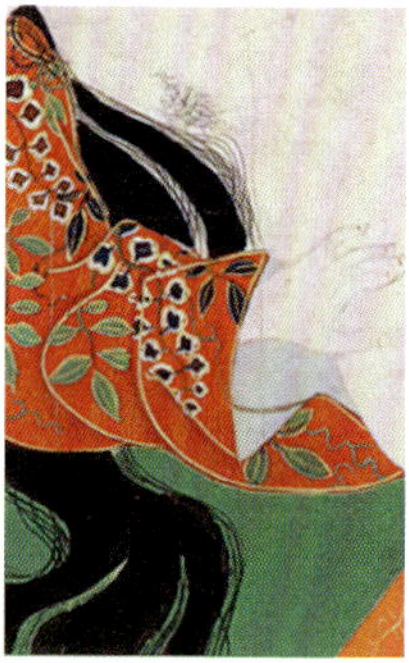

fluctuant, éphémère et périssable ». Nous les connaissons sous le nom de *shunga* qui signifie « tableau de printemps ».

Le terme *Ukiyo-e* provient de la tradition bouddhique et évoque la vanité douloureuse de tout ce qui est sur terre. Mais très tôt

Scène érotique (détail)

Fin du XVIIe siècle
Peinture sur rouleau de papier, encre, 29 x 41,2 cm

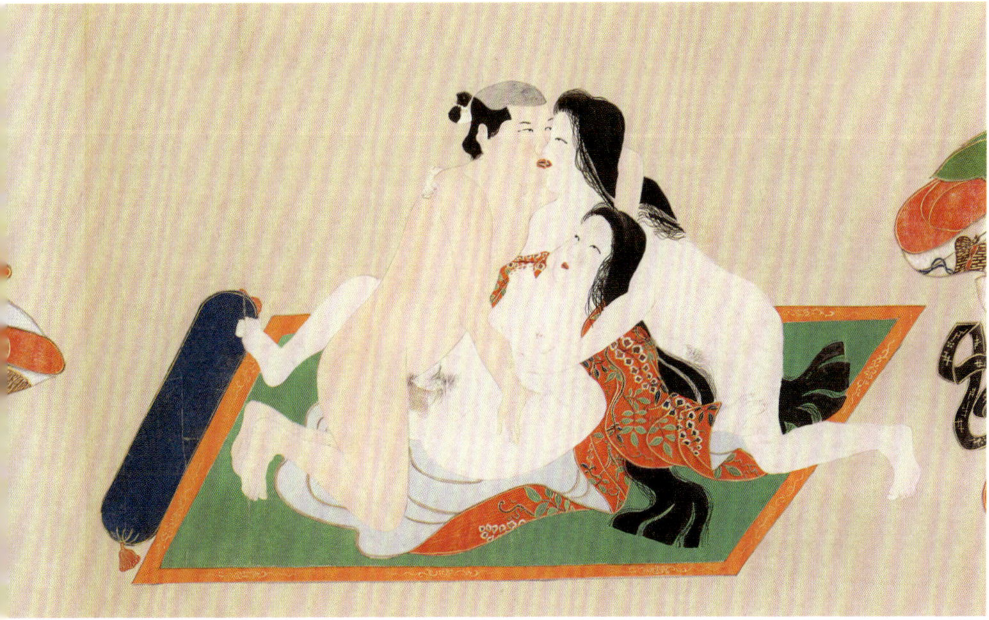

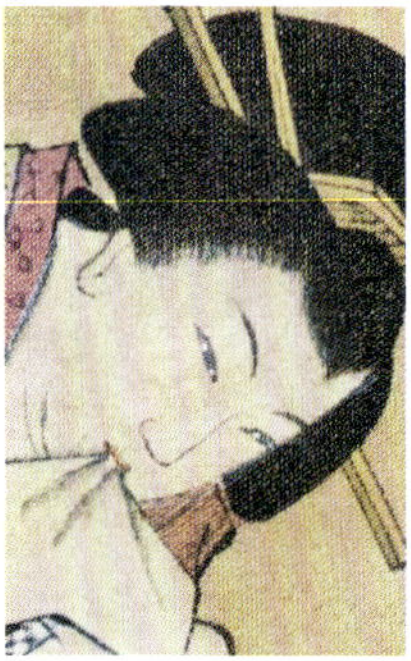

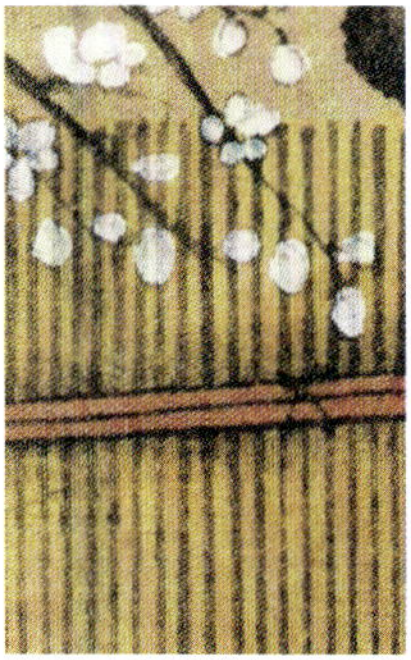

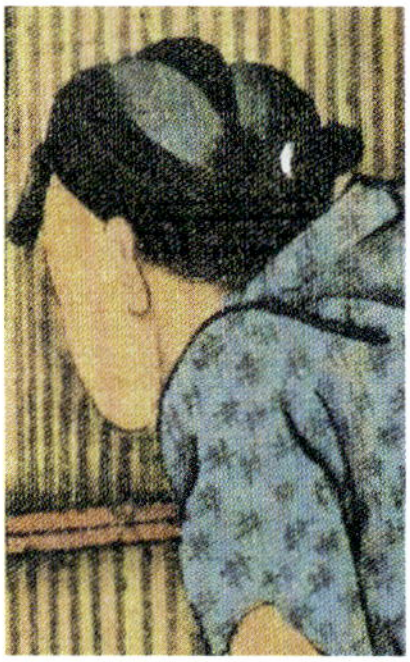

s'opéra un changement dans sa signification : il désigna alors progressivement les plaisirs joyeux et insouciants du quotidien, une manière enjouée et insouciante de s'abandonner au jour, de se laisser porter par les flots,

Shunga japonais (« Images de printemps »)

XVIIIe - XIXe siècle

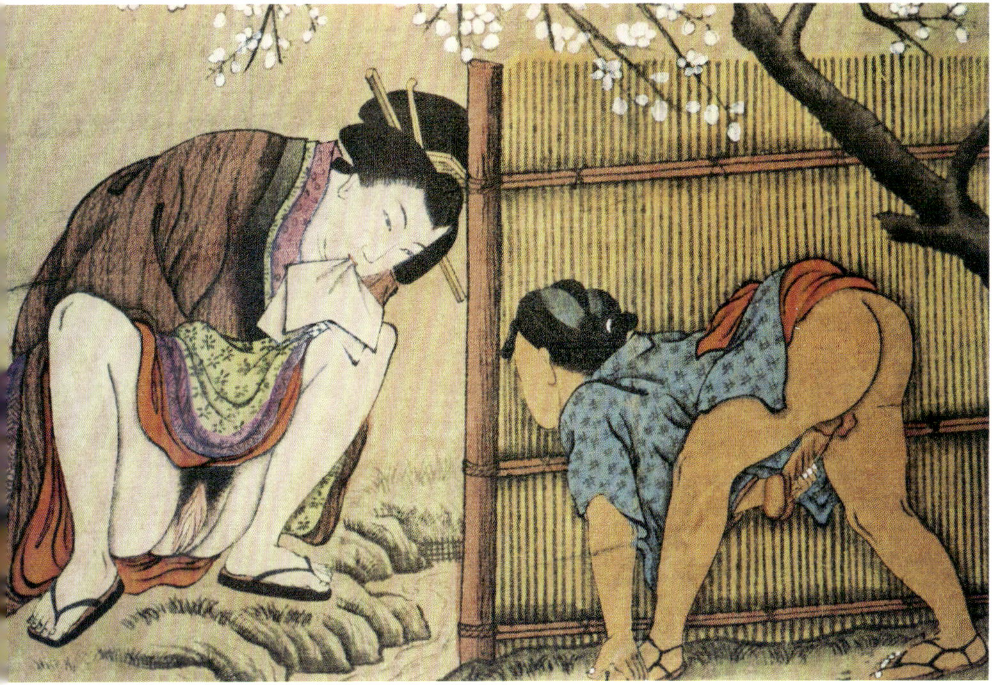

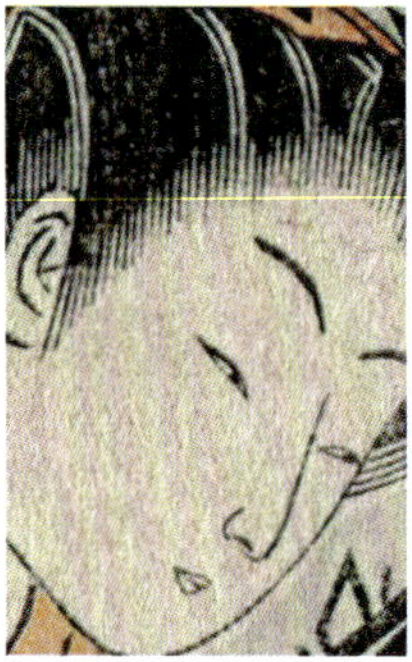

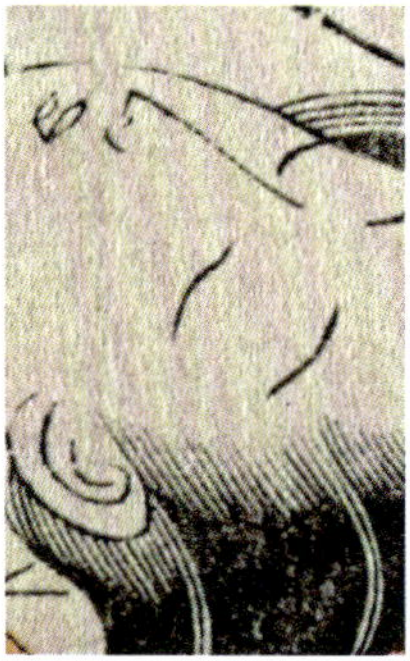

« comme un potiron dans les courants d'un fleuve ». Ainsi les *Ukiyo-e* illustrent-ils la plupart du temps des scènes entre courtisanes et acteurs, dans le monde des plaisirs.

Les *shungas* nous laissent entrevoir l'univers de la gourmandise de la vie dans

Shunga : Amants observés par une servante cachée derrière un paravent

Isoda Koryūsai
Gravure sur bois en couleur
Collection privée

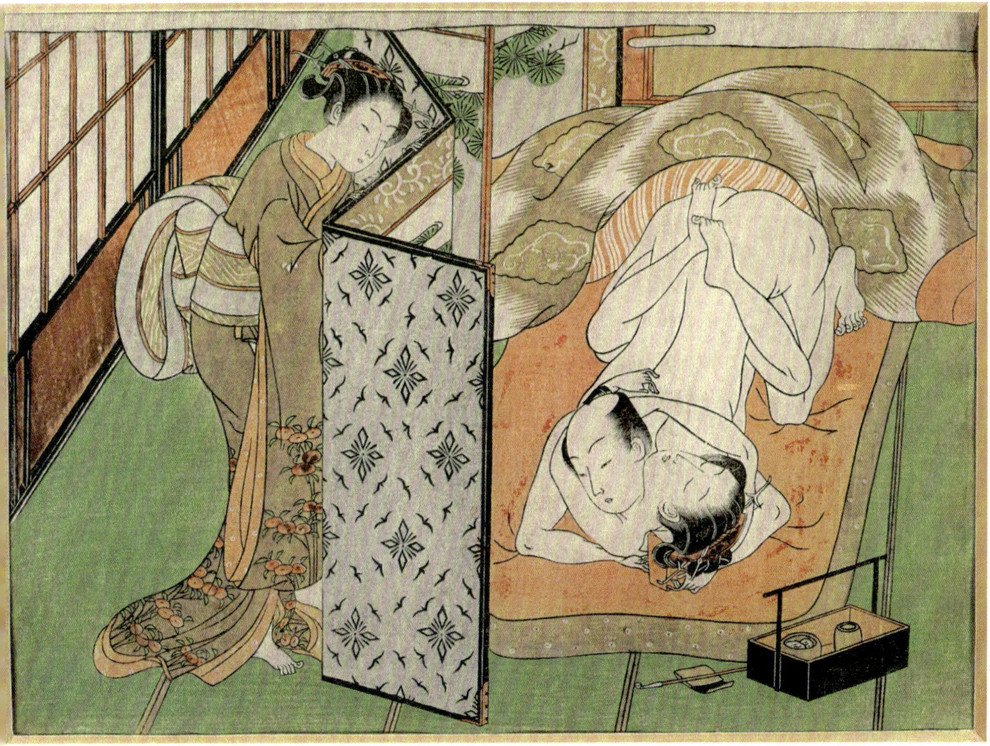

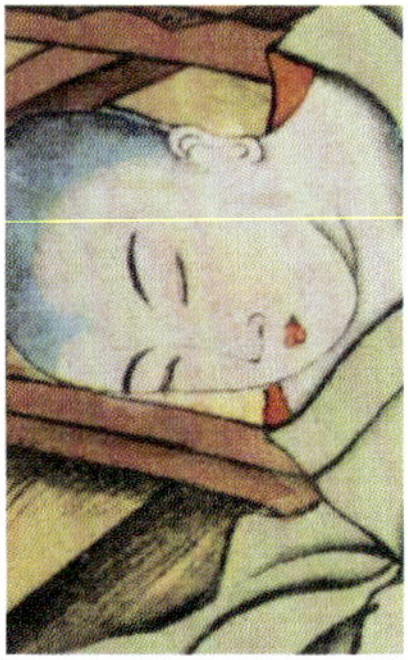

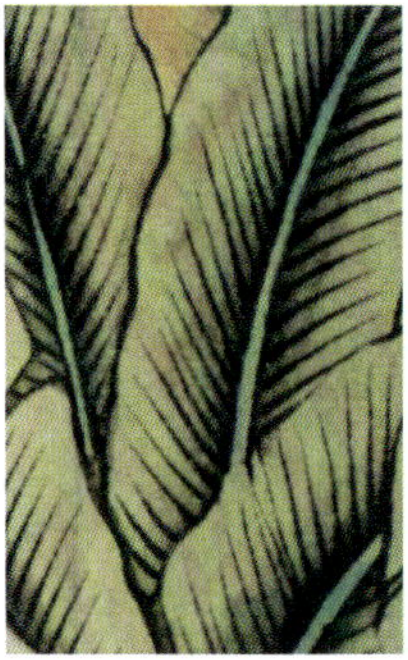

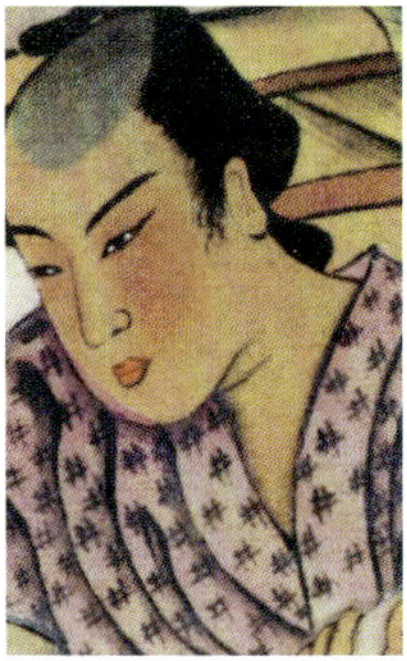

laquelle les délices de l'amour charnel tiennent un rôle important.

La sculpture sur bois japonaise s'est développée sur deux siècles, de 1670 à 1870 environ. Utamaro, maître inégalé de la sculpture en couleur, n'occupa dans cette

Shunga japonais (« Images de printemps »)

XVIIIe - XIXe siècle

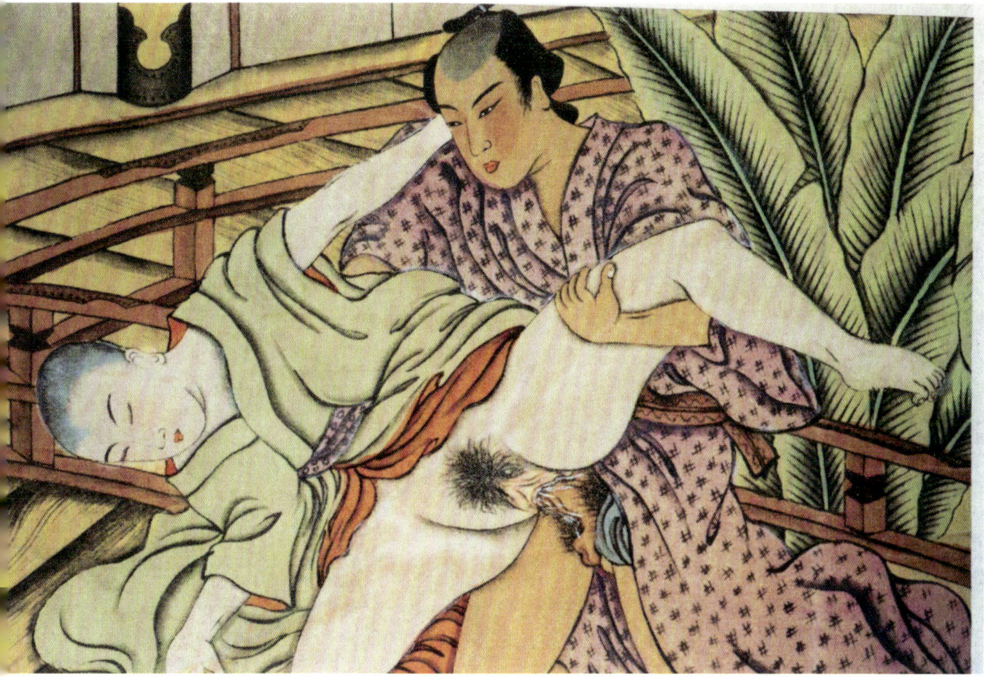

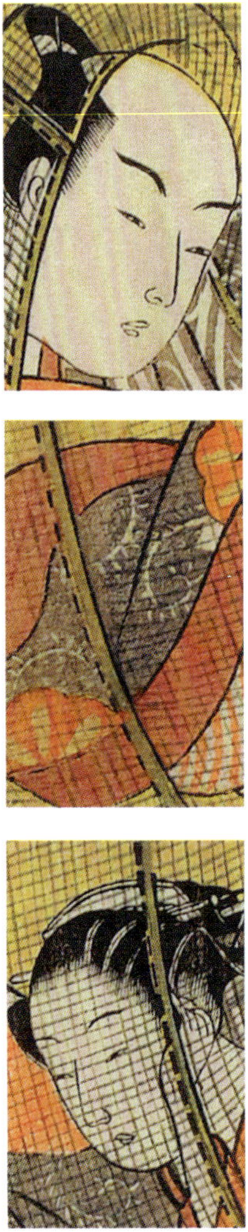

histoire que trois décennies, de 1770 à 1800. Cette époque fut aussi marquée par l'âge d'or des *Ukiyo-e*.

Dans son livre sur Utamaro, Edmond de Goncourt nous éclaire sur la production de la sculpture érotique sur bois :

Mari trompé pendant un orage

D'après Suzuki Harunobu, 1769-1770
Gravure sur bois en couleur, 18,7 x 24,8 cm

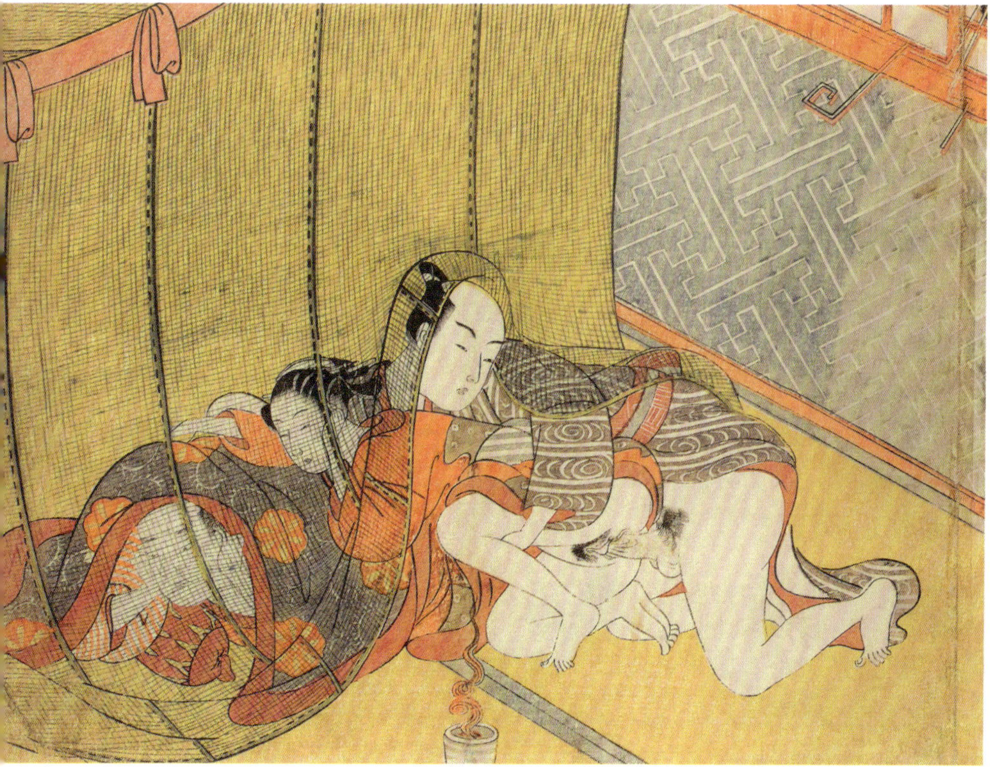

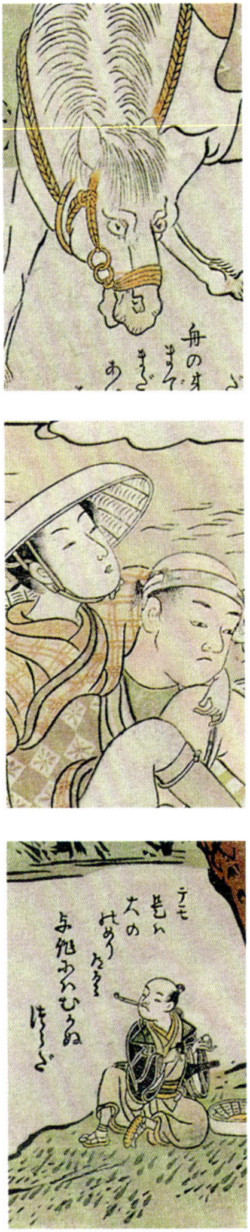

« Vraiment, il vaut la peine d'étudier la peinture érotique de ce peuple, ne serait-ce qu'à cause de son plaisir fantastique du dessin, de l'impétuosité, de la force naturelle

Le Vigoureux et Attirant Mane'emon
(Fūryū enshoku Mane'mon), numéro 9

Suzuki Harunobu, 1770
Gravure sur bois en couleur, 20,6 x 28,5 cm

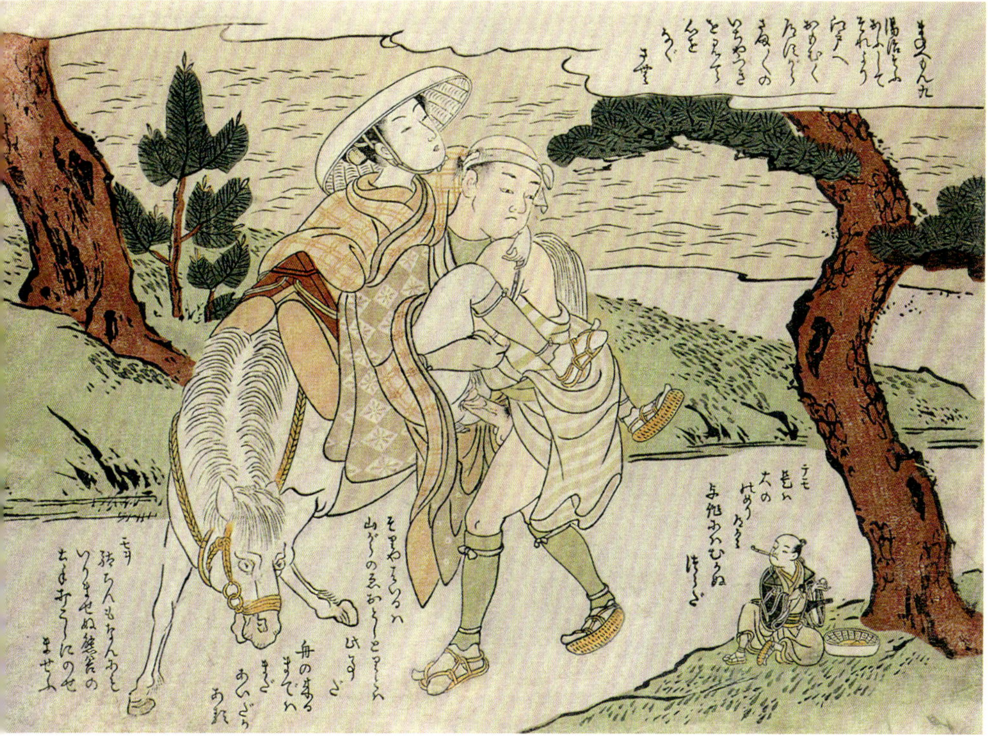

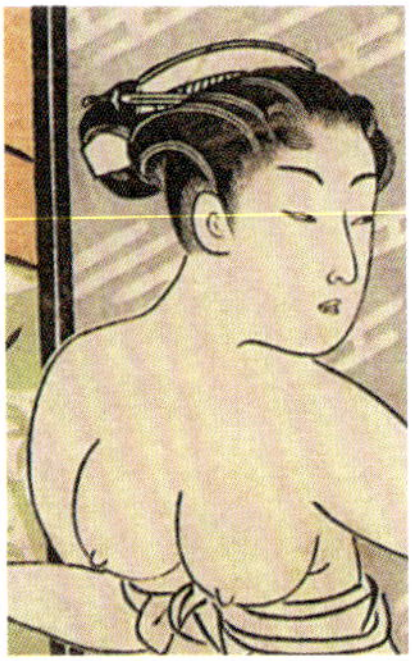

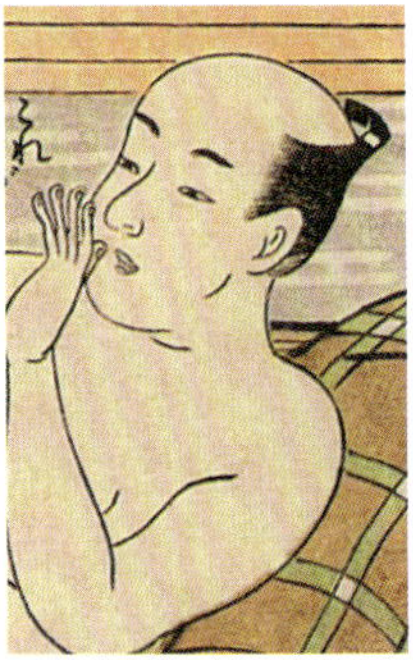

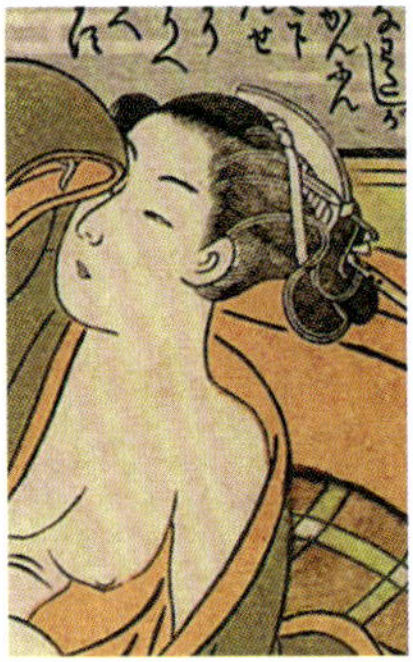

de ces unions ou à cause de cet indomptable désir de faire l'amour et d'enfoncer pour cela les parois de papier de la chambre attenante. Quelle confusion de corps entremêlés

Le Vigoureux et Attirant Manc'emon, (Fūryū enshoku Mane'mon), numéro 4

Suzuki Harunobu, 1770
Gravure sur bois en couleur, 20,6 x 28,5 cm

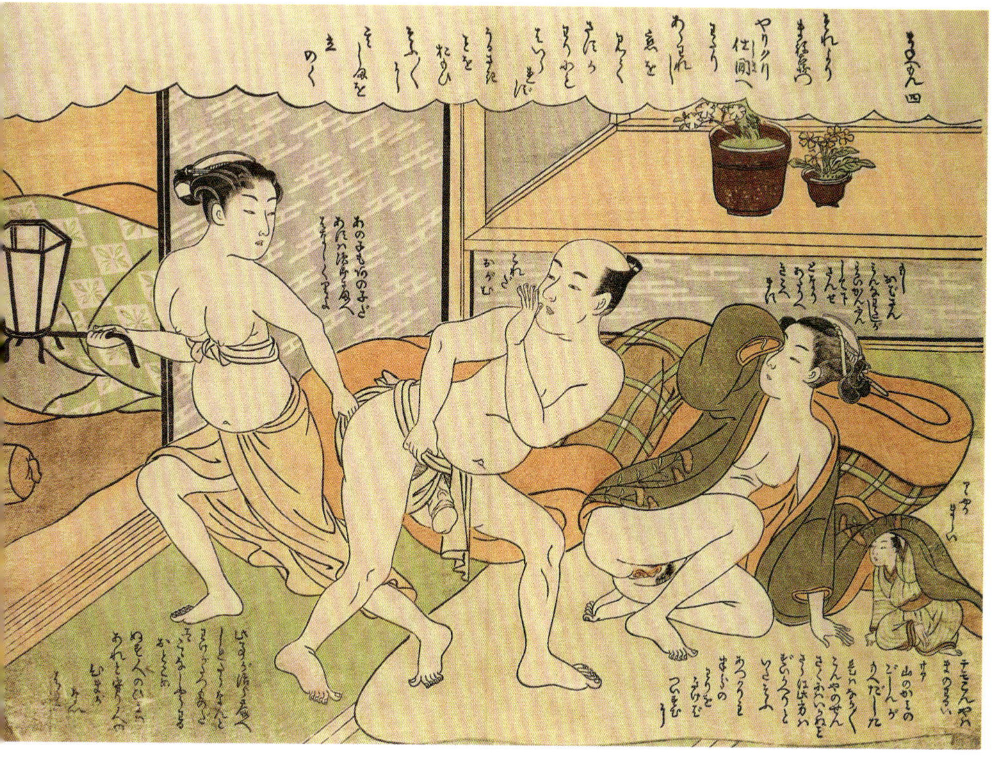

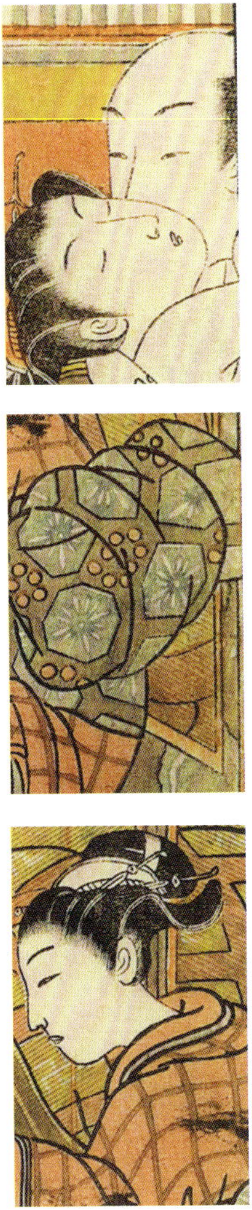

et unis, quelle nervosité gourmande des bras qui dans un même mouvement attirent et repoussent le partenaire. Des pieds aux orteils convulsifs battent l'air, on échange de longs baisers profonds.

Amants derrière un paravent

Attribué à Isoda Koryūsai, 1772-1773
Gravure sur bois en couleur, 18,8 x 24,8 cm

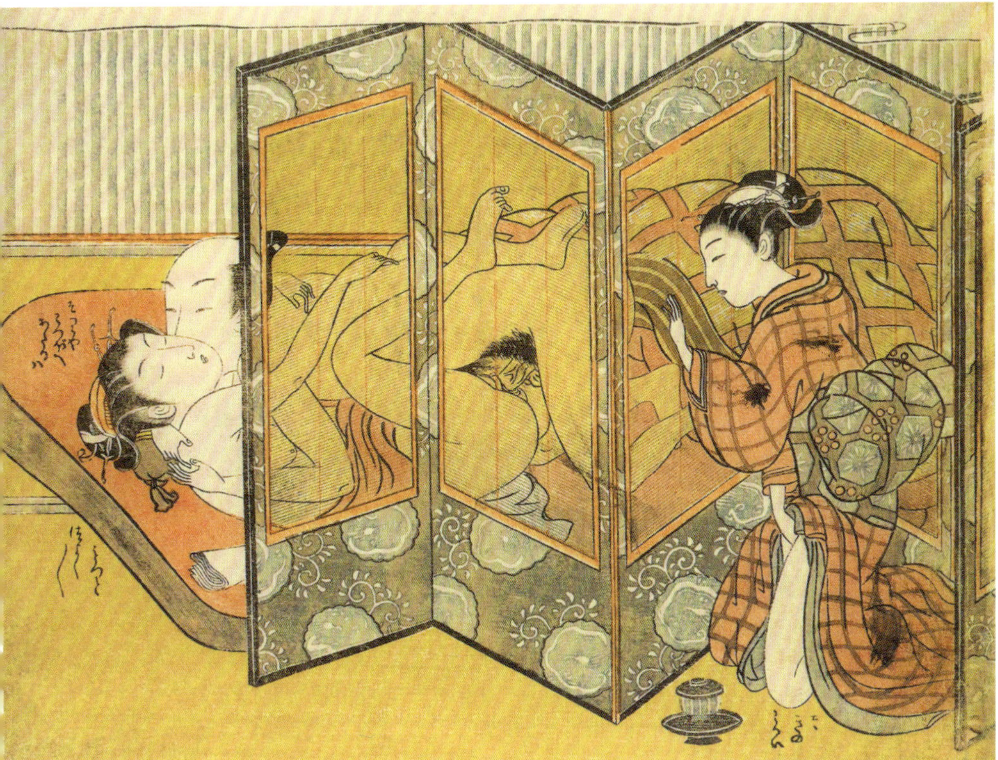

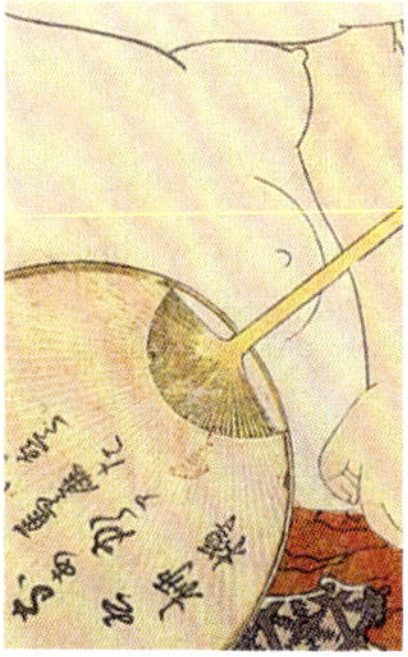

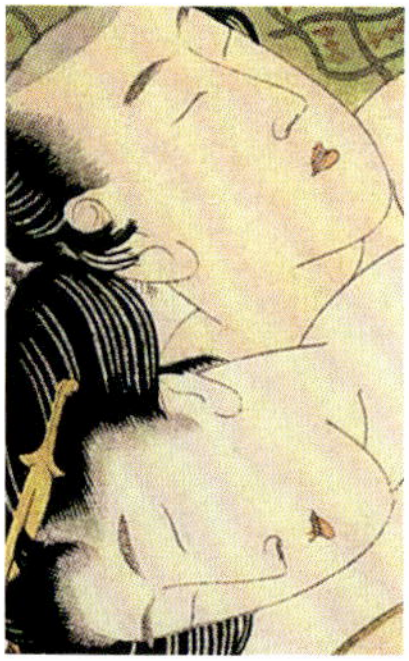

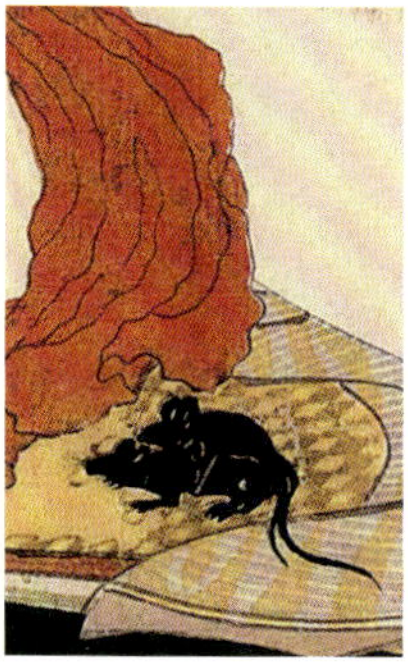

Les yeux fermés, les paupières baissées, les visages penchés vers le sol, les femmes semblent s'être évanouies. Enfin, remarquez avec quelle force et quelle puissance la verge de l'homme est dessinée ! »

Shunga, gravure érotique :
Dessin d'un couple amoureux

Katsushika Hokusai, vers 1780
Gravure sur bois en couleurs, 24,9 x 37,4 cm
Honolulu Academy of Arts, Honolulu

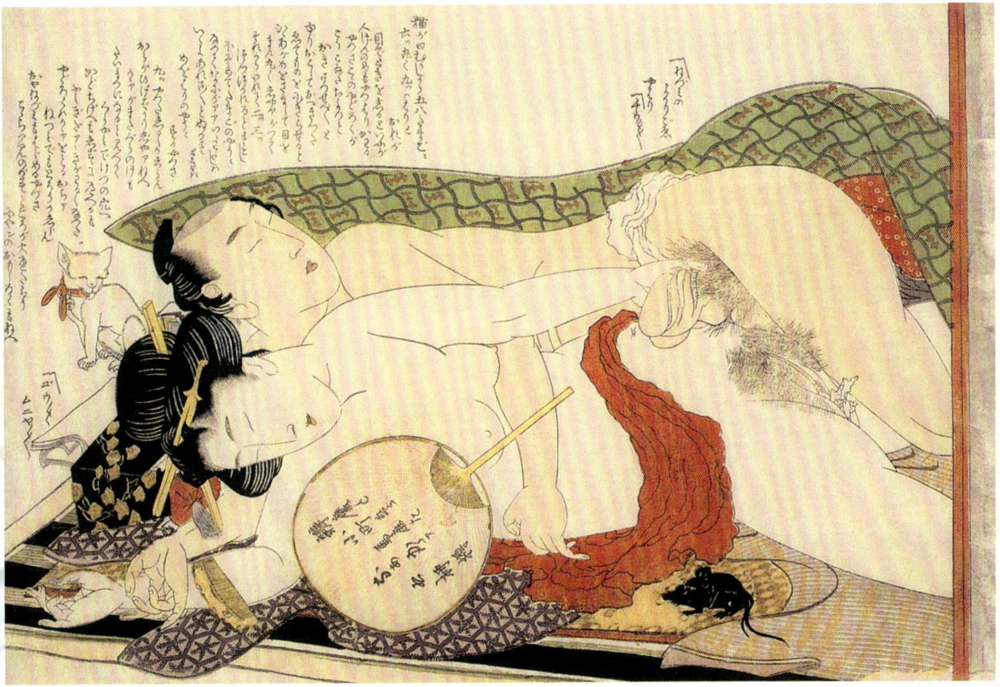

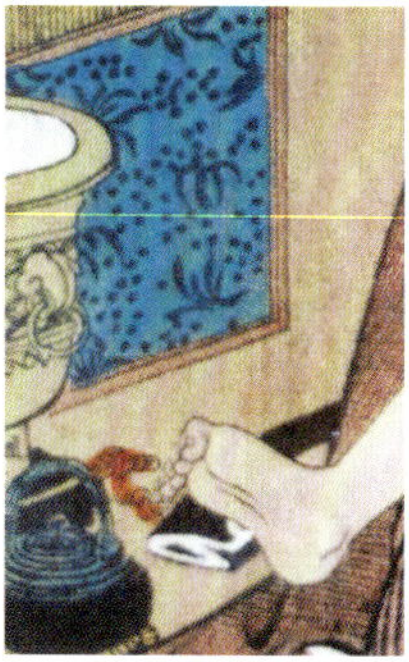

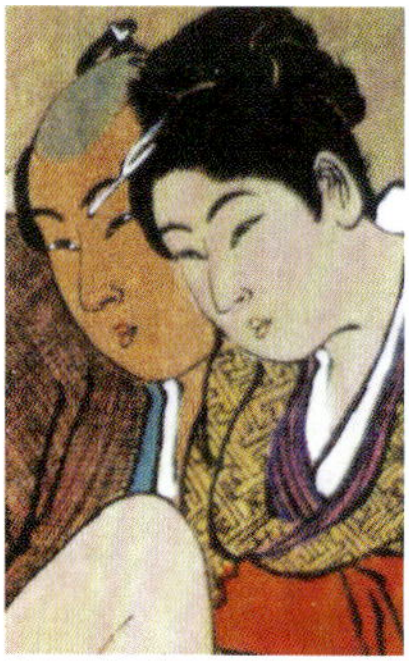

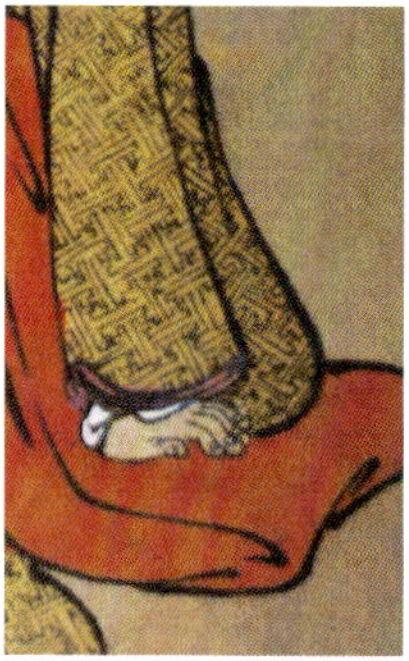

Souvent, ces livres et ces rouleaux faisaient partie de la dot de la mariée ; ils étaient destinés à l'introduire aux pratiques de la vie amoureuse. Sous forme de rouleaux imprimés ou peints, les *shungas* devinrent donc des pièces

Shunga japonais (« Images de printemps »)

XVIIIe - XIXe siècle

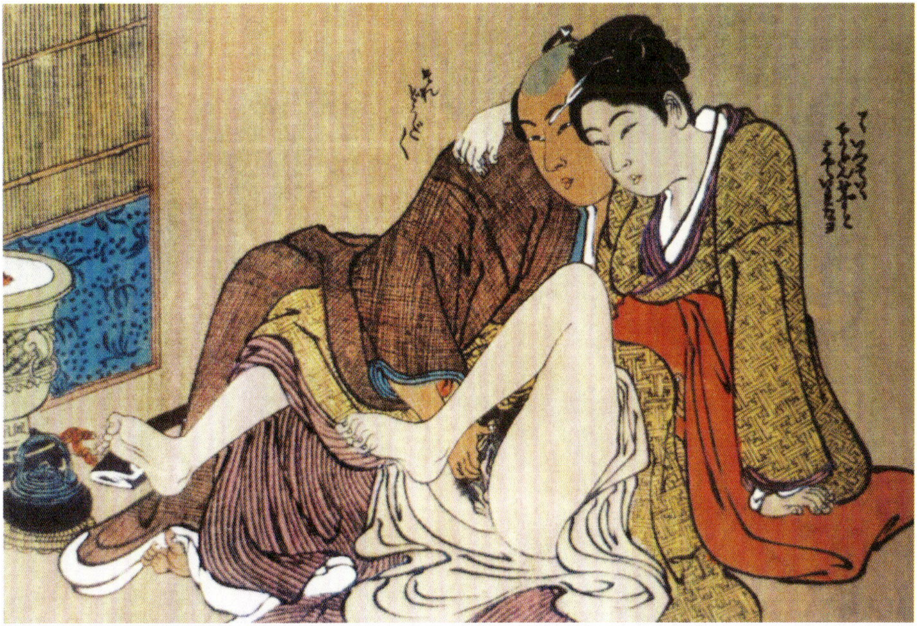

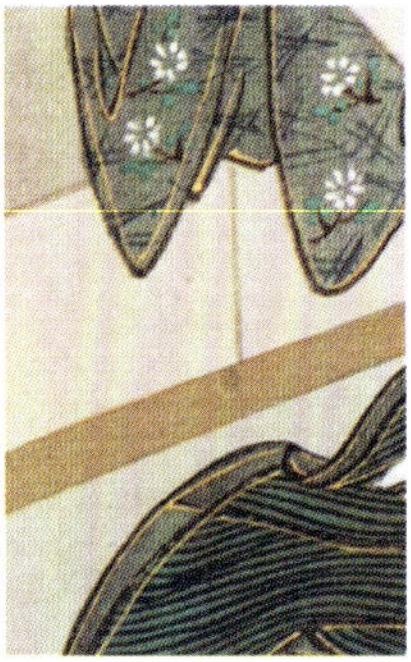

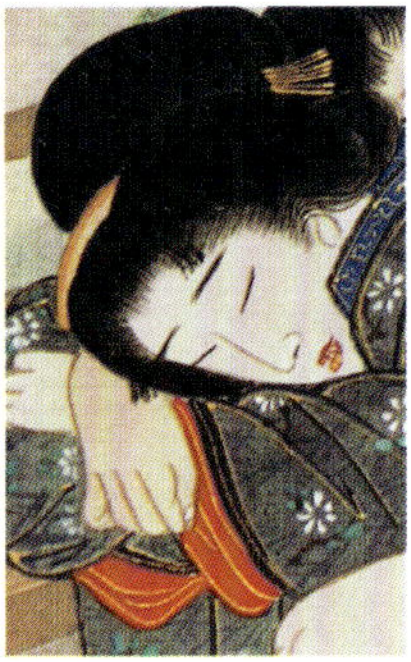

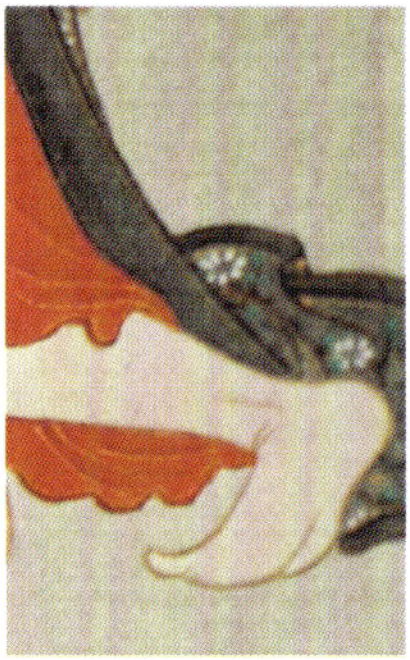

de famille. Dans les familles nobles, ils servaient à l'éducation sensuelle de la jeune fille qui allait devenir une amante opiniâtre. Ils devaient donc éveiller son imagination sexuelle mais aussi procurer une joie particulière aux yeux du spectateur.

Shunga japonais (« Images de printemps »)

XVIIIe - XIXe siècle

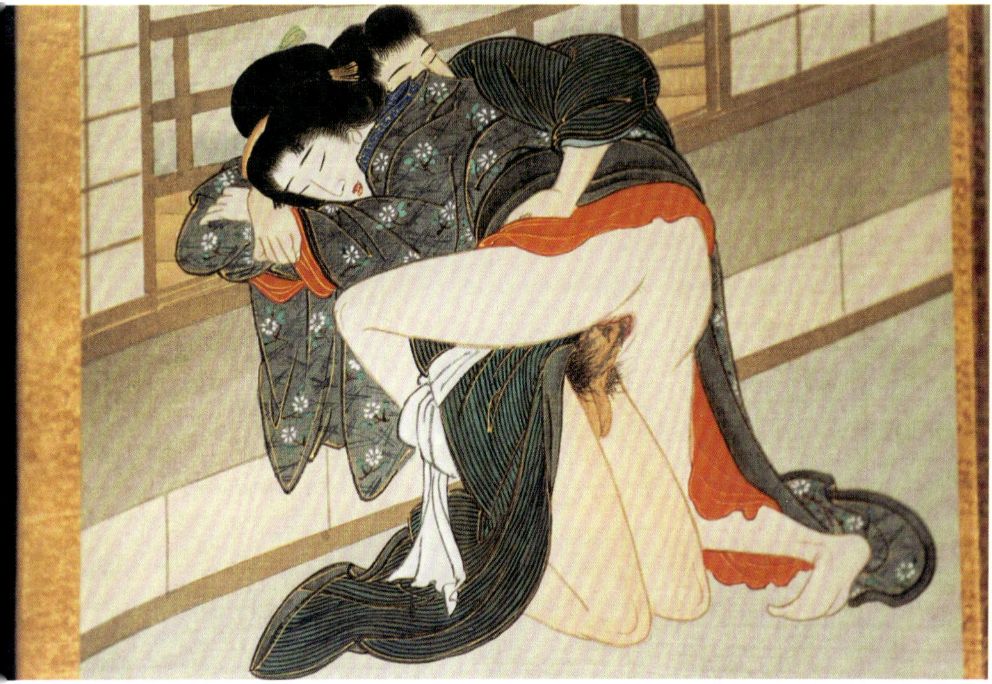

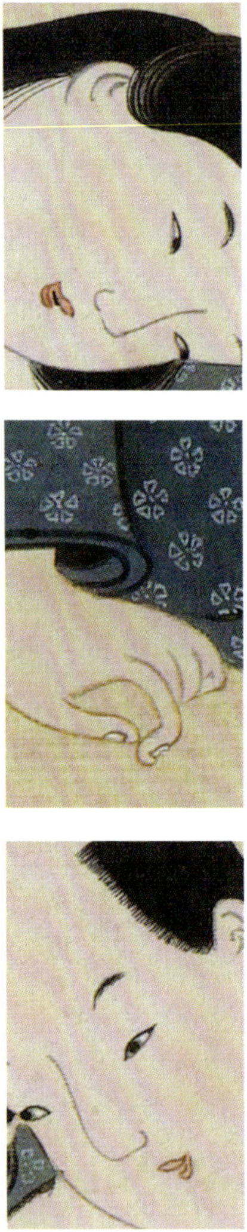

Beaucoup de ces livres furent produits pour Yoshirawa, quartier des plaisirs de la florissante ville d'Edo, au XVIIe siècle. Dans la période Tokugawa (1600-1853), les riches bourgeois des grandes villes qui, durant une longue période de paix, s'étaient enrichis

Scène amoureuse (détail)

Hishikawa Morohira, 1788
Peinture sur rouleau, encre,
pigments et dorure sur soie, hauteur : 32,6 cm

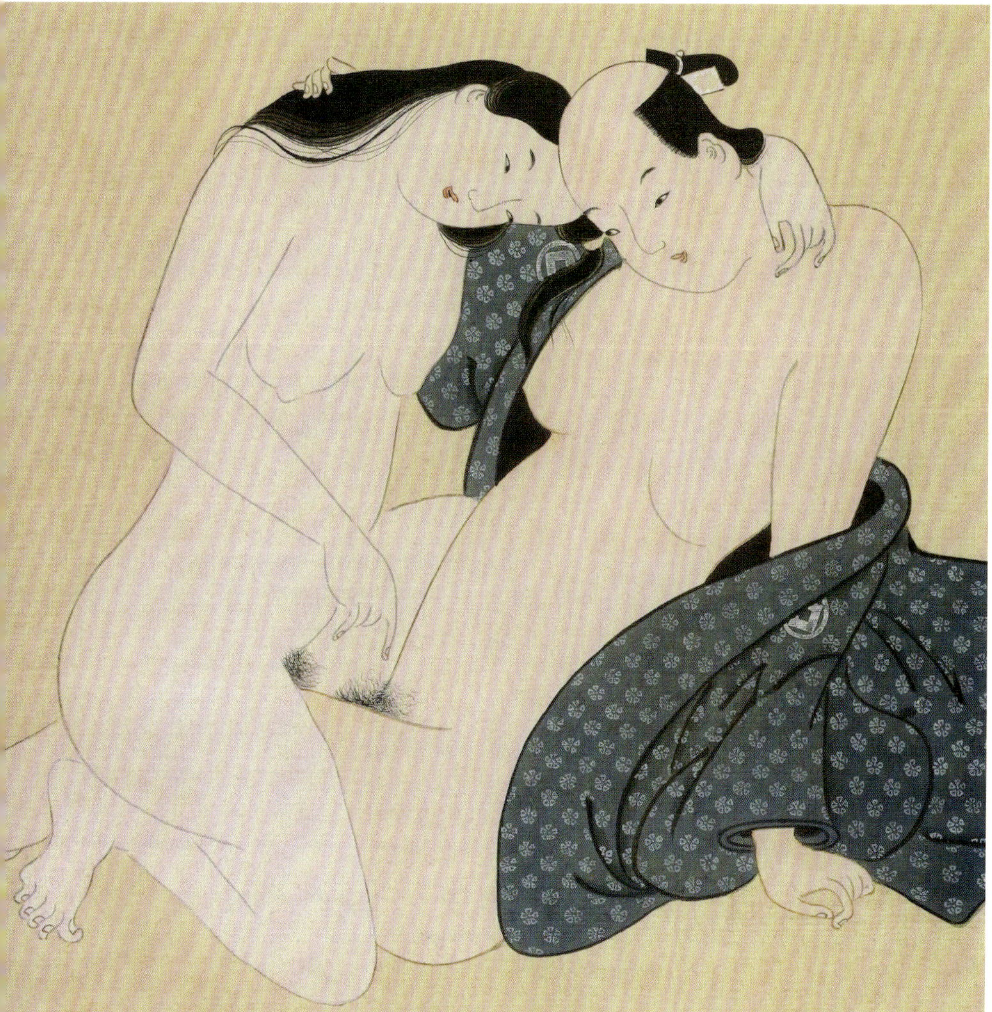

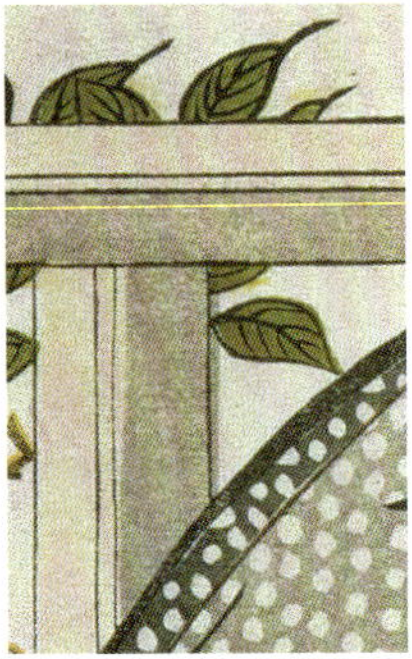

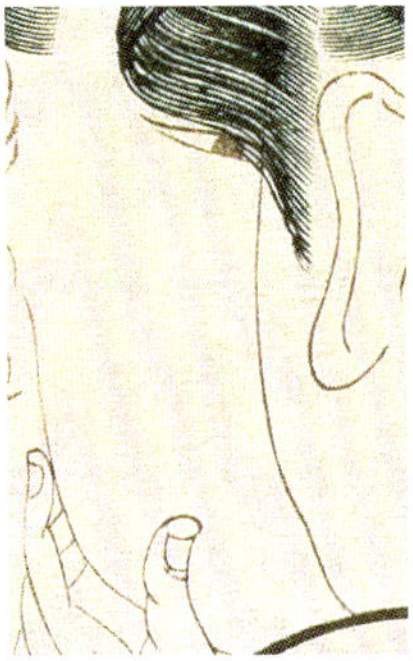

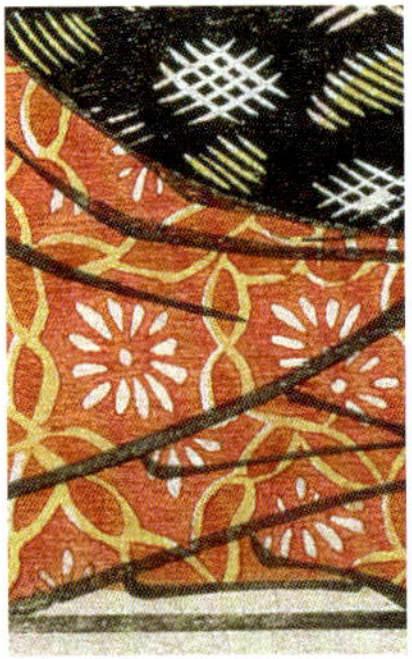

encore davantage, furent pris d'un véritable vertige du plaisir. Les districts des maisons de passe s'agrandissaient à une vitesse étonnante pour devenir le centre de la vie en communauté. Des guides de ces « maisons

Couple faisant l'amour dans une chambre à l'étage supérieur d'une maison de thé

1788
Livre érotique illustré nishiki-e, un volume, 25,5 x 37 cm
Victoria & Albert Museum, Londres

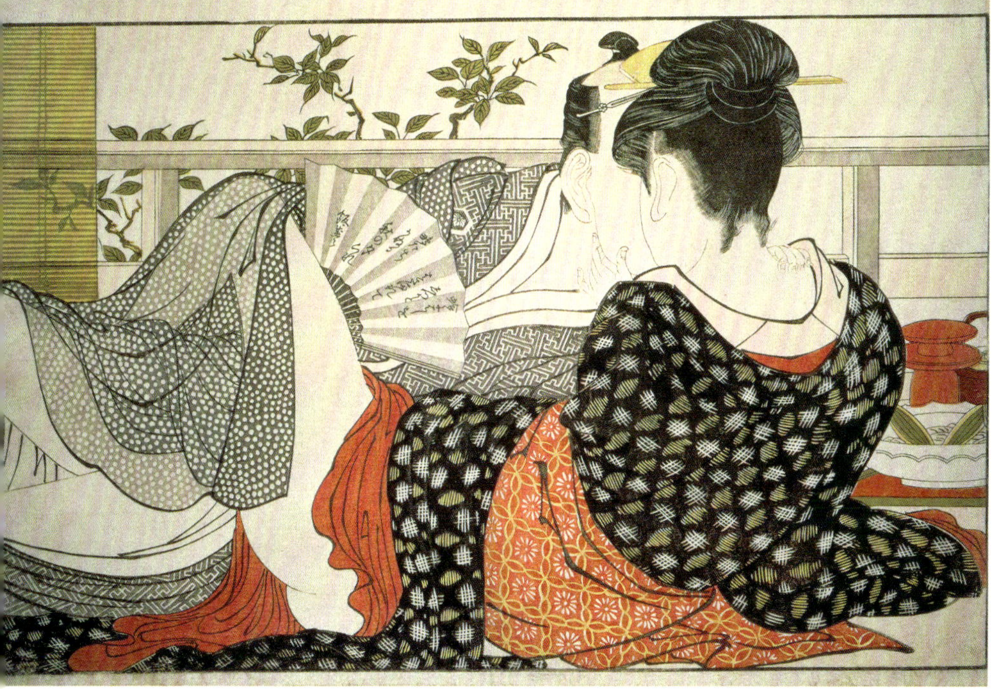

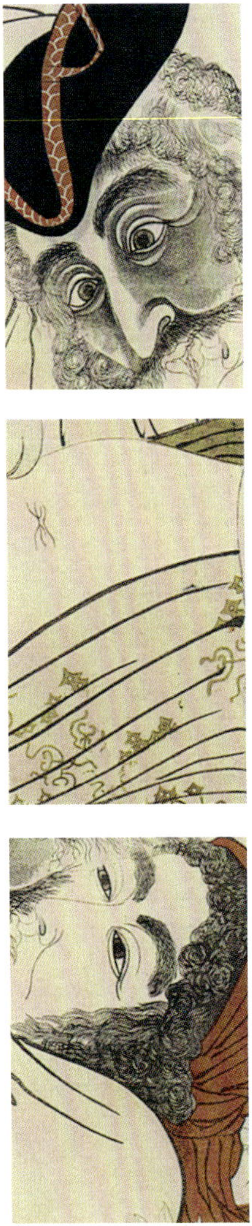

vertes » étaient composés ; ils décrivaient minutieusement les charmes et les défauts des plus célèbres courtisanes, sans oublier de préciser leur prix. Ces « routards de l'amour » contenaient également des indications concernant le caractère des femmes :

Poème sur l'oreiller

Kitagawa Utamaro, 1788
Album de gravures sur bois en couleur
chaque feuillet mesurant environ 25,5 x 37 cm

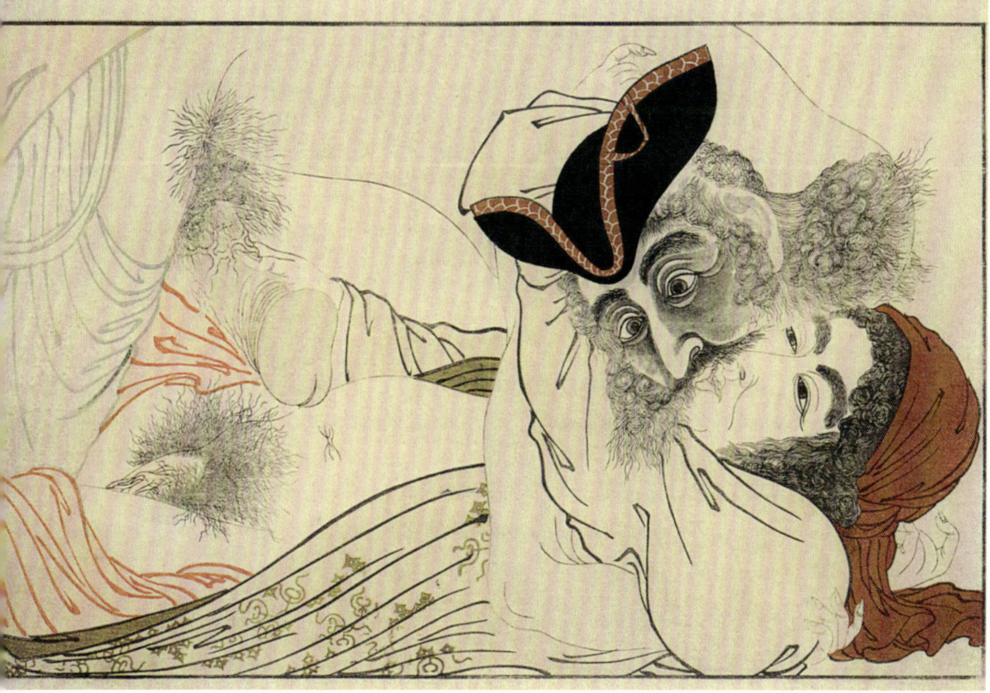

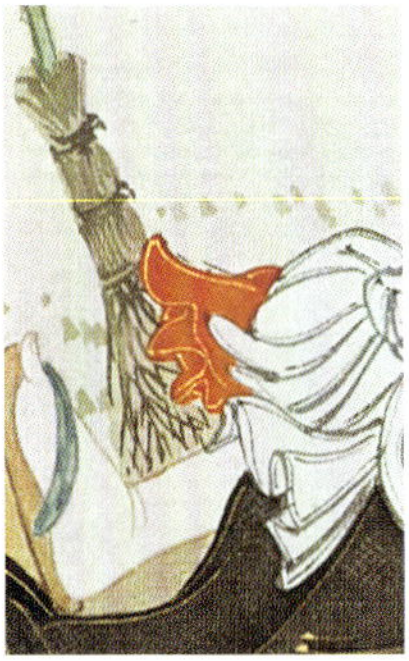

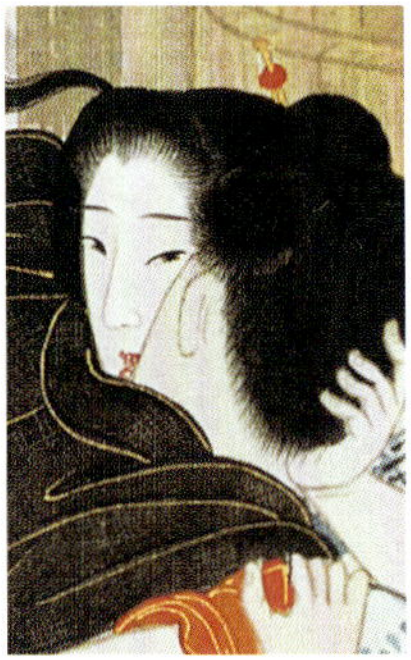

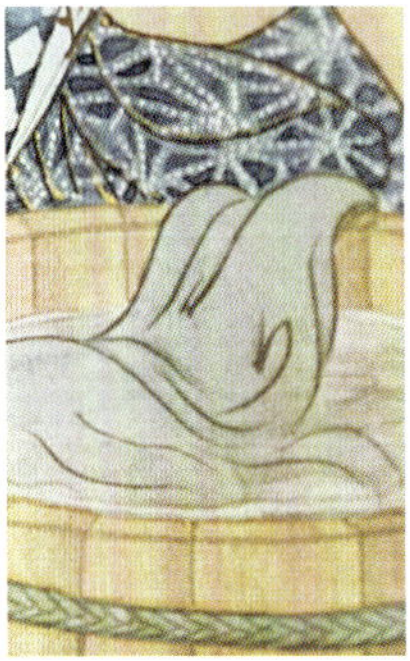

ils mentionnaient spécialement ce qui avait trait à l'ingéniosité, la constance et la sincérité des concubines. D'autres livres faisaient le compte des détails intimes, donnaient des conseils de bonne conduite avec les filles et expliquaient des pratiques sexuelles spécifiques à chacune.

Shunga japonais (« Images de printemps »)

XVIIIe - XIXe siècle

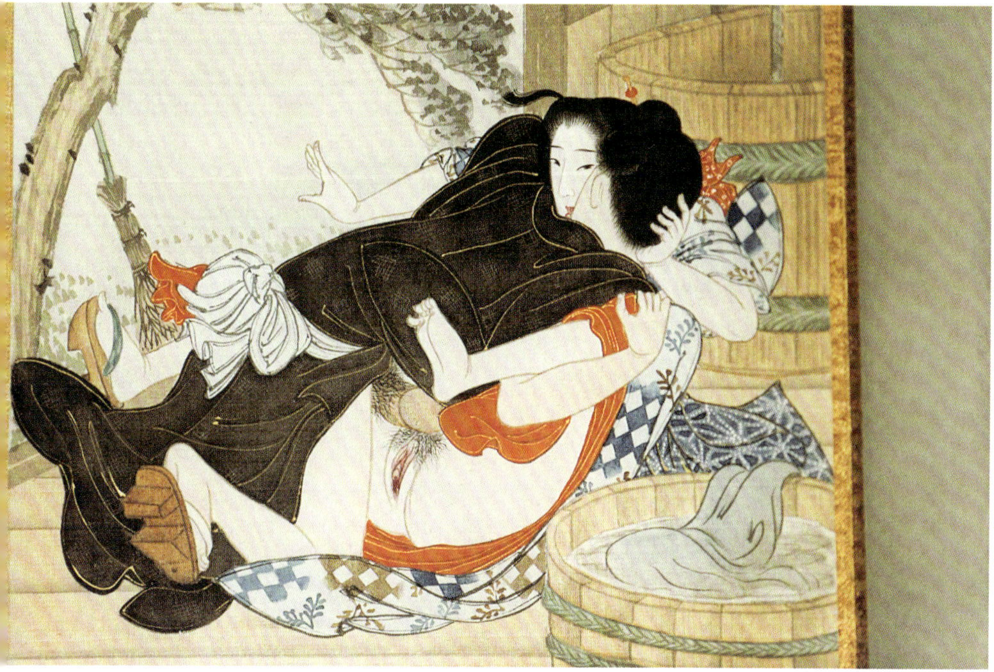

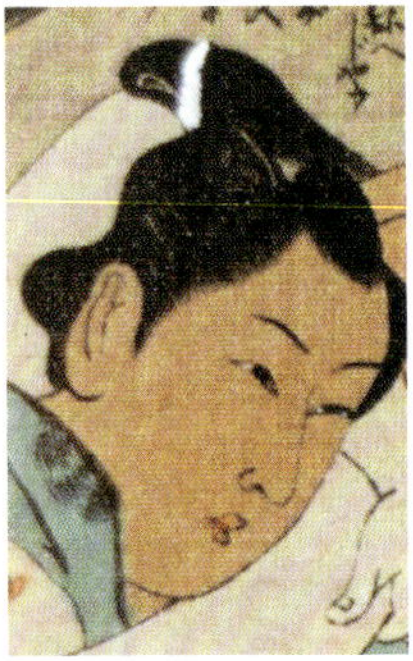

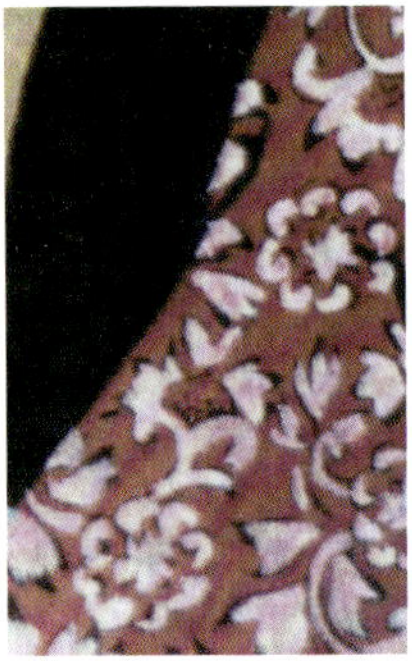

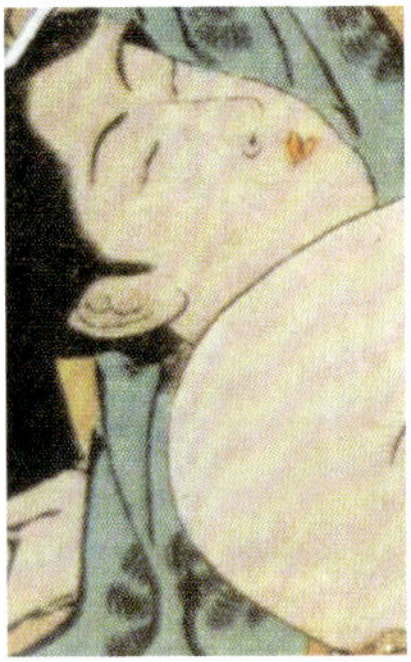

Il était aussi signalé aux connaisseurs les lieux où ils pouvaient rencontrer des jouissances rares et exquises.

Le collectionneur et négociant Hayashi Tadamasa (1851-1906), qui fut l'un des premiers à rapporter à Paris de précieuses

Shunga japonais (« Images de printemps »)

XVIIIe - XIXe siècle

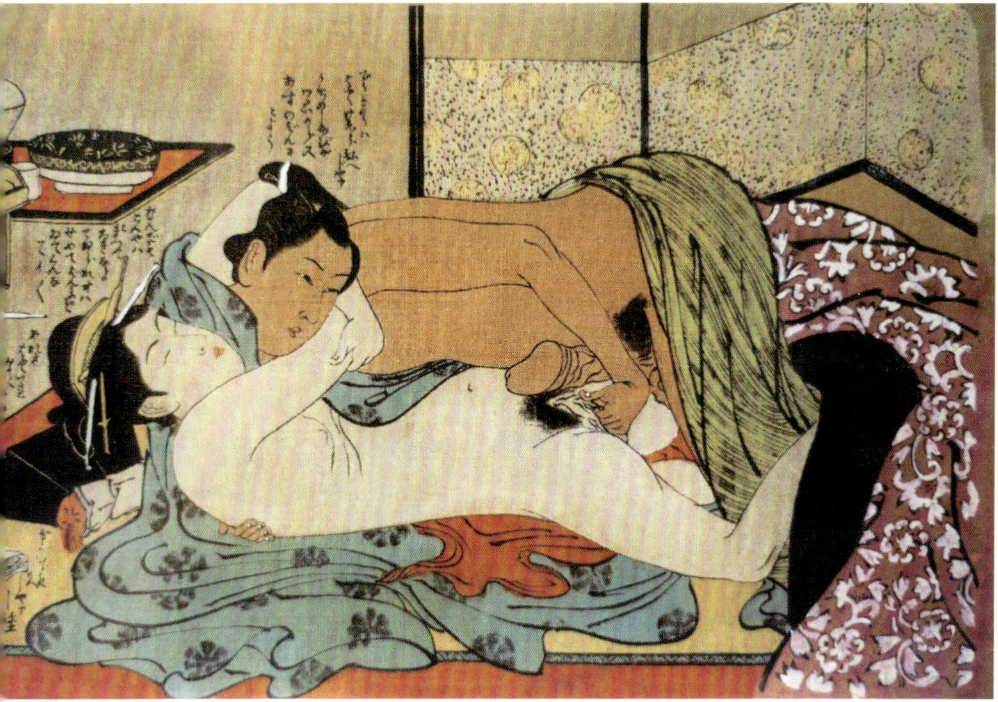

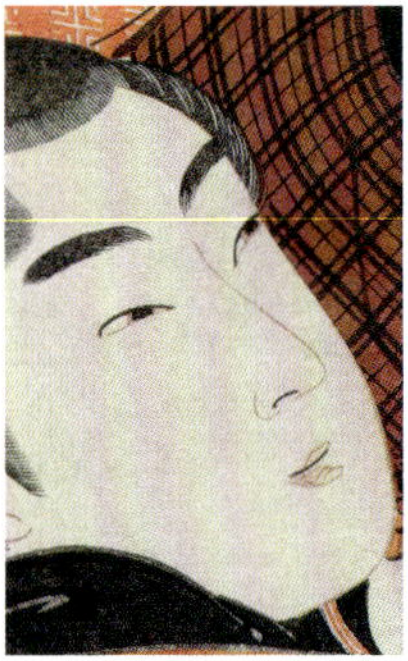
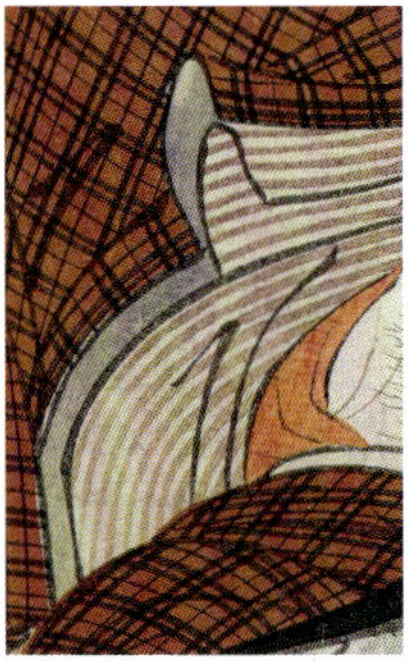
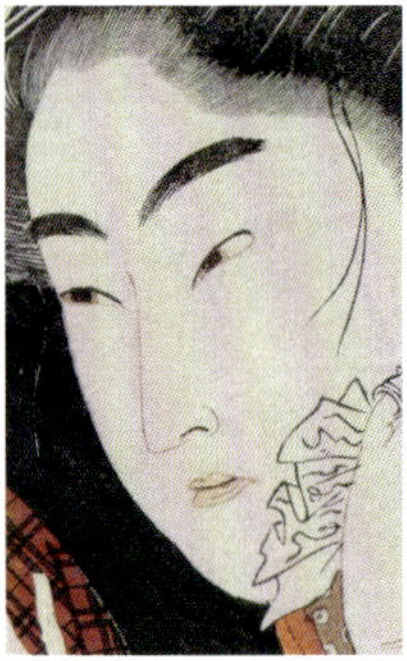

sculptures japonaises sur bois, ne possédait pas moins de deux cents « guides à travers les maisons de joie » décrivant la vie des courtisanes à Yoshiwara.

Utamaro (1753-1806), grand maître de la sculpture sur bois en couleur, partagea toute

Femme découvrant une lettre cachée dans l'habit de son jeune amant

1788
Poème sur l'oreiller (Utamakura),
livre érotique illustré nishiki-e, un volume, 25,5 x 37 cm
Victoria & Albert Museum, Londres

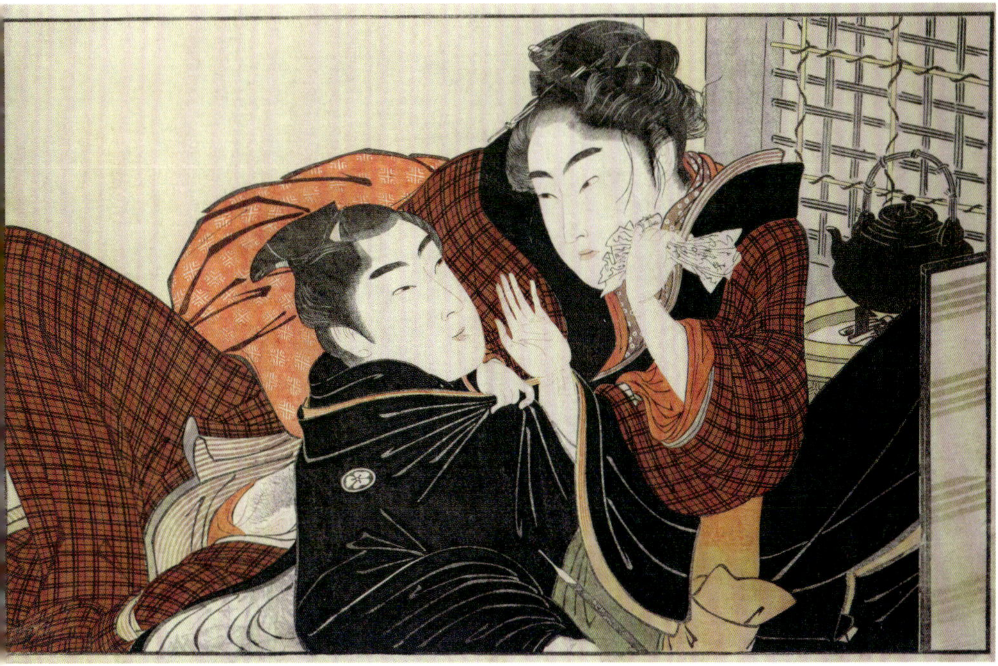

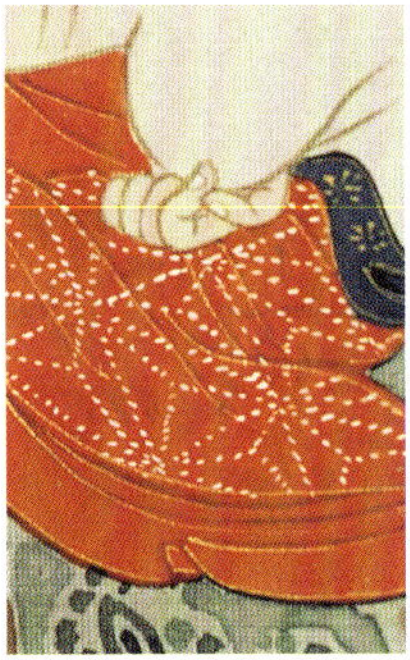

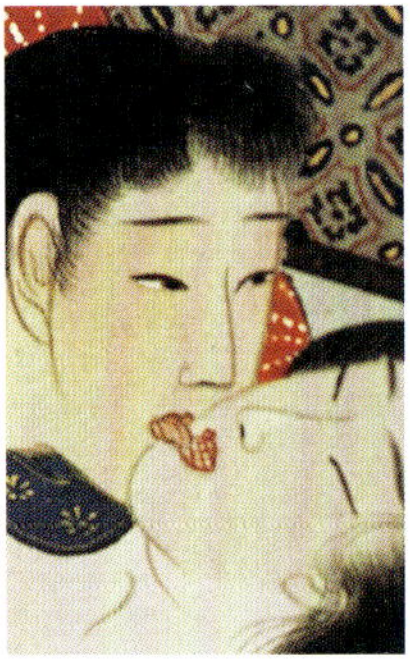

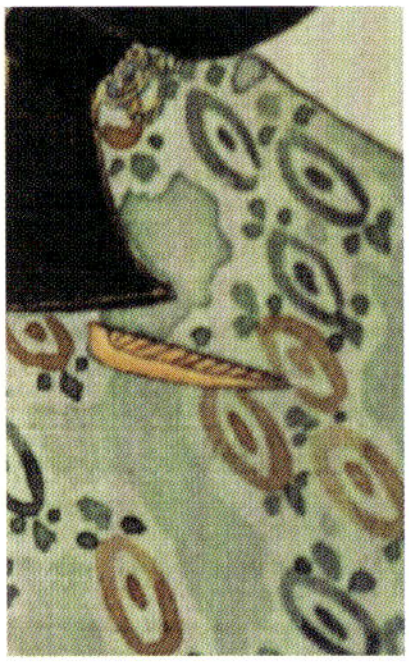

sa vie entre son art et le quartier de Yoshiwara. Goncourt, son biographe, écrivit à son sujet qu' « il passait ses journées chez son éditeur ou dans son atelier et ses nuits à Yoshiwara ». Sa maison d'impression se trouvant à l'entrée

Shunga japonais (« Images de printemps »)

XVIIIe - XIXe siècle

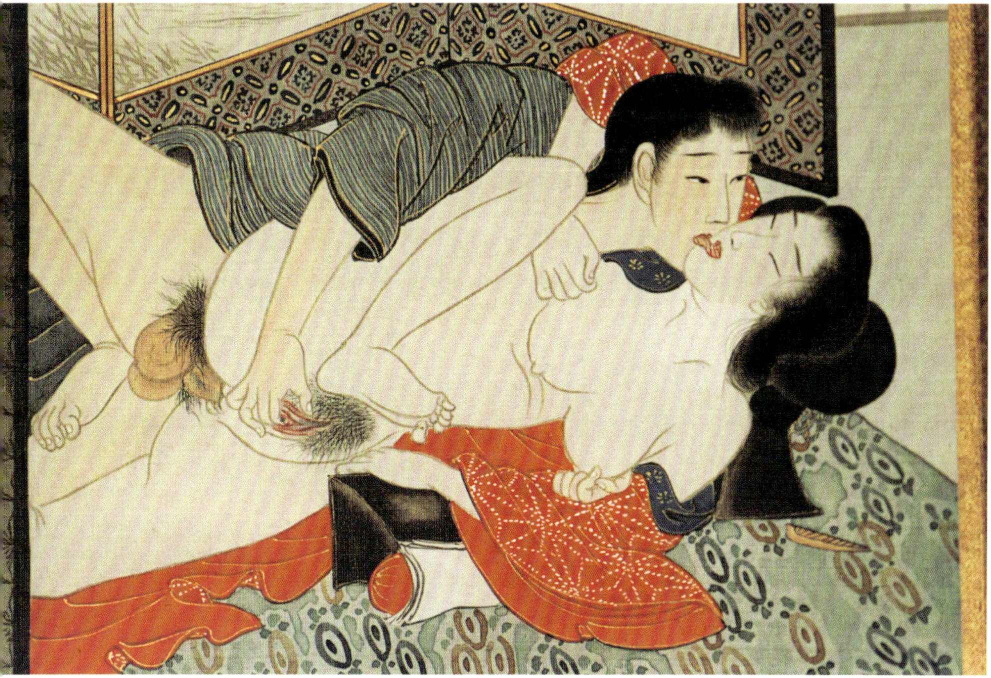

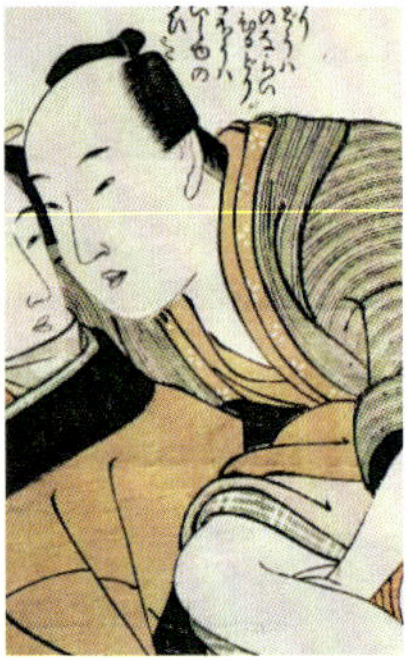

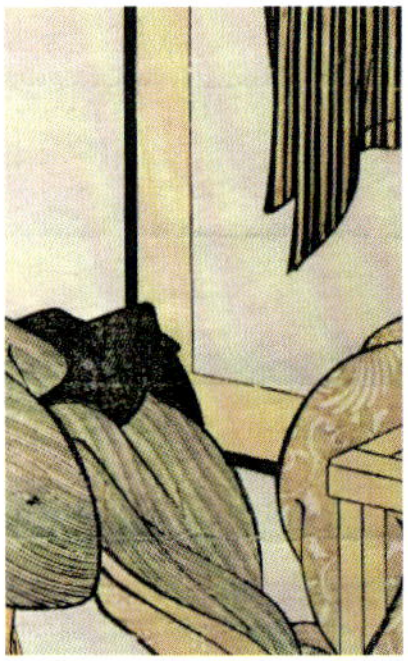

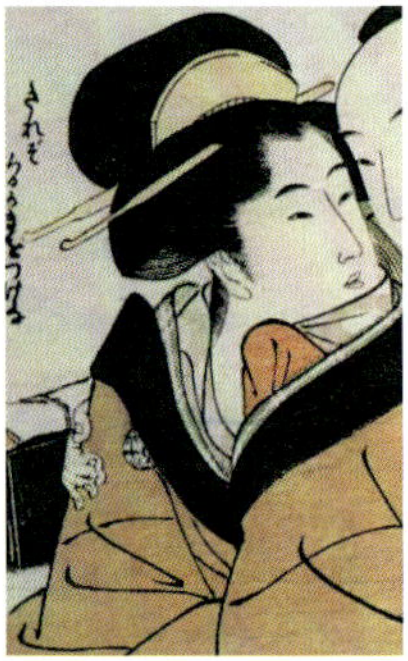

du quartier malfamé, le chemin entre son atelier et les maisons de joie était donc court. Peut-être pourrions-nous le considérer comme un Toulouse-Lautrec à la japonaise ?

Cinquante maisons de passe furent dénombrées à cette époque, comprenant près

Shunga japonais (« Images de printemps »)

XVIIIe - XIXe siècle

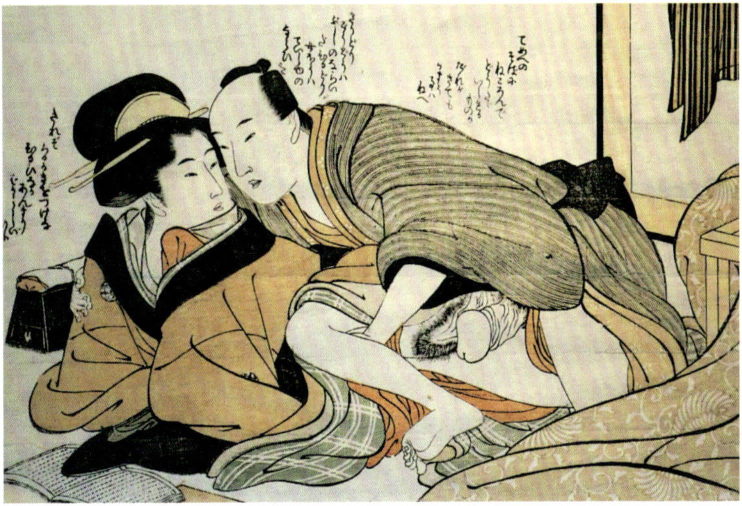

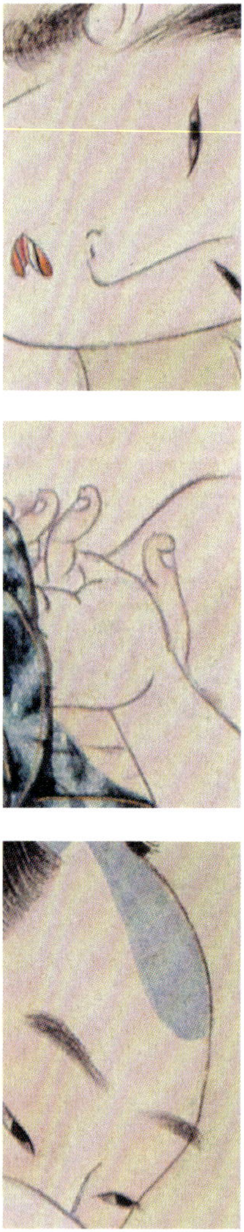

de 6 000 filles, dont au moins 2 500 courtisanes qui offraient leurs plaisirs. Edo, qui est aujourd'hui la ville de Tokyo, comptait alors plus d'un million d'habitants. Les grandes courtisanes devaient l'éclat de leur

Dix Scènes érotiques (détail)

Katsukawa Shun'ei, 1792-1795
Peinture sur rouleau de papier,
encre et pigments, hauteur : 28 cm

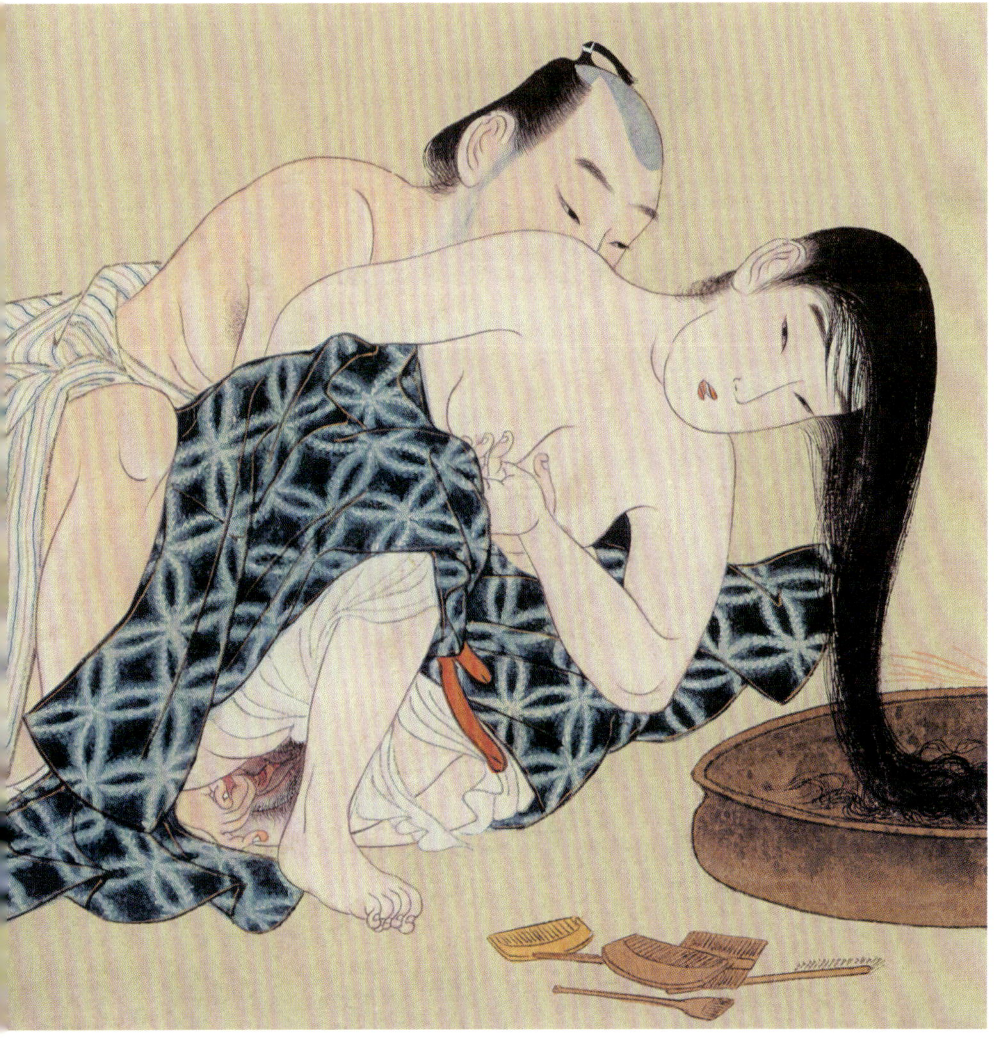

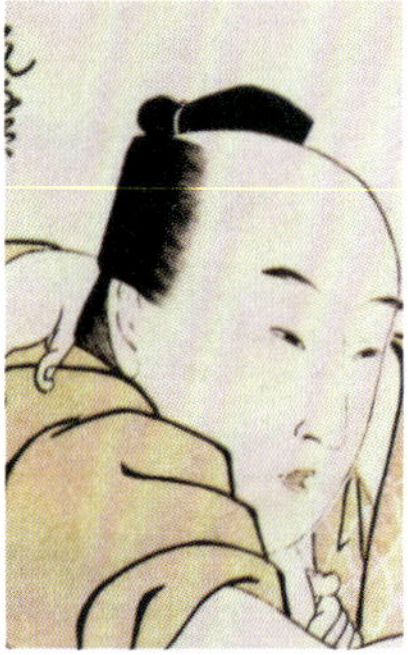

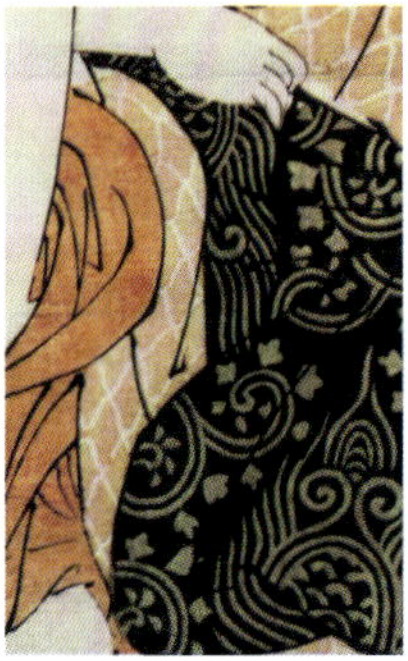

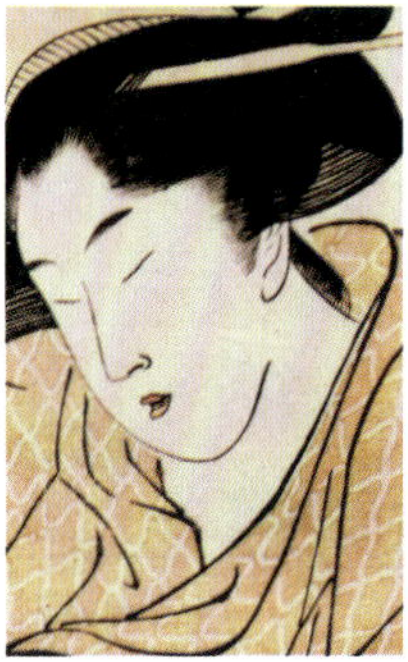

existence non seulement à la riche bourgeoisie de la ville mais aussi et surtout au grand nombre d'aristocrates provinciaux qui étaient amenés à passer par la capitale. Sans occupation ni tâche, ils étaient donc constamment sous la surveillance de la police,

Shunga japonais (« Images de printemps »)

XVIIIe - XIXe siècle

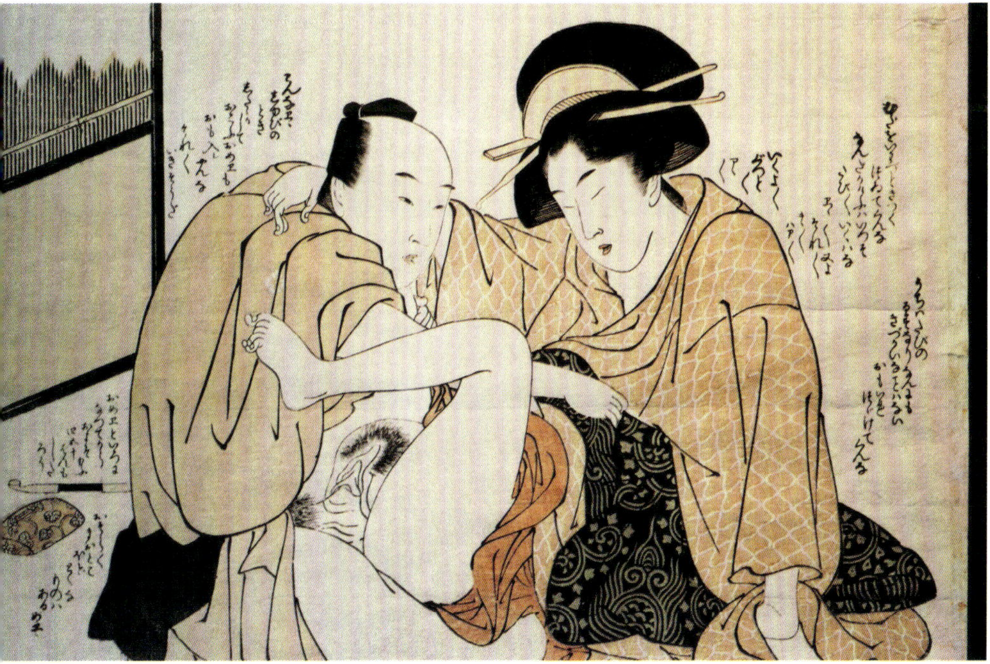

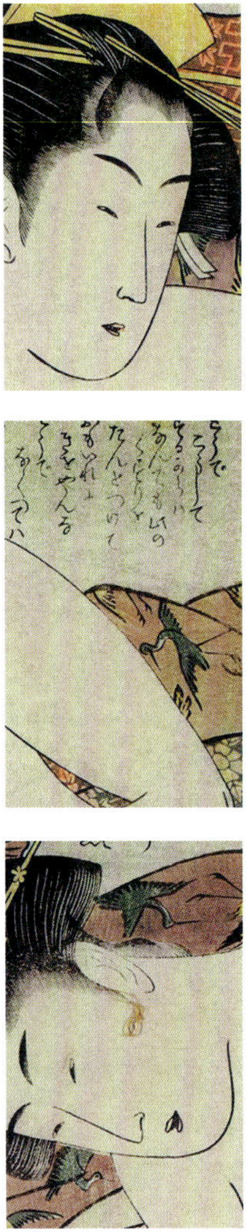

dans le quartier de Yoshiwara qui leur procurait d'agréables plaisirs.

À l'image de l'absolutisme européen, l'idéologie guerrière avait perdu une part importante de son influence. Amour et sexualité remplaçaient les activités belliqueuses de la noblesse. Ainsi, lorsque les

Ébauche de lettre (Fumi no kiyogaki)

Chōkōsai Eishō, 1793-1801
Album en couleur gravé sur bois, 25 x 35,9 cm

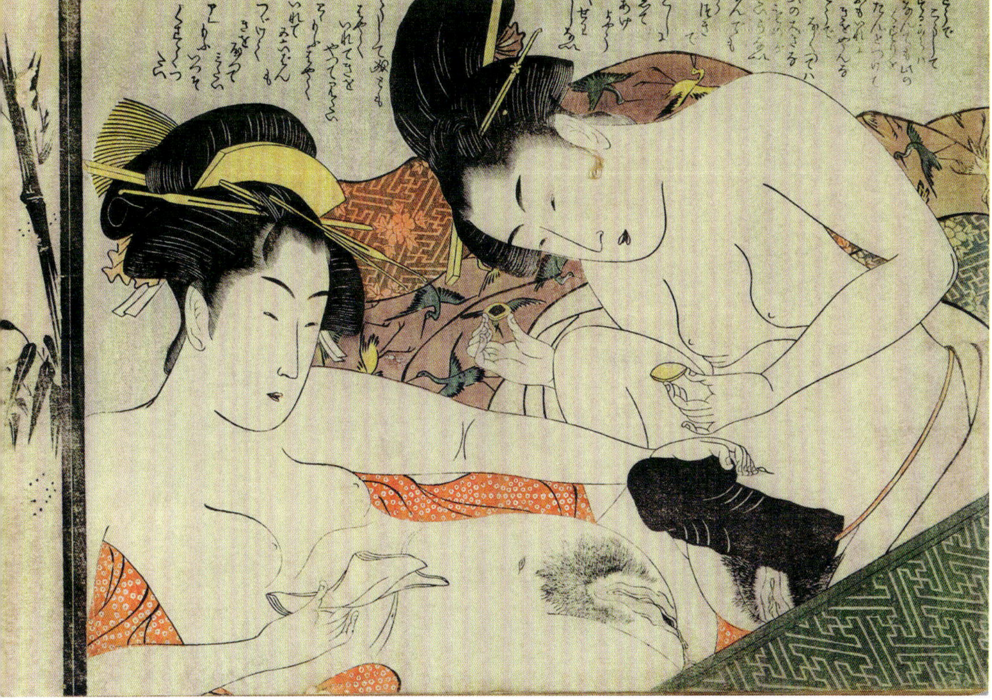

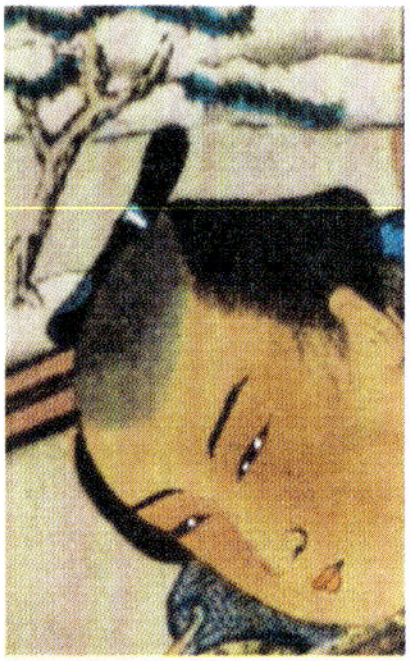

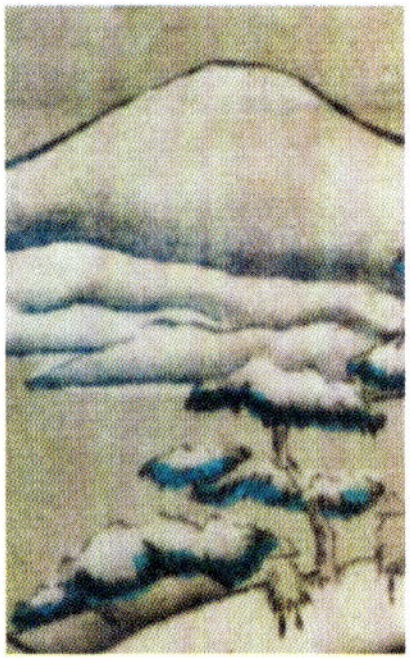

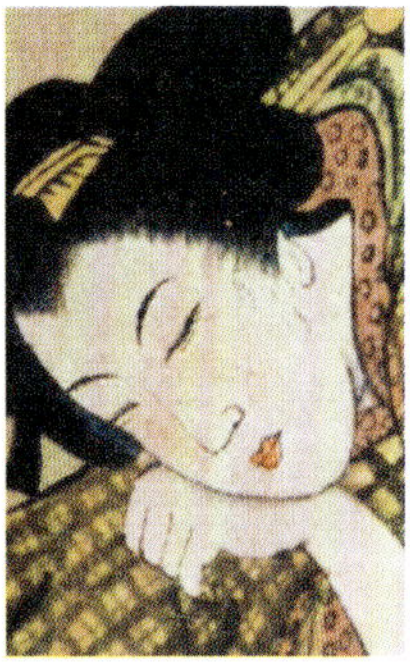

seigneurs se déplaçaient dans la capitale avec leurs nombreuses suites, ils se rendaient régulièrement à cheval dans le quartier de Yoshiwara ou s'y faisaient porter dans une litière. La police d'État n'avait alors pas hésité

Shunga japonais (« Images de printemps »)

XVIIIe - XIXe siècle

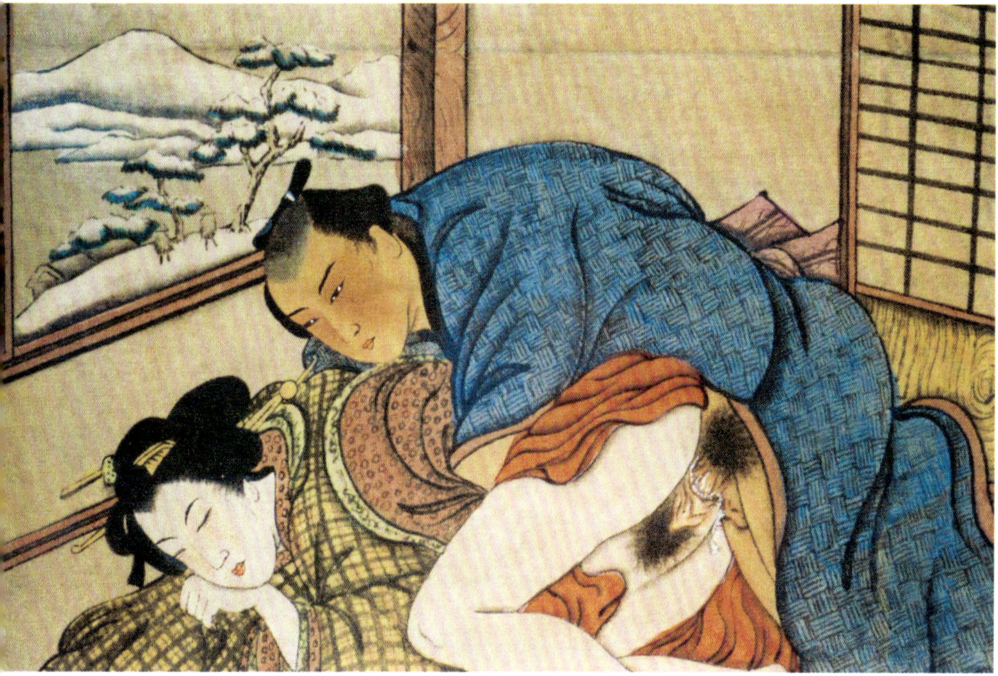

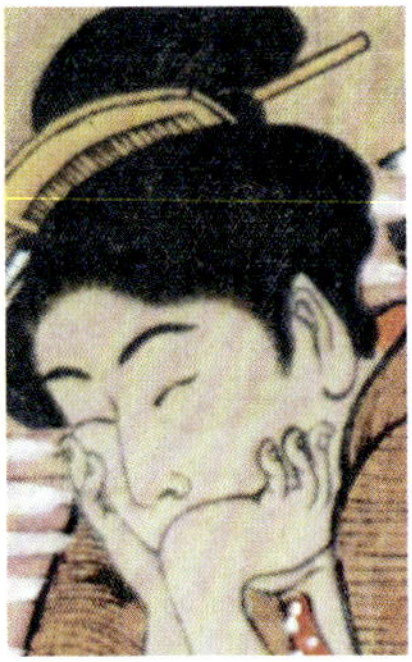
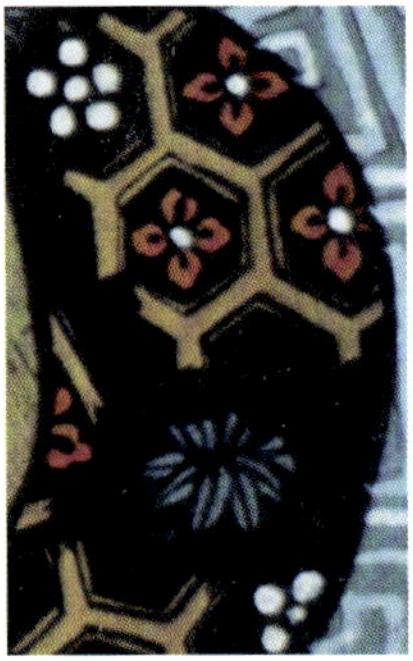
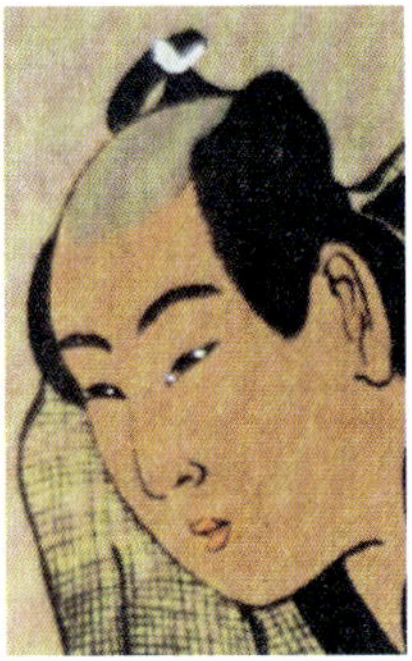

à accorder une licence d'autorisation pour ce quartier des plaisirs ; ce regroupement d'individus qu'elle voulait garder sous l'œil lui facilitait amplement la tâche.

Yoshiwara fut fondée vers 1600 sur une lande marécageuse - appelée « lande des joncs » -

Shunga japonais (« Images de printemps »)

XVIIIe - XIXe siècle

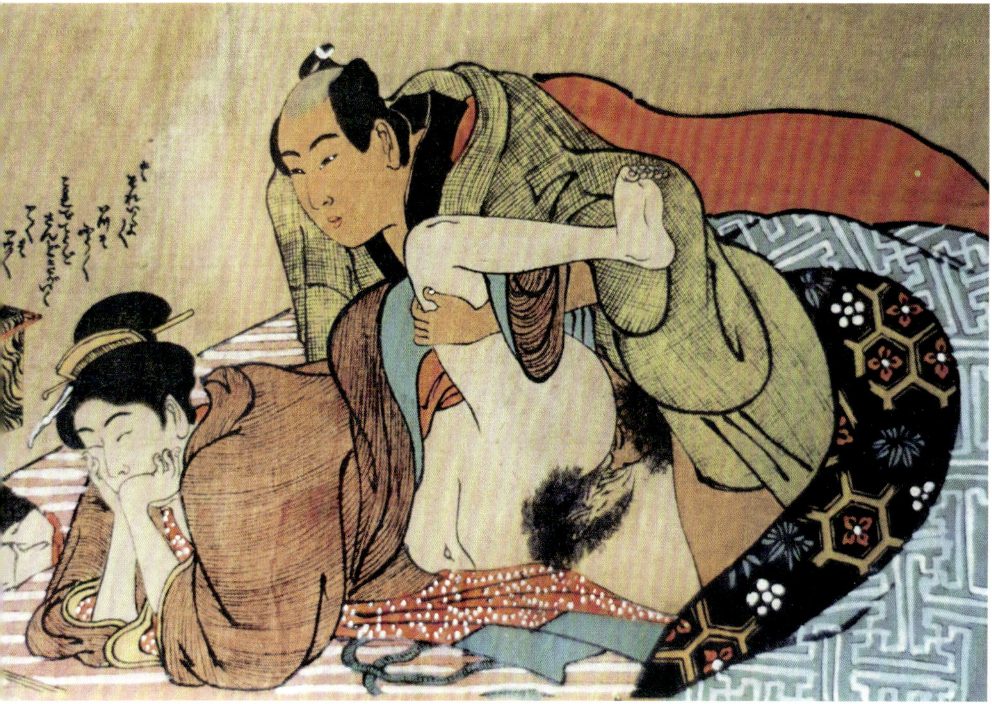

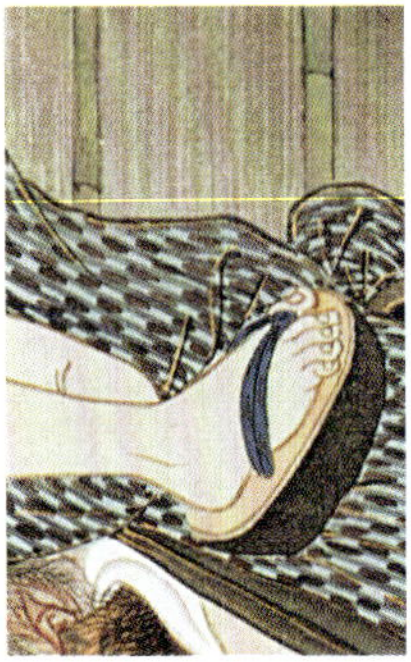
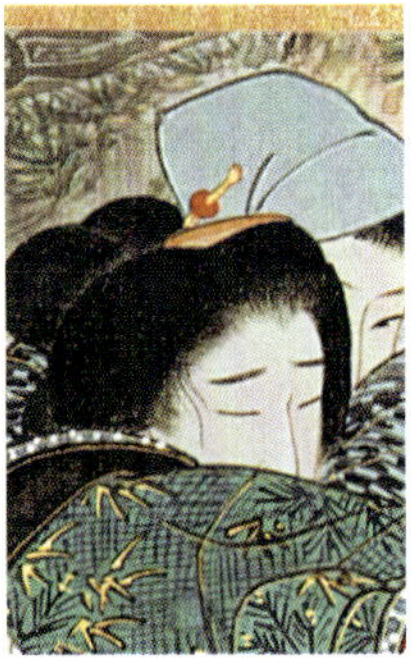
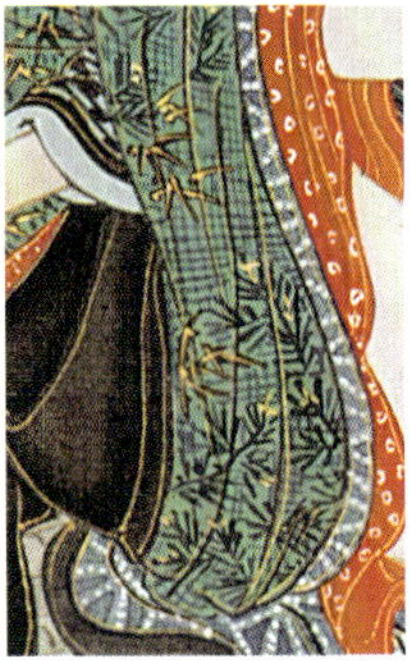

et située derrière le palais impérial. En 1657, après le grand incendie de la ville, il dut déménager aux alentours du temple miséricordieux d'Asakusa, mais son nom resta le même. Le quartier fut alors entouré de murs et de fossés et divisé en neuf districts séparés.

Shunga japonais (« Images de printemps »)

XVIIIe - XIXe siècle

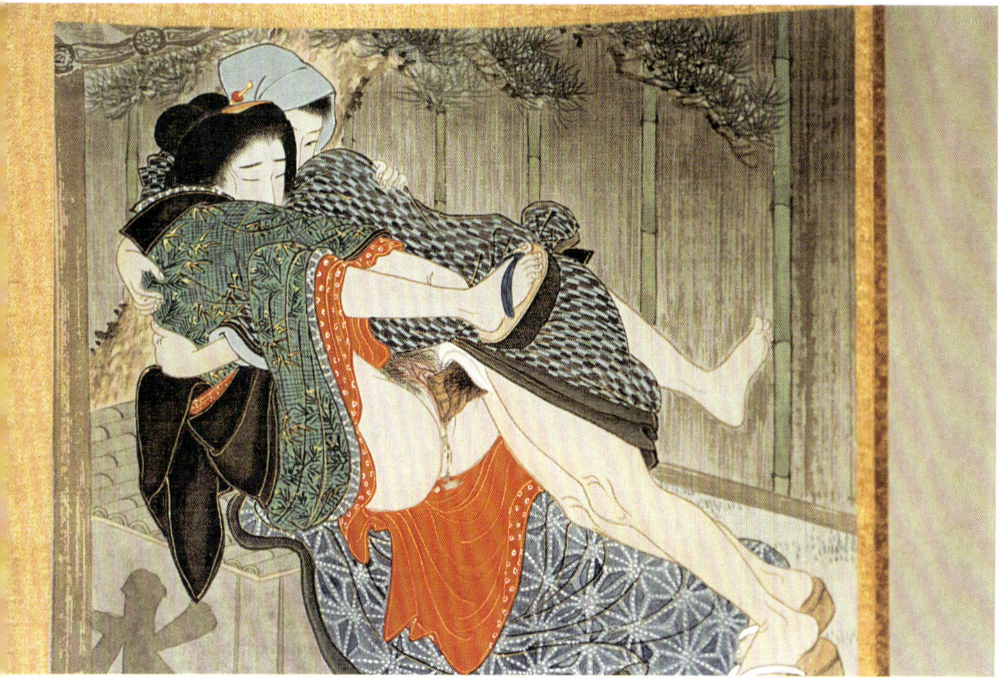

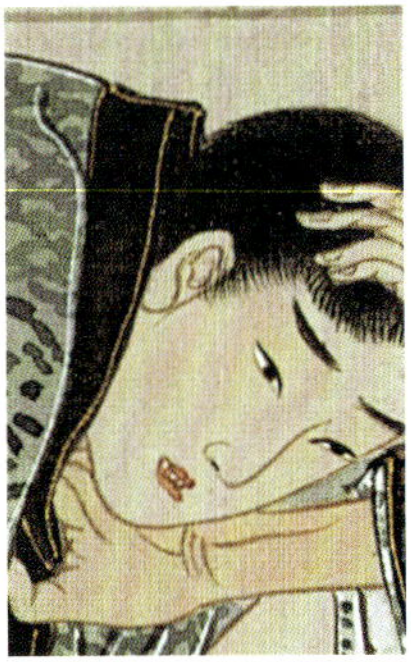

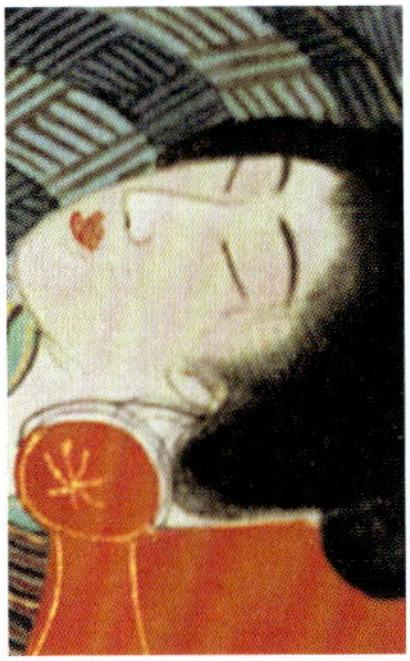

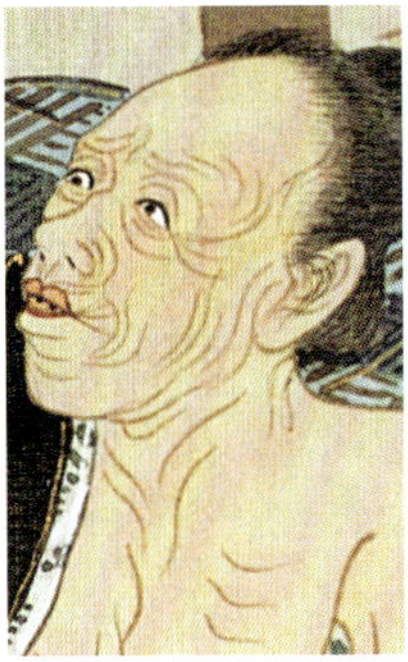

En entrant dans cette « ville sans nuit qui reluit comme la roue splendide d'un paon », on rencontre d'abord la rue principale avec ses cinquante maisons de thé où l'on ne servait vraiment que du thé. Dans un certain sens,

Shunga japonais (« Images de printemps »)

XVIIIe - XIXe siècle

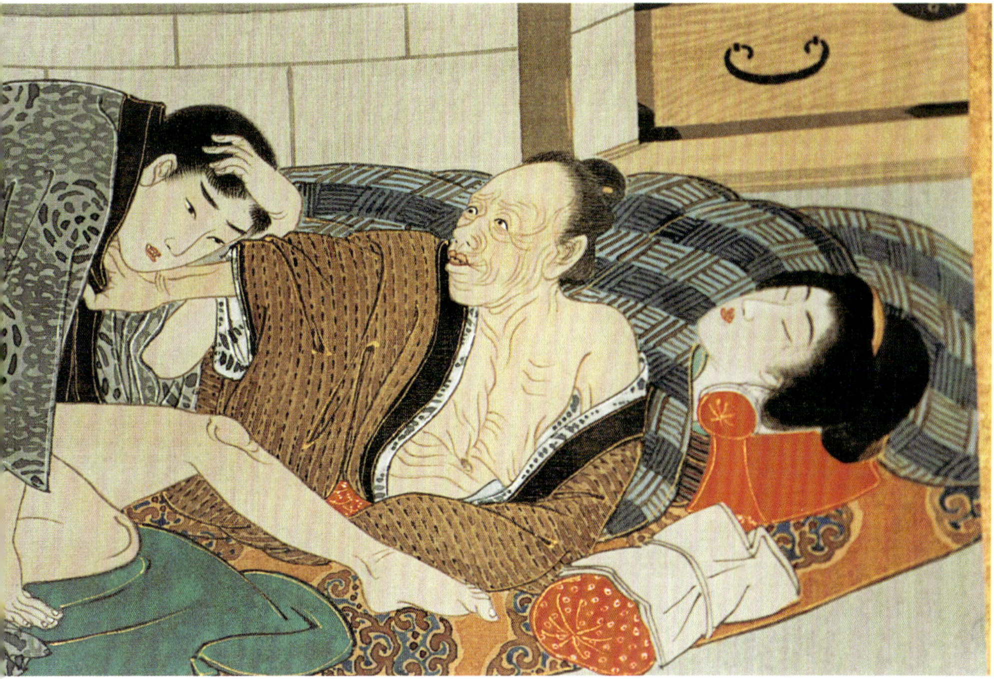

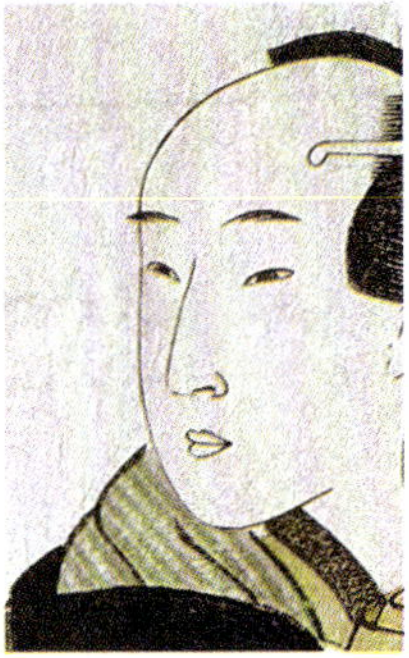

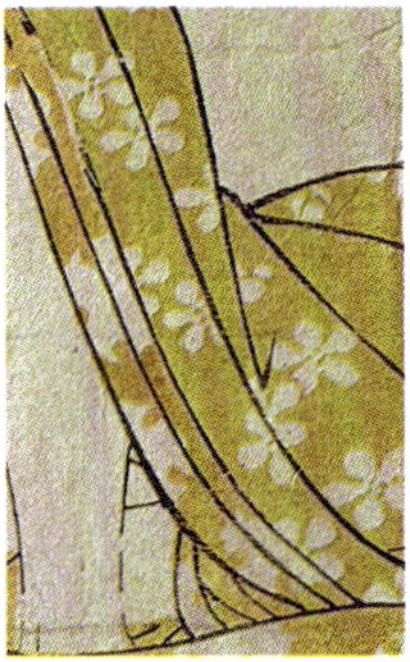

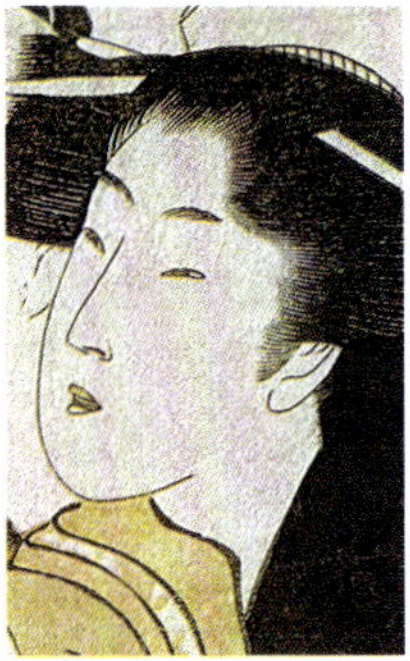

elles étaient les antichambres des bordels et servaient de lieux d'entente entre les clients et les prostituées. Les fêtes s'y succédaient et tout était d'une telle splendeur « que l'on commençait à douter d'être encore sur terre ».

Shunga japonais (« Images de printemps »)

XVIIIe - XIXe siècle

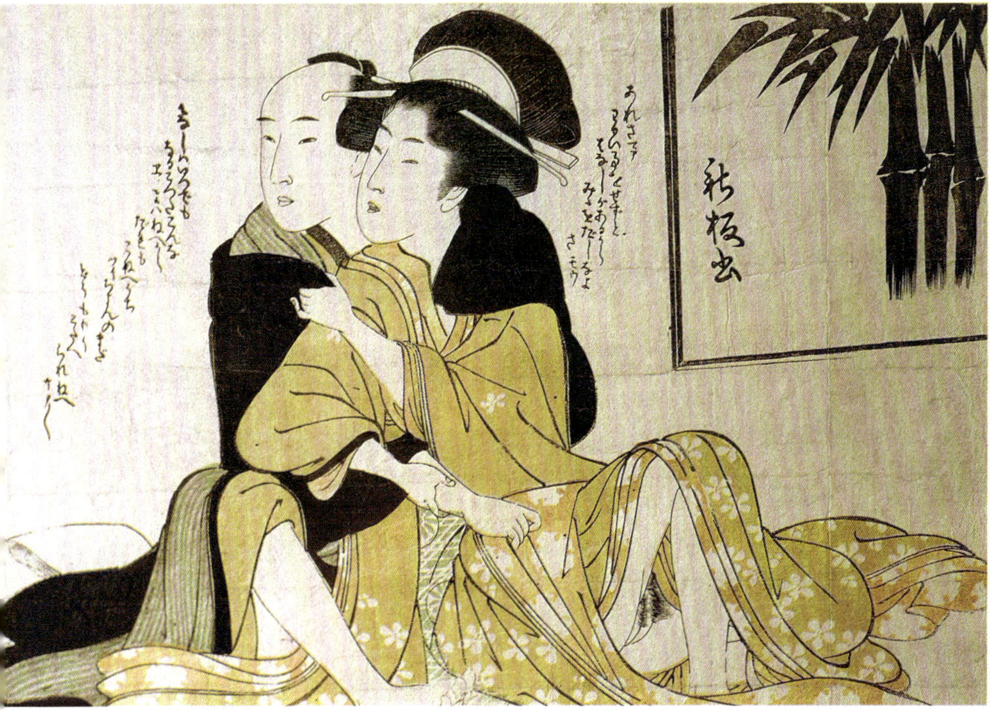

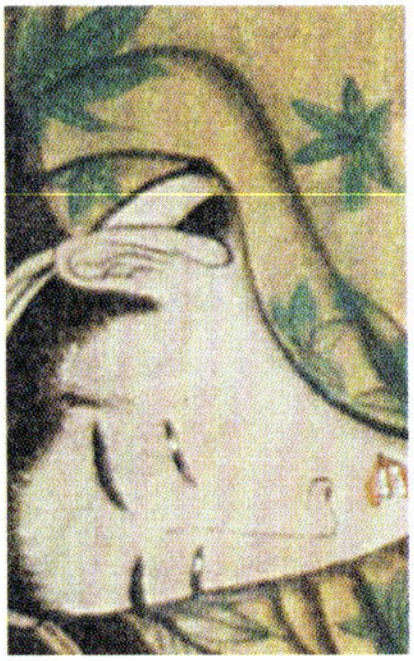
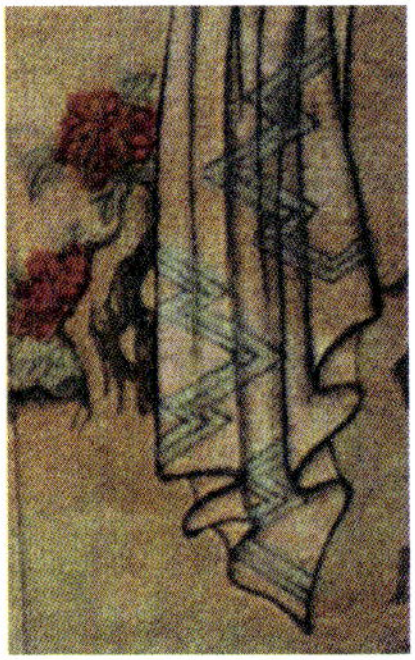
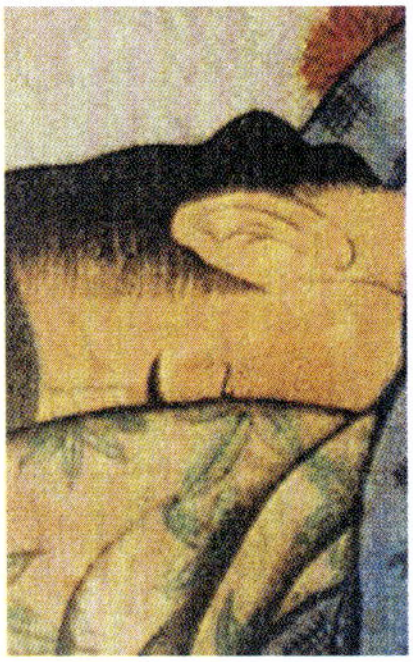

La bibliothèque de ces maisons vertes était le plus souvent constituée de livres érotiques. Les clients, en attendant leur tour, s'amusaient à boire du thé et à feuilleter ces albums pleins de sujets grivois et de contes drolatiques.

Shunga japonais (« Images de printemps »)

XVIIIe - XIXe siècle

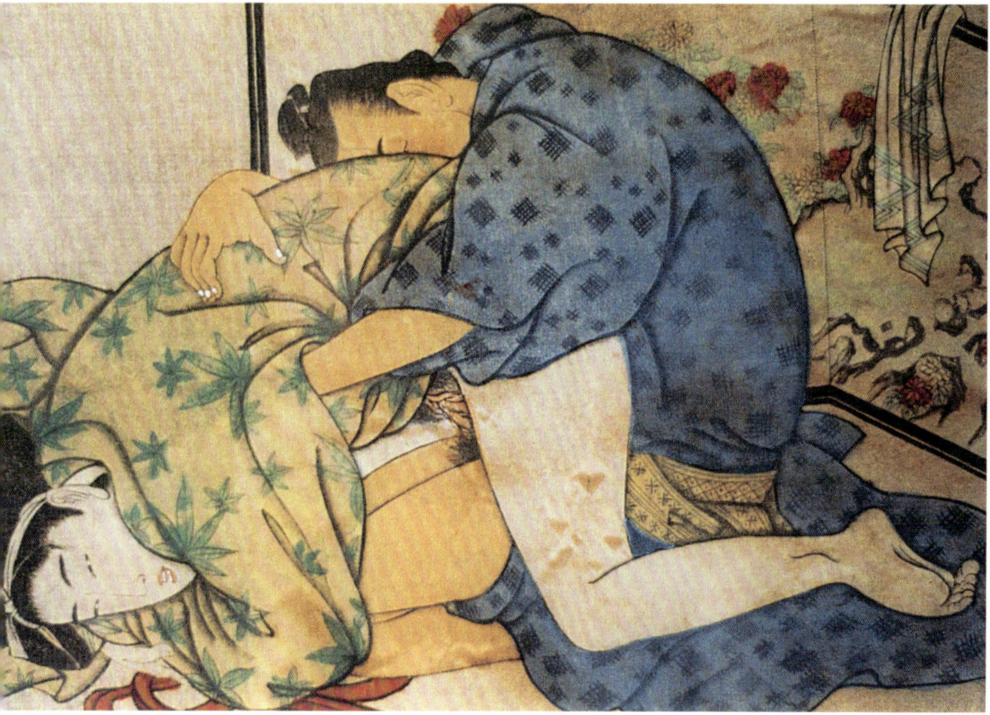

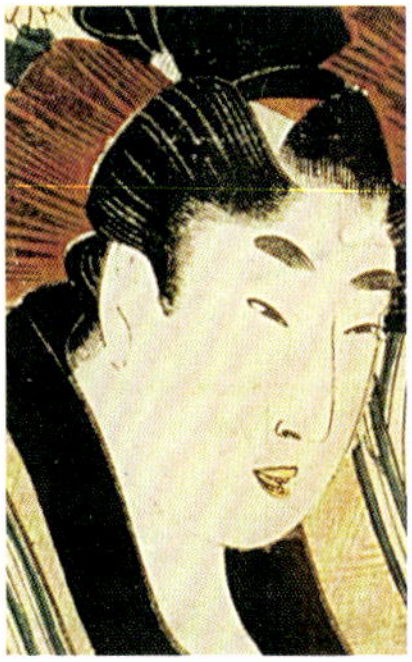

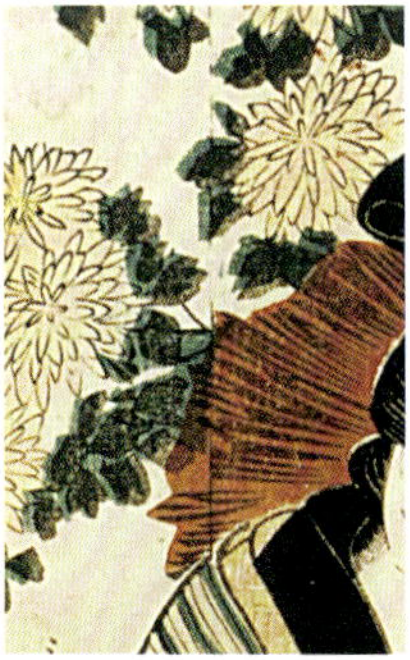

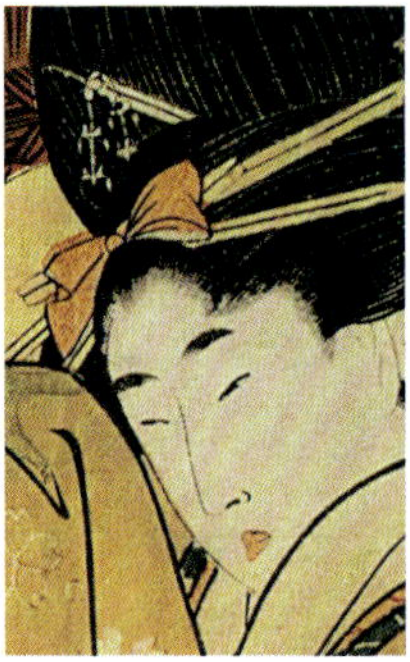

Comme chez les Grecs, l'amour corporel signifiait aussi pour les Japonais une élévation de l'être. À l'image des hétaïres grecques, les courtisanes de Yoshiwara professaient différents arts. Parées d'habits précieux, elles ressemblaient à de véritables princesses.

Shunga japonais (« Images de printemps »)

XVIIIe - XIXe siècle

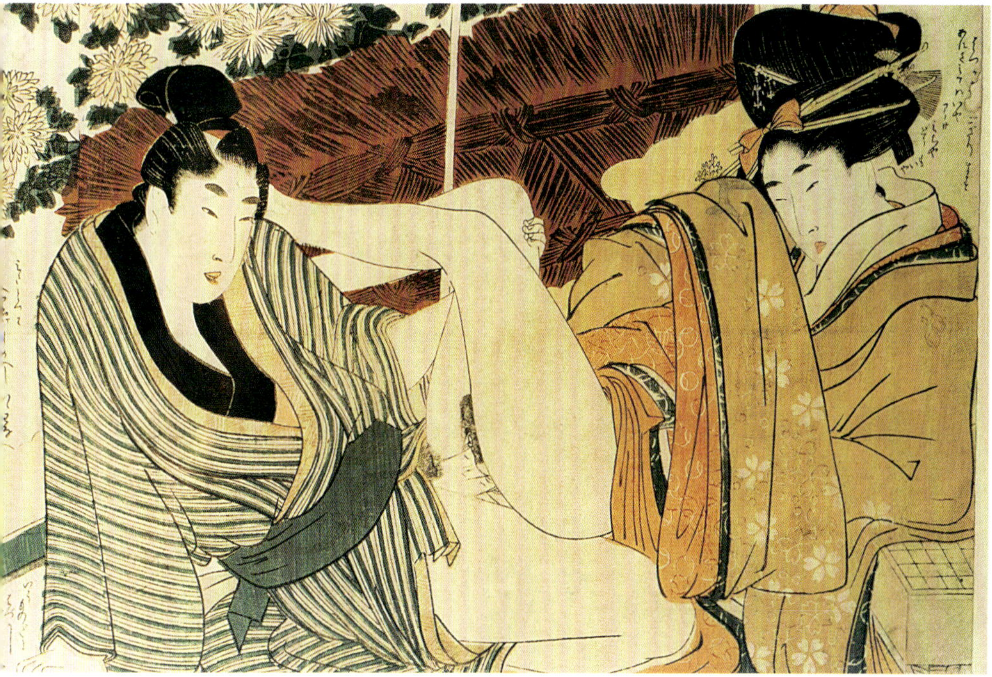

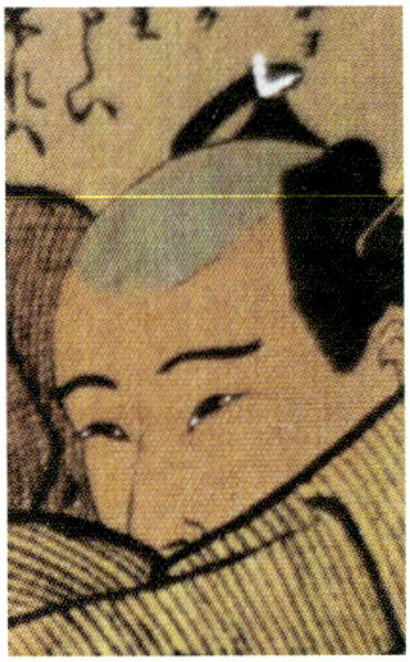

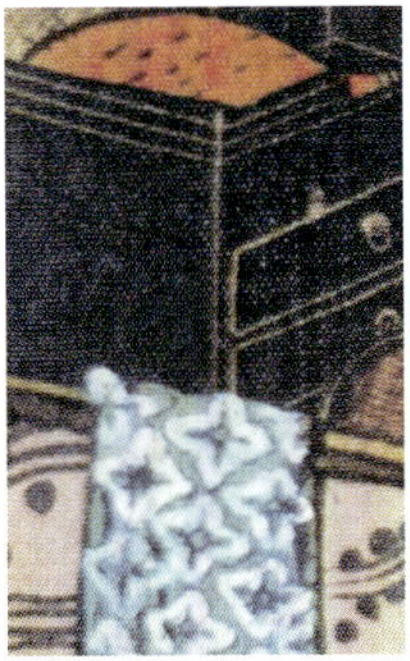

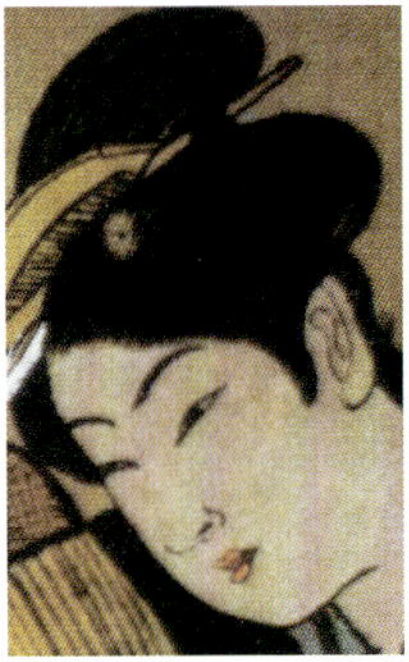

Jippensha Ikku, un ami d'Utamaro, dit une fois à propos des femmes de Yoshiwara : « Elles sont éduquées comme des princesses. Dès le plus jeune âge, on leur apprend un savoir qui ne pourrait pas être plus complet. Ainsi

Shunga japonais (« Images de printemps »)

XVIIIe - XIXe siècle

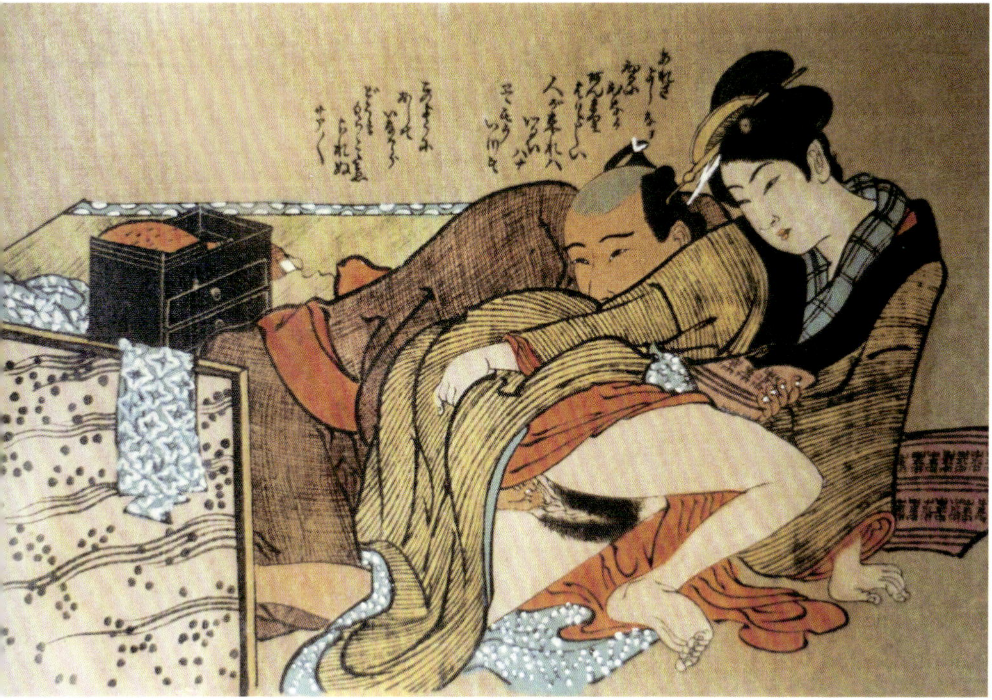

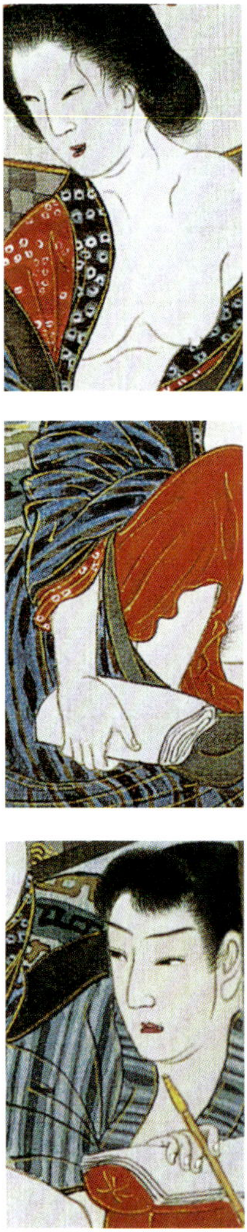

savent-elles lire et écrire, on leur enseigne tous les arts, la musique autant que la cérémonie du thé, l'ikébana ou l'arrangement subtil d'un bouquet d'encens. » Au début, elles utilisaient un langage poétique suranné, comme il était

Shunga japonais (« Images de printemps »)

XVIIIe - XIXe siècle

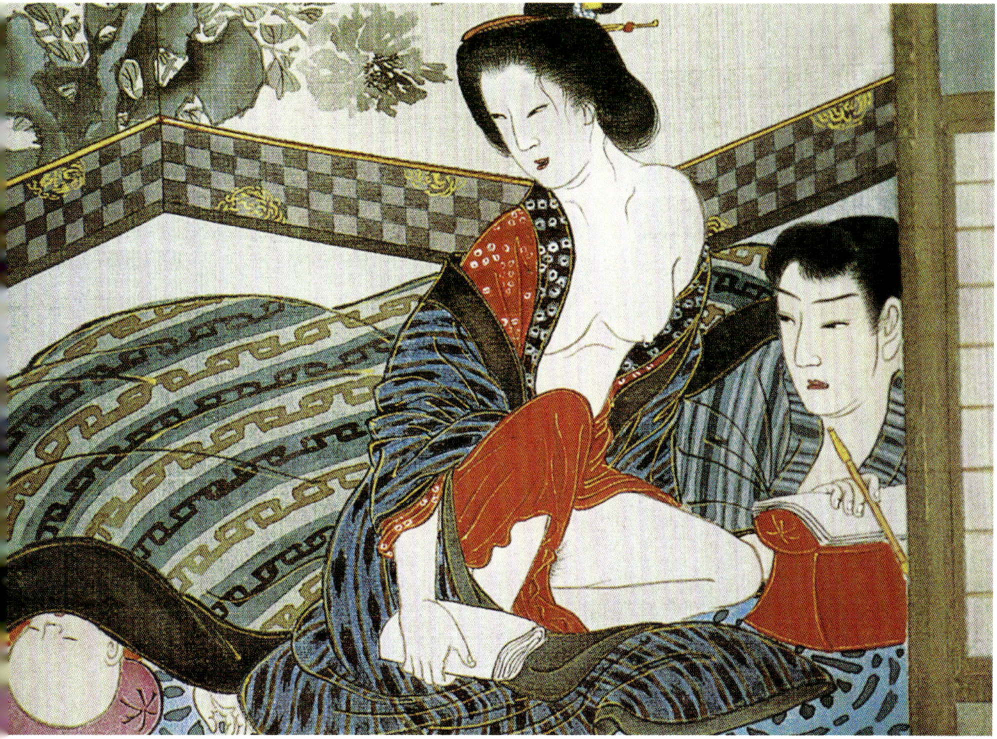

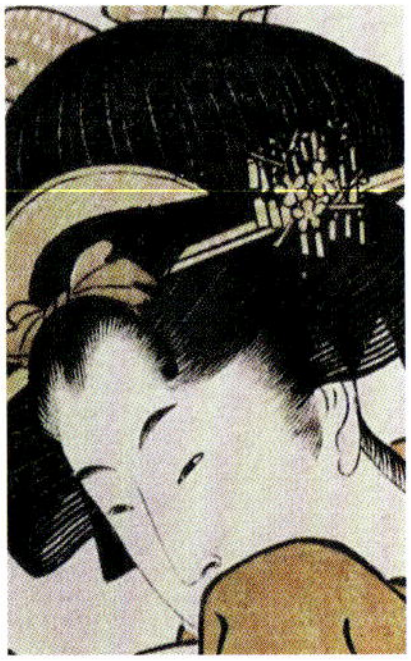

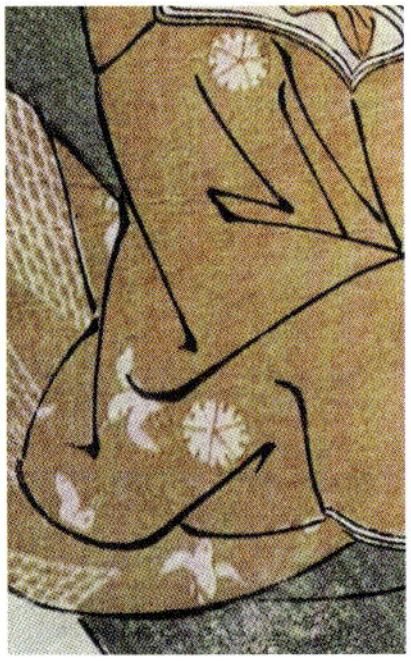

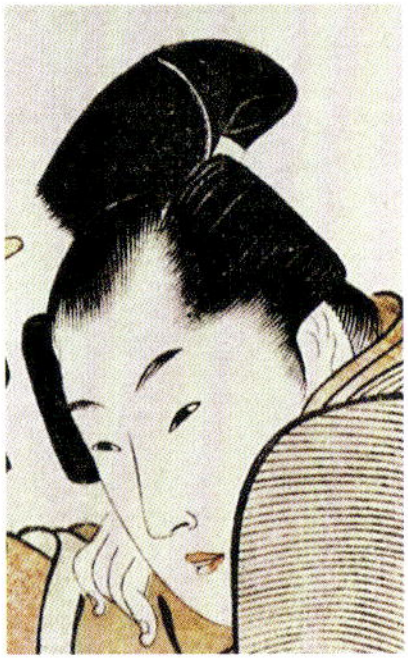

de coutume dans les palais impériaux, plus de mille ans auparavant, mais qui n'avait plus guère de points communs avec le langage de tous les jours.

La geisha serait-elle un être robotique uniquement créé pour satisfaire l'homme ?

Shunga japonais (« Images de printemps »)

XVIIIe - XIXe siècle

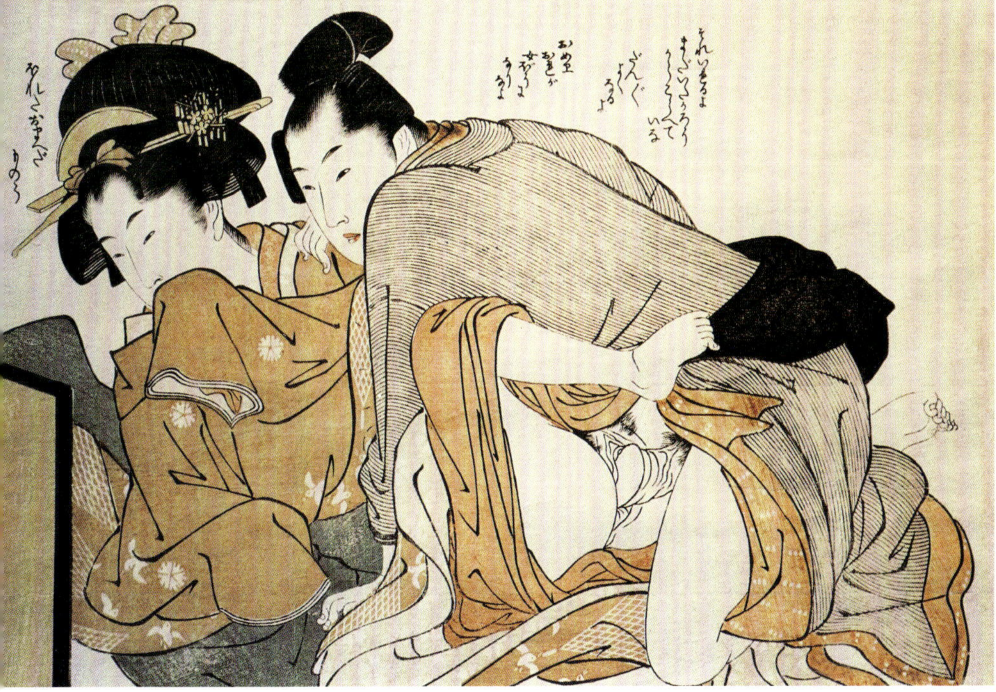

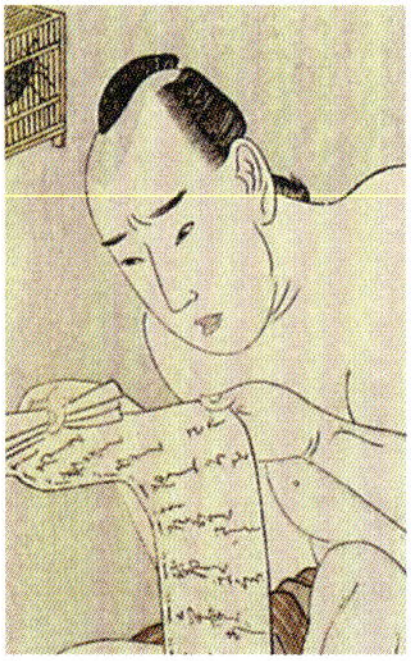

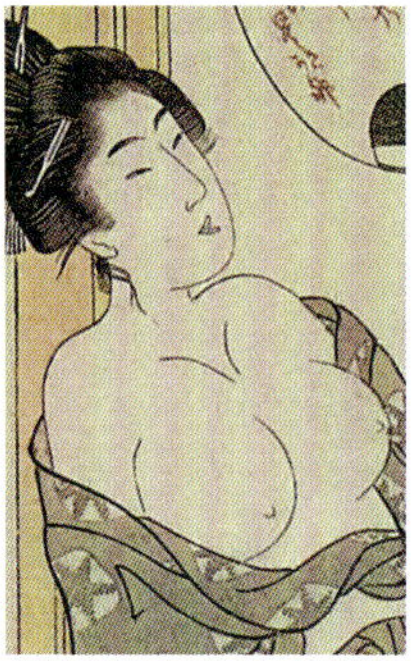

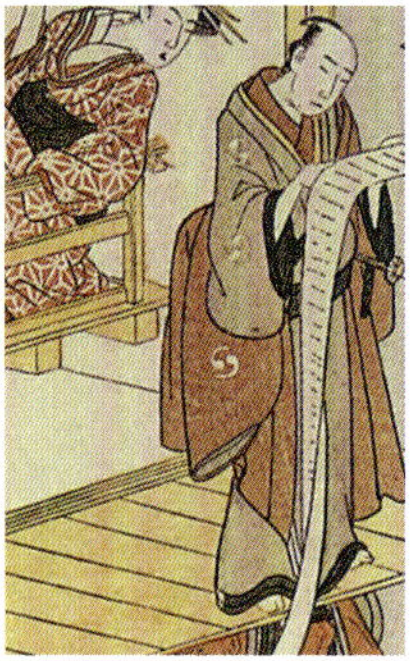

Elle est, comme l'a remarqué Théo Lesoualc'h, le résultat d'une longue transformation que les Japonais ont entreprise avec l'image de la femme : la forme sans failles dans laquelle se trouvent condensés tous les éléments de la

Acte sept du Chushingura (Chushingura shichidanme)
extrait de la série « Chushingura »

1801-1802
Oban, nishiki-e, 36,4 x 25,1 cm
The Art Institute of Chicago, Chicago

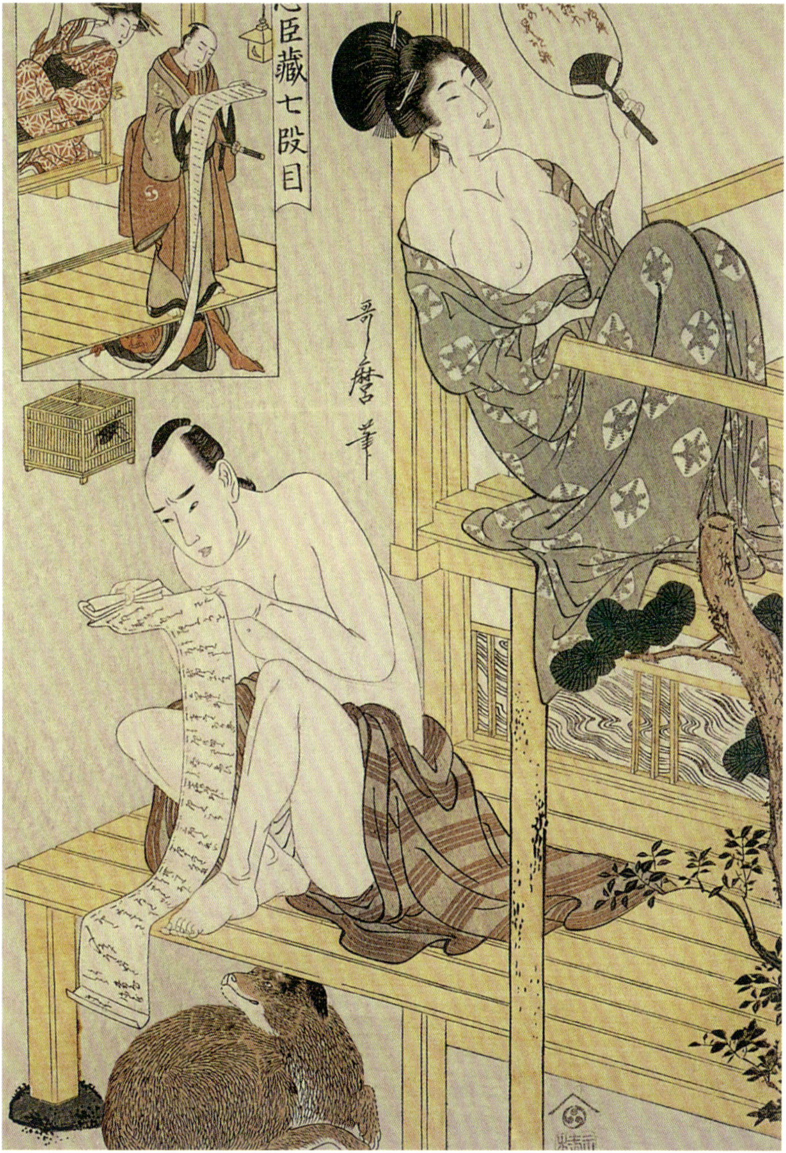
臣藏七段目
哥麿筆

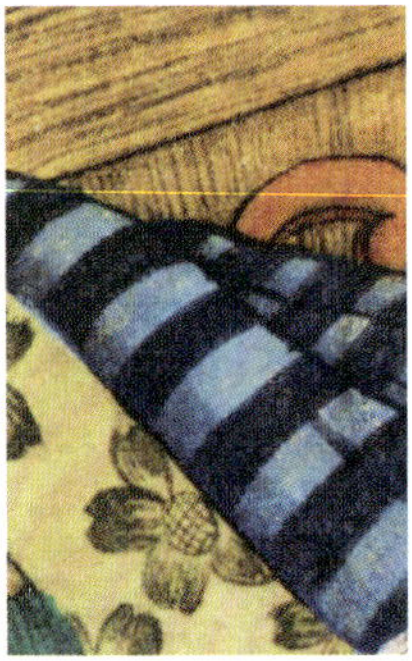

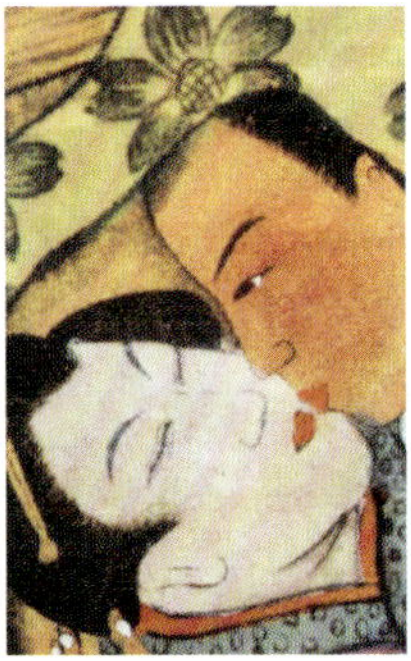

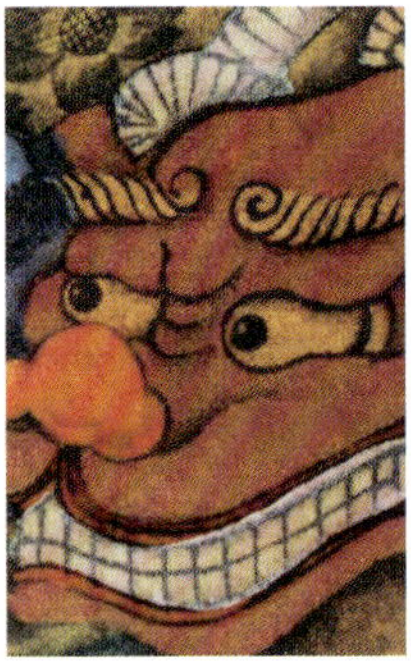

« féminité ». Rien dans le comportement d'une geisha n'est laissé au hasard.

Aux yeux de l'homme, elle est le symbole de la perfection, depuis sa coiffure raffinée et artistique, sa manière de se maquiller et de

Shunga japonais (« Images de printemps »)

XVIIIe - XIXe siècle

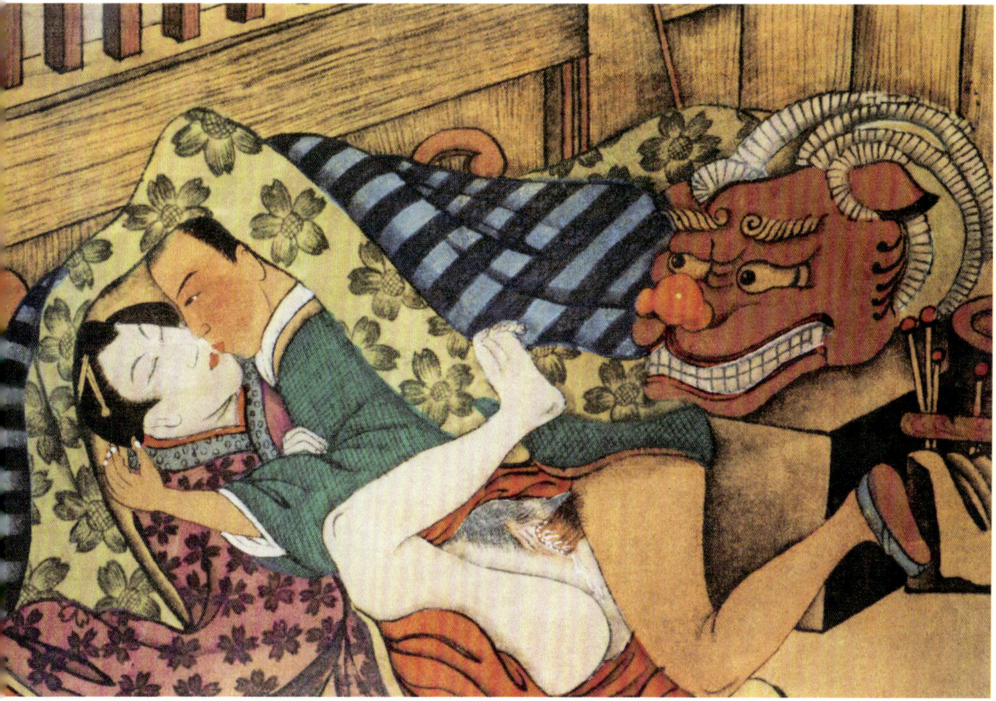

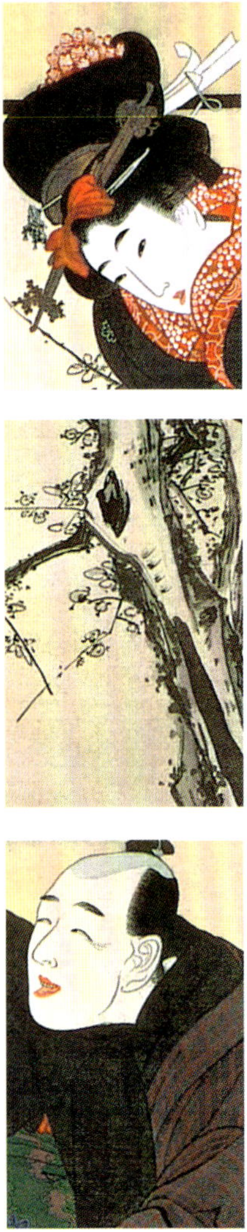

mettre ses sandales à semelles de bois, jusqu'au calcul parfait des modes de conduite qui réglementent clairement la position de son corps, son dialogue et ses sentiments. « La geisha, archétype de la femme,

Homme séduisant une jeune femme (Otoko to musume)

1801-1804
Encre et peinture sur soie, 70 x 55 cm
Tokushu Paper Mfg. Co., Ltd.

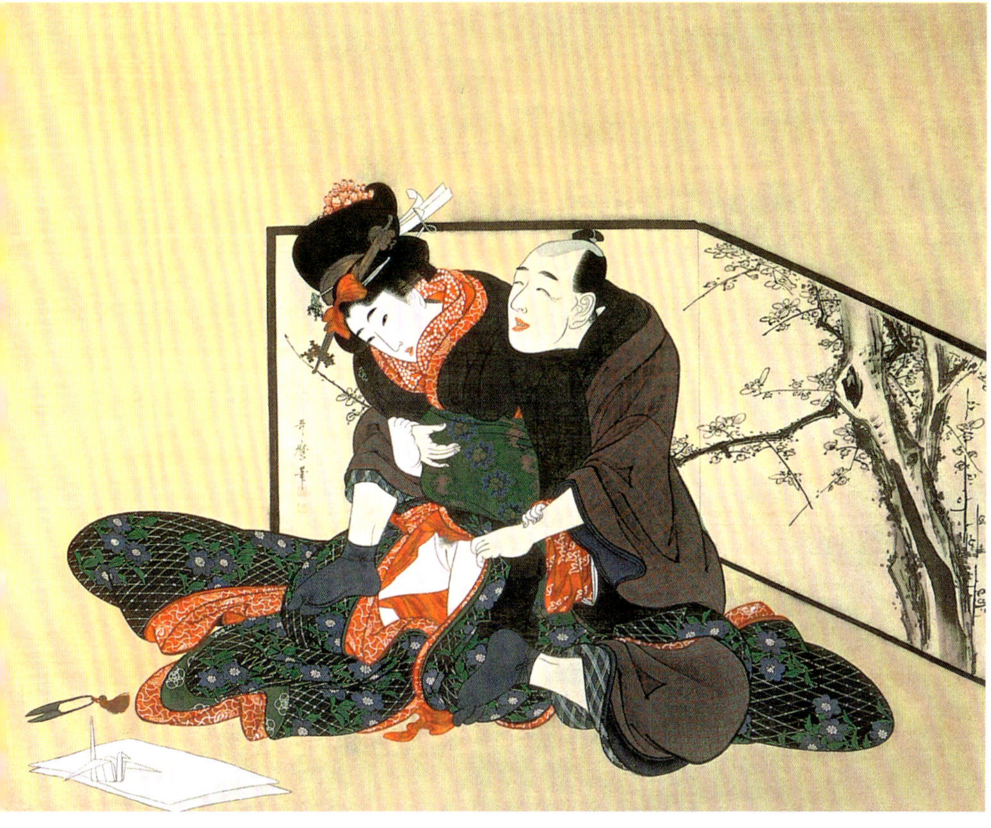

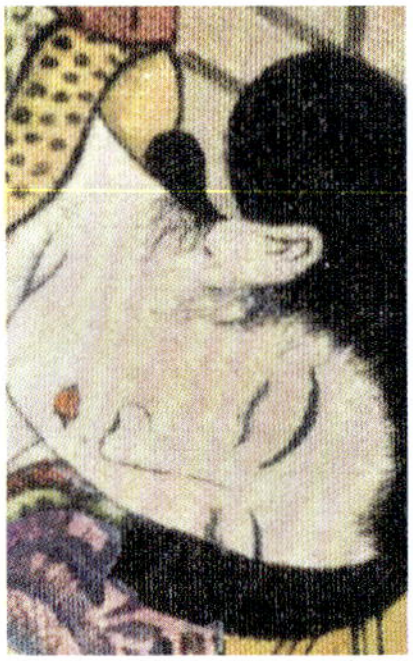
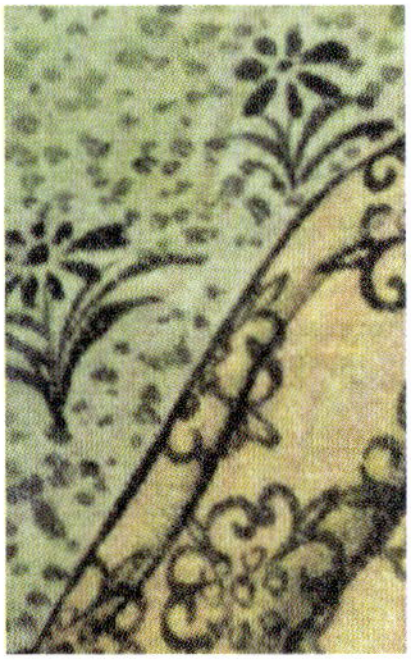
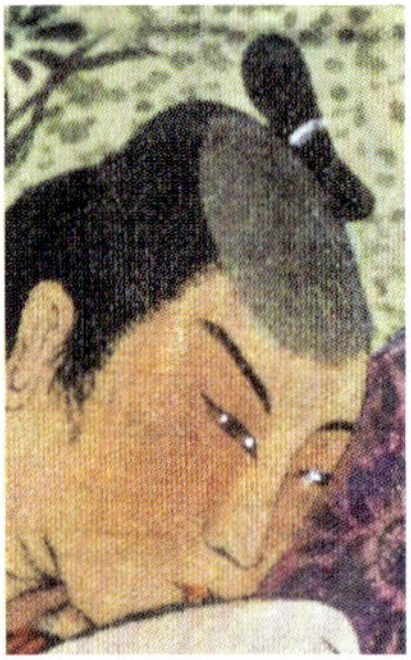

est le fétiche sensuel de la grâce féminine, pourtant codifiée et réduite », écrivit Lesoualc'h.

Un contemplateur occidental des *shungas* remarquera d'abord l'expression froide et détachée des visages pendant un coït.

Shunga japonais (« Images de printemps »)

XVIIIe - XIXe siècle

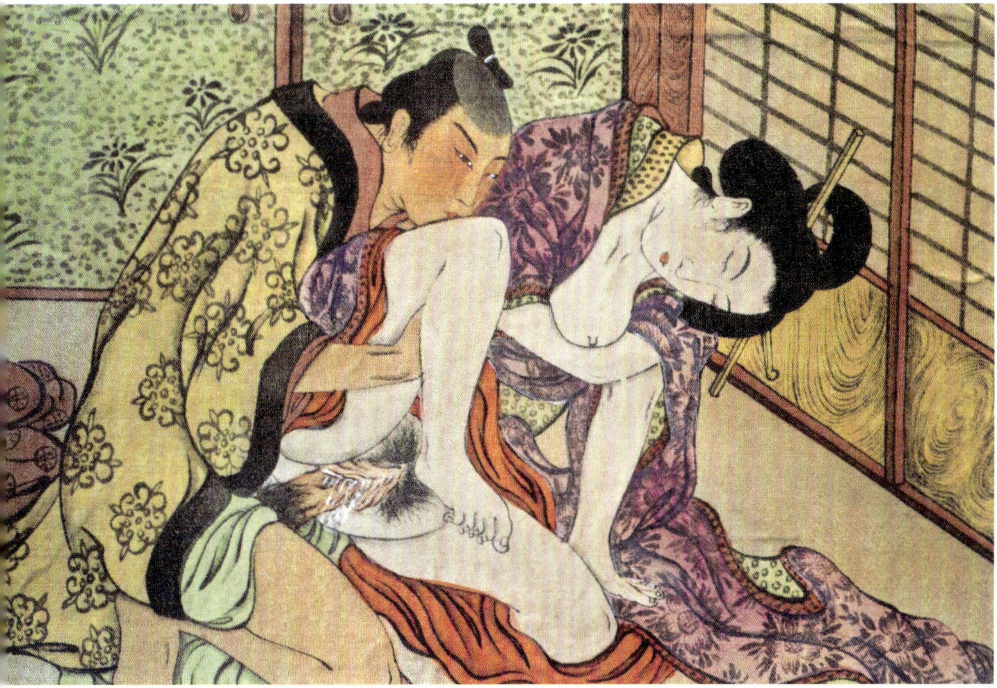

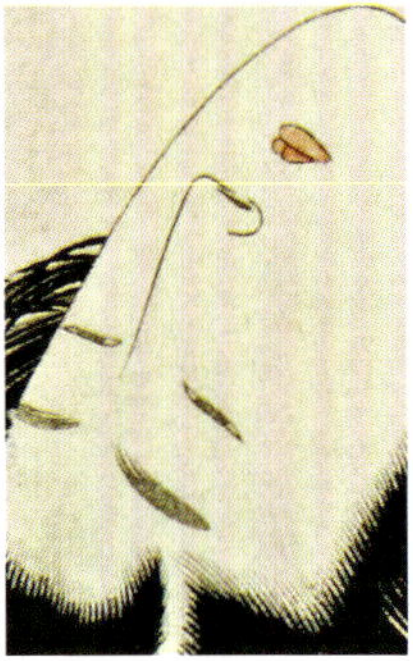

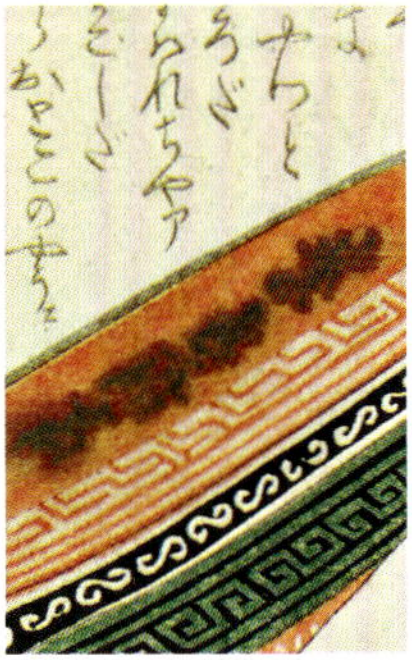

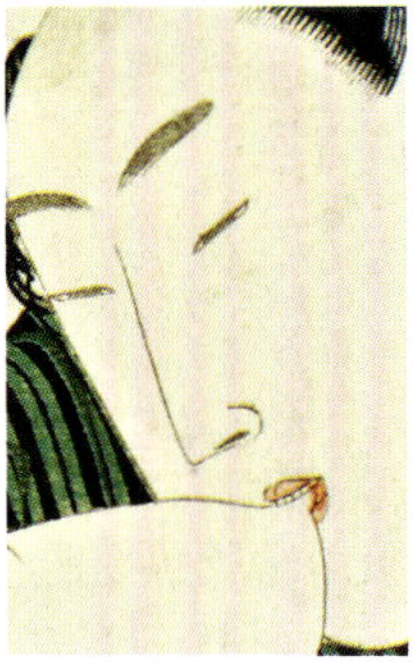

Les deux sexes consomment l'acte sexuel avec une impassibilité stoïque, comme s'ils n'étaient que partiellement engagés. Seuls les orteils tendus et cramponnés et le linge dans lequel la femme, pour contenir son excitation, mord de

Shunga : Scène érotique, extrait de l'album « Formes d'accouplement » (tsui no hinagata)

Katsushika Hokusai
Gravure sur bois en couleur, 25,1 x 36,6 cm
Musée national des Arts asiatiques - Guimet, Paris

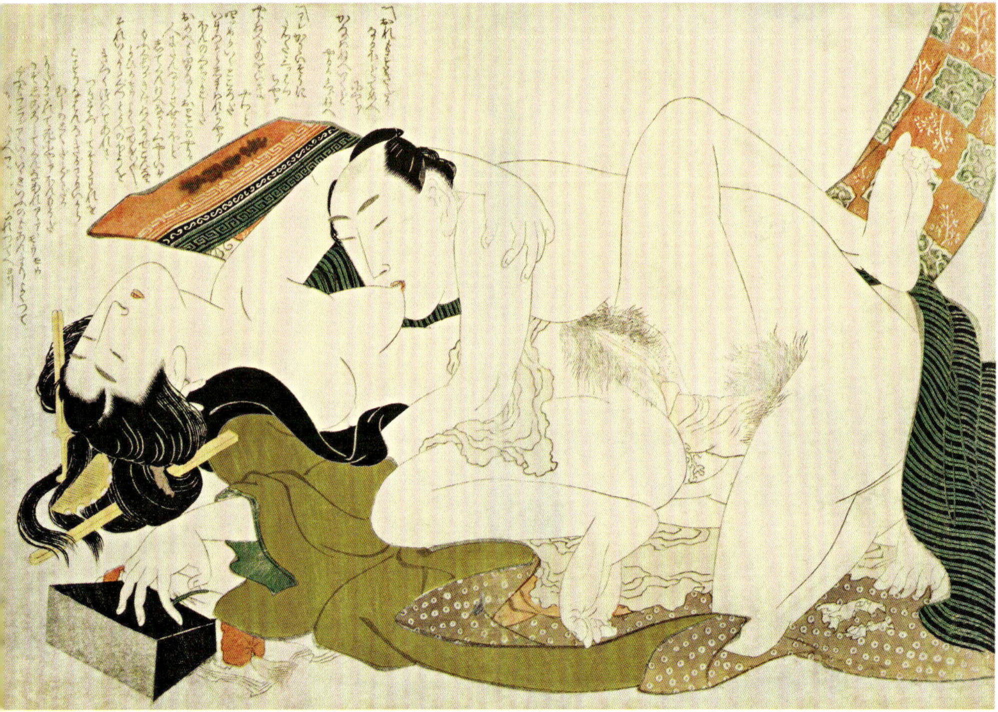

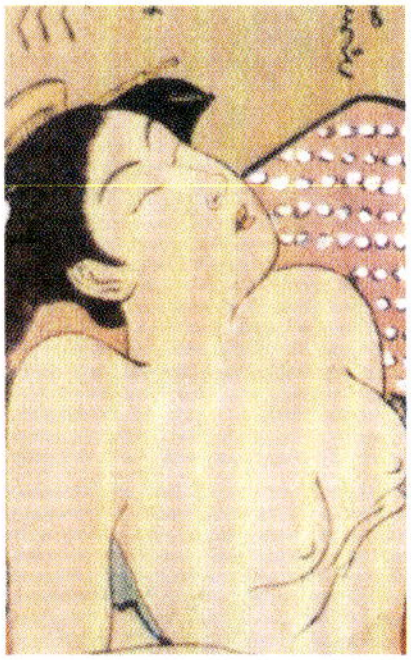

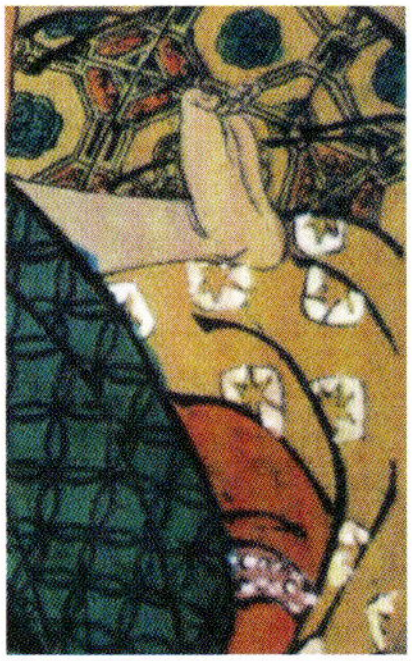

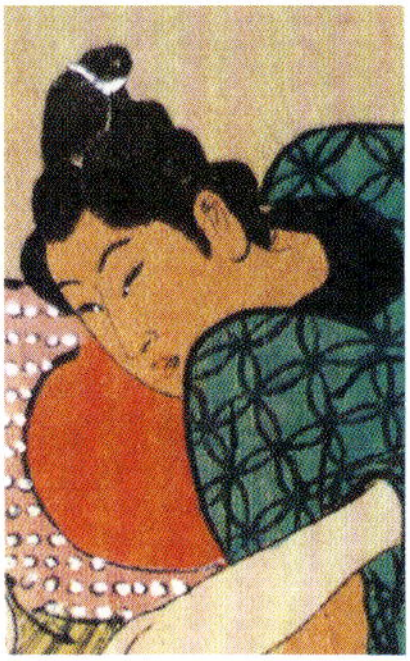

toutes ses dents, trahissent l'ampleur de l'extase. Rien qui ne puisse ébranler le spectateur n'est exprimé ici, conformément aux règles traditionnelles de l'art.

Nous pouvons aussi remarquer les dimensions exagérées à l'extrême, presque

Shunga japonais (« Images de printemps »)

XVIIIe - XIXe siècle

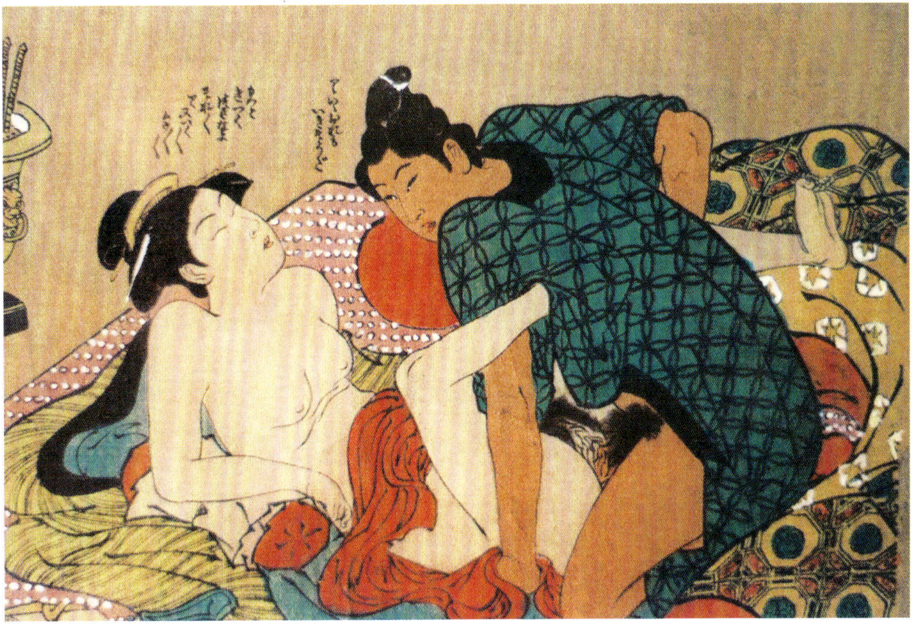

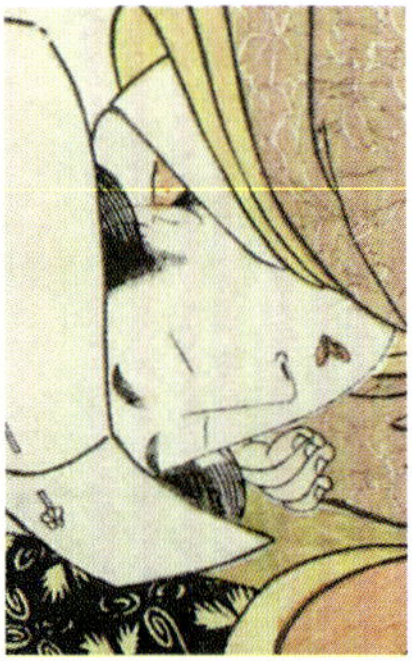

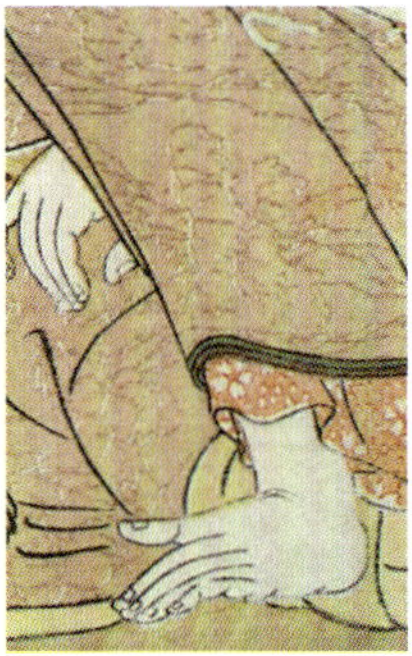

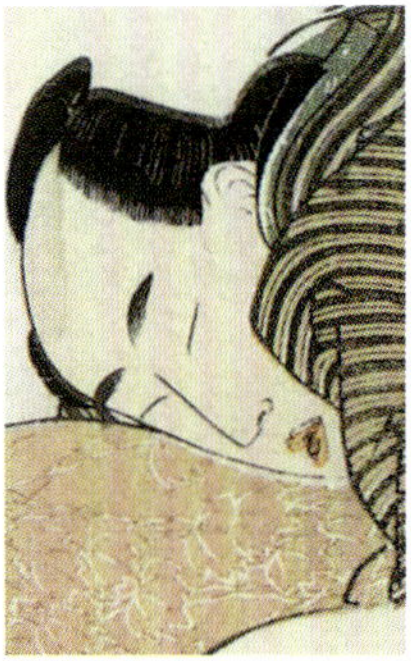

caricaturales, des sexes masculins. La peur de l'impotence serait-elle à l'origine de ces verges si démesurément gonflées ? Ou est-ce le produit d'une fantaisie qui cache elle-même une peur de l'homme devant la nature

Feuillet de l'album
« Recueil de beautés » (Komachi Biki)

1802
Oban, nishiki-e, 28 x 38,5 cm
Bibliothèque nationale de France, Paris

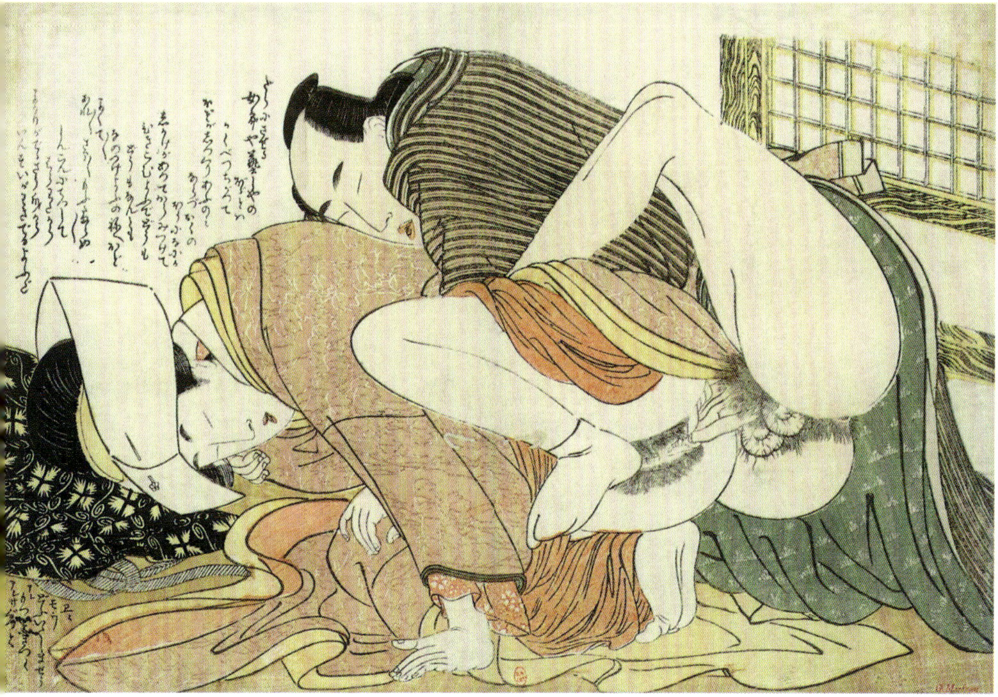

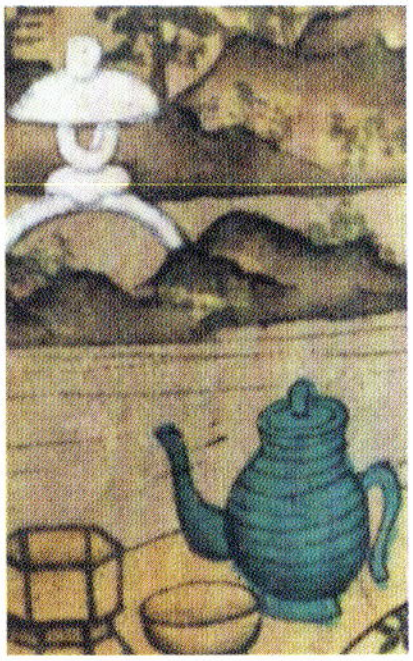

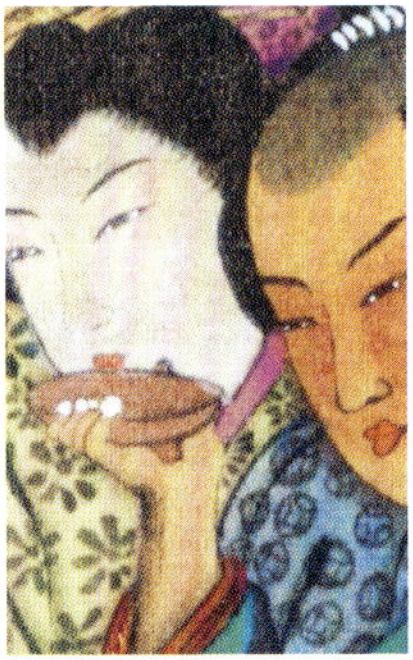

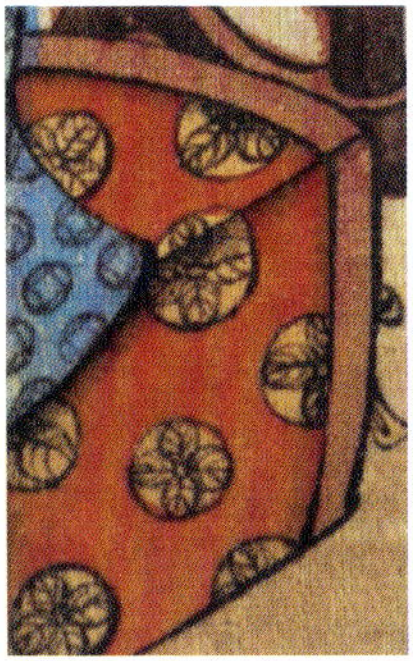

indomptée de la femme ? Pourtant, nous retrouvons aussi dans ces verges surdimensionnées les reflets de l'ancien culte phallique de la religion shinto. Le shintoïsme, véritable religion du Japon et culte libre de tous dogmes métaphysiques, se présente

Shunga japonais (« Images de printemps »)

XVIIIe - XIXe siècle

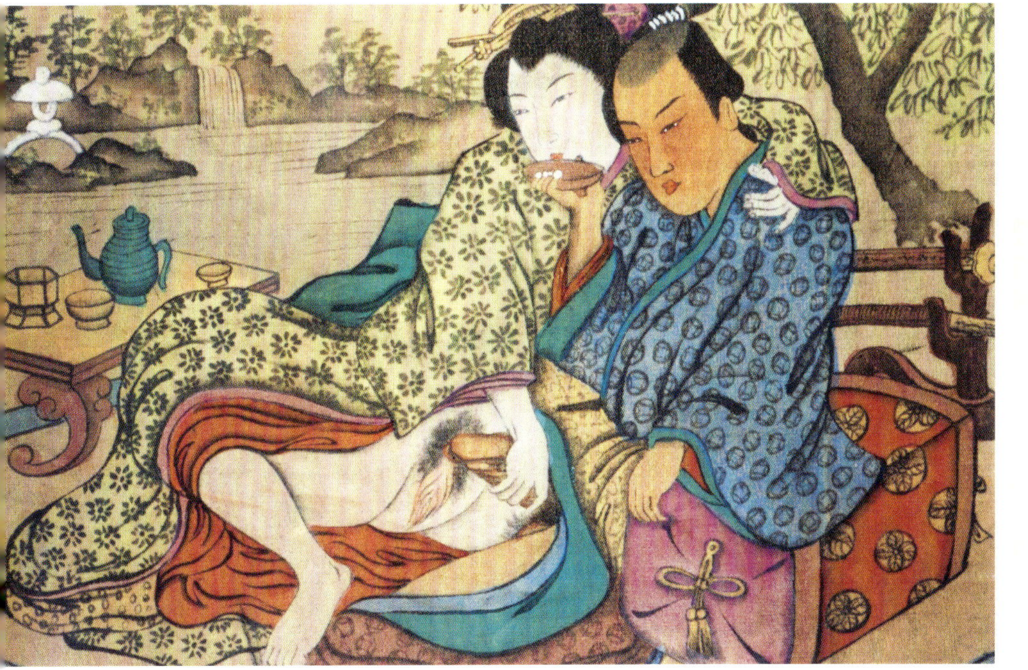

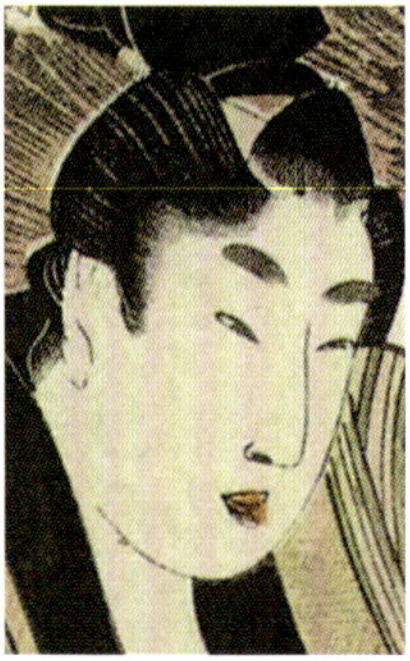

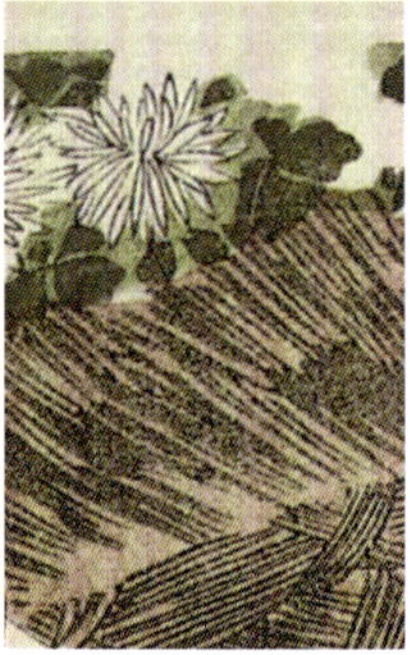

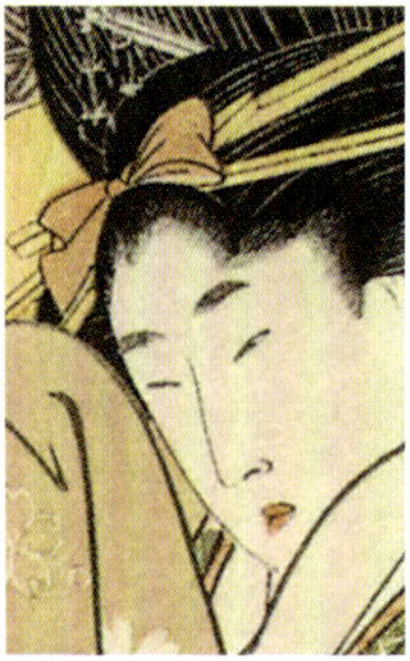

comme un étonnant bric-à-brac de rituels les plus variés en l'honneur des 800 dieux polymorphes qui le composent. Le phallus devint donc logiquement un dieu à qui étaient voués des temples ou des autels privés dans

Feuillet de l'album « Recueil de beautés »

1802
Ōban, nishiki-e, 28 x 38,5 cm
Bibliothèque nationale de France, Paris

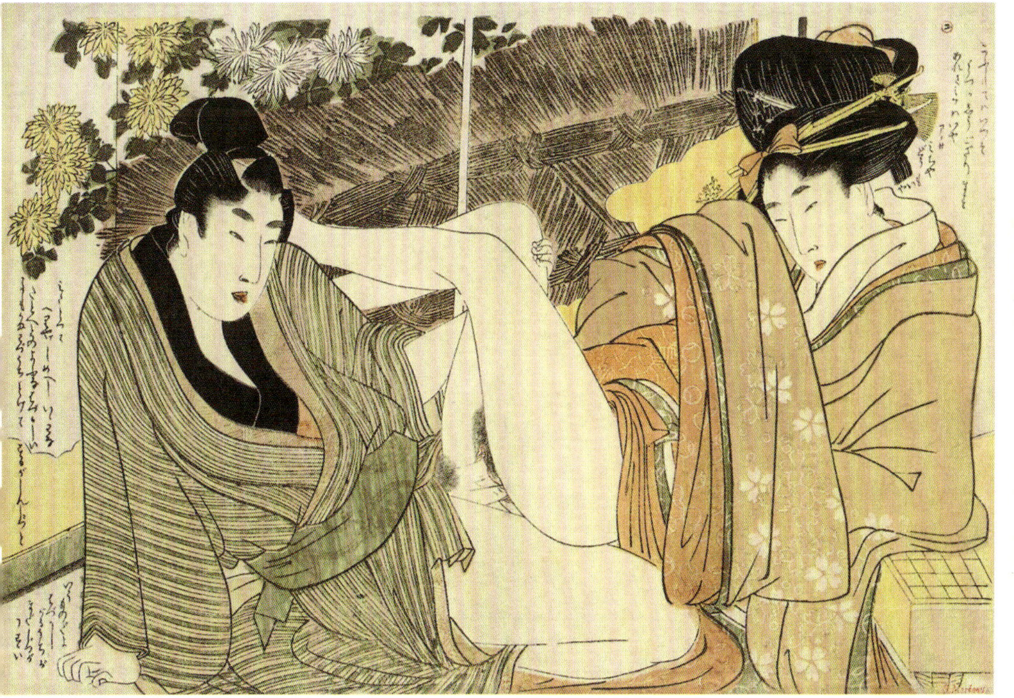

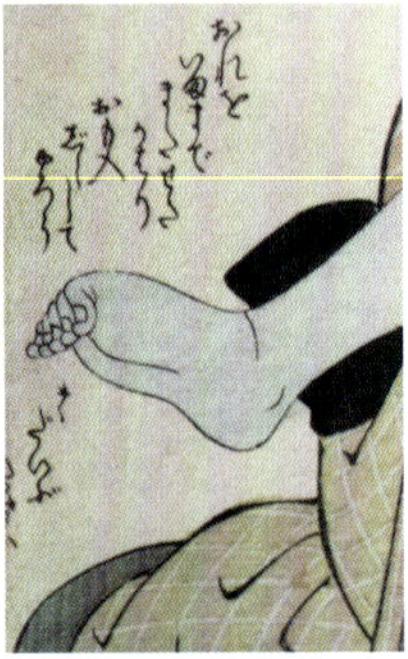

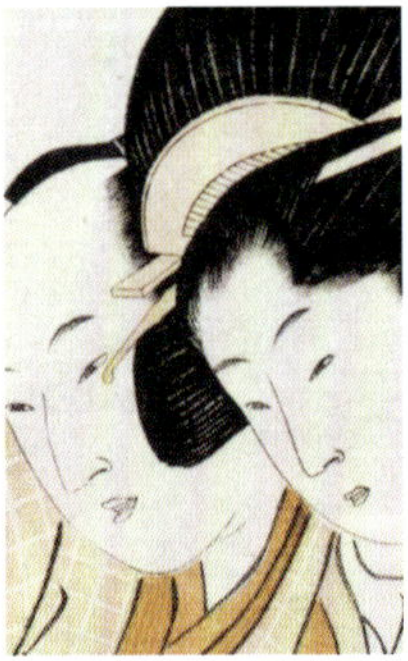

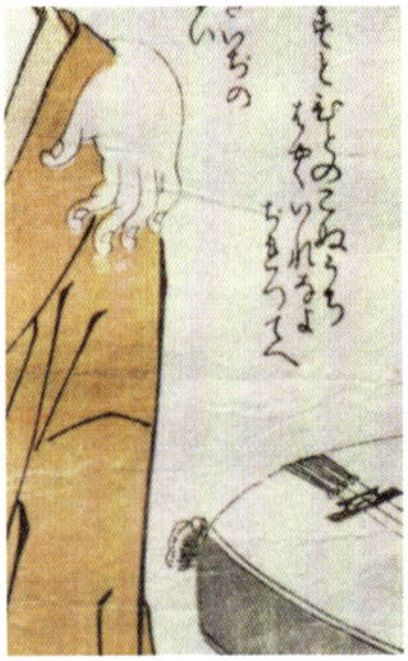

les habitations. Il était même invoqué le soir par des prières, dans les quartiers des plaisirs, aux XVIIe et XVIIIe siècles. Aujourd'hui encore, il est possible de croiser des stèles phalliques aux bornes des champs en guise de symbole de fertilité.

Shunga japonais (« Images de printemps »)

XVIIIe - XIXe siècle

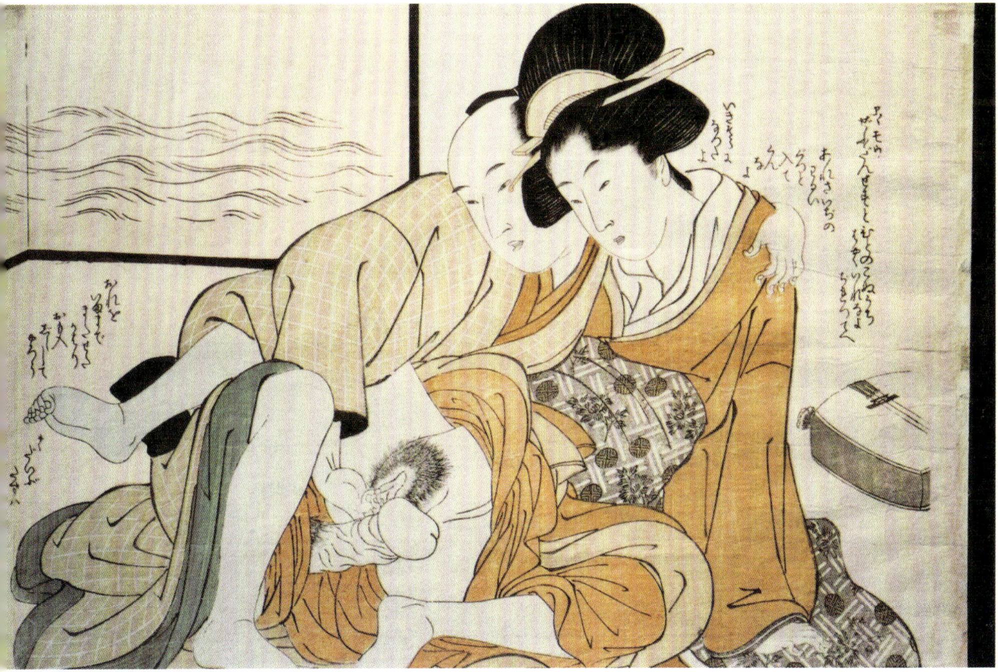

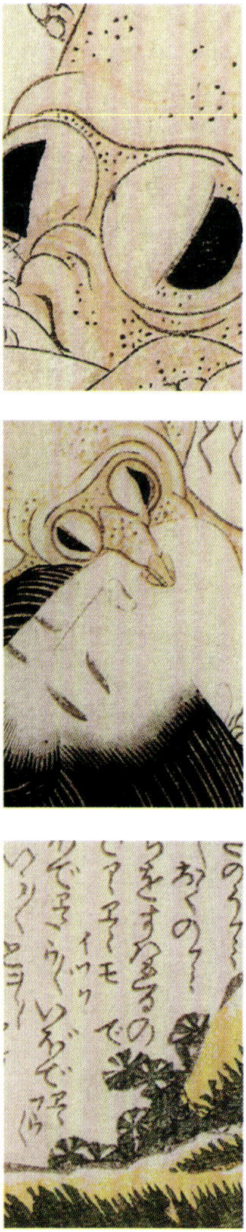

Des fêtes en l'honneur du phallus étaient données régulièrement et fournissaient l'occasion d'exubérantes processions. Un compte-rendu de la fin du XIXe siècle décrit l'une de ces processions dans Tokyo : « Un phallus, haut de plusieurs mètres, tout enduit

Le Rêve de la femme du pêcheur, extrait de la série « Jeunes Pousses » (Kinoe no komatsu)

Katsushika Hokusai, 1814
Livre en couleur imprimé sur bois, 22 x 15,5 cm (couverture)
Ritsumeikan ARC

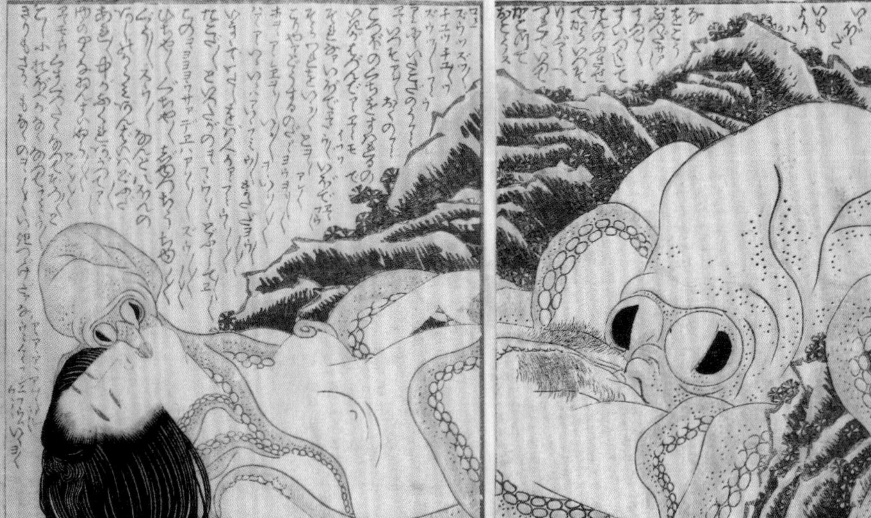

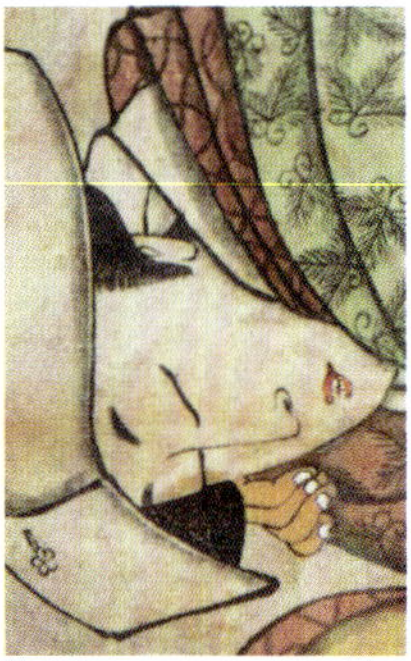

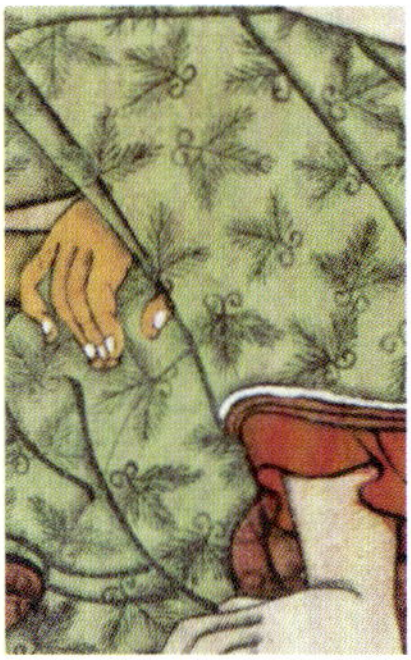

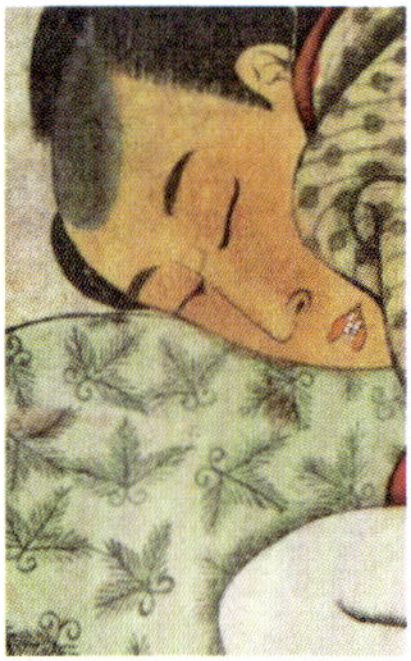

d'un vernis luisant, fut posé sur une sorte d'écrin portable et porté par un groupe de jeunes hommes qui criaient ou riaient à tue-tête. Ils se déplaçaient en zigzaguant à travers les rues, et faisaient des charges inattendues de tous côtés.

Shunga japonais (« Images de printemps »)

XVIIIe - XIXe siècle

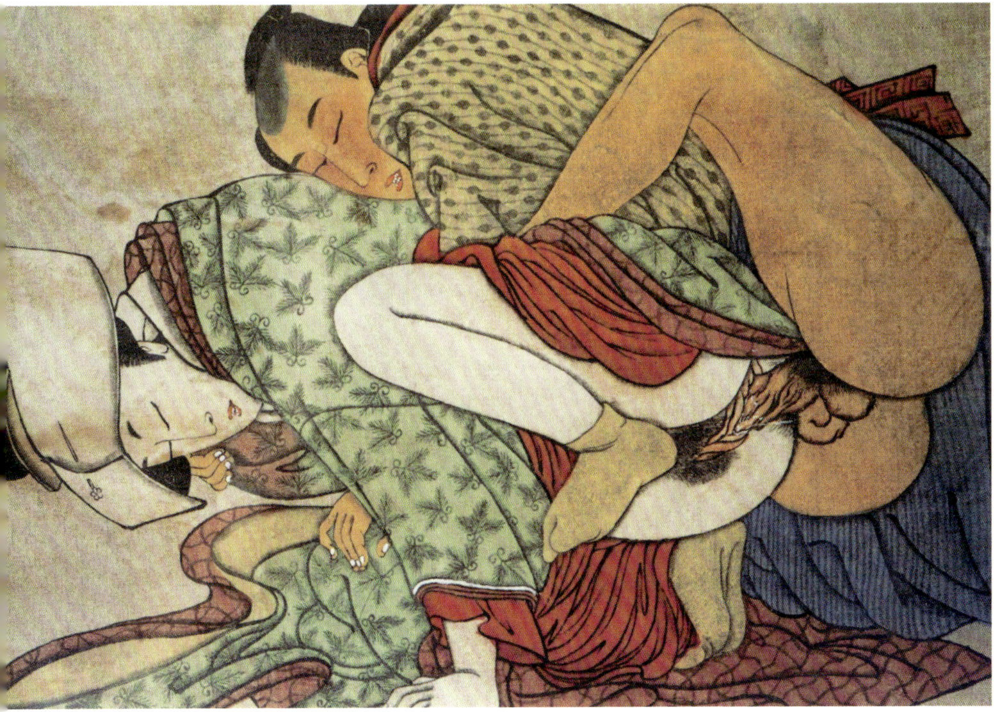

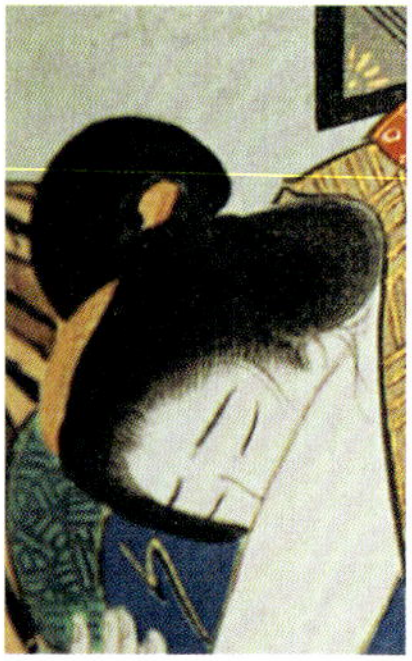

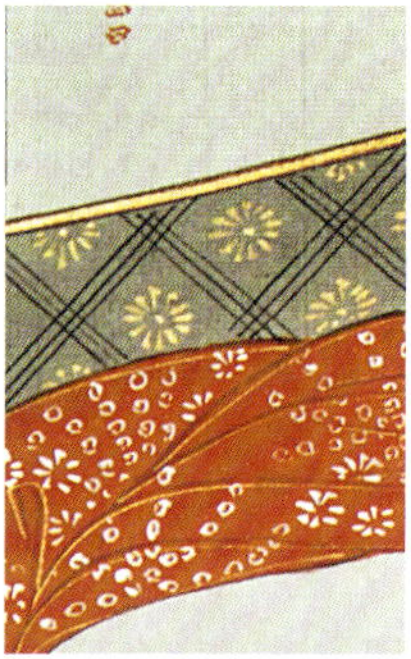

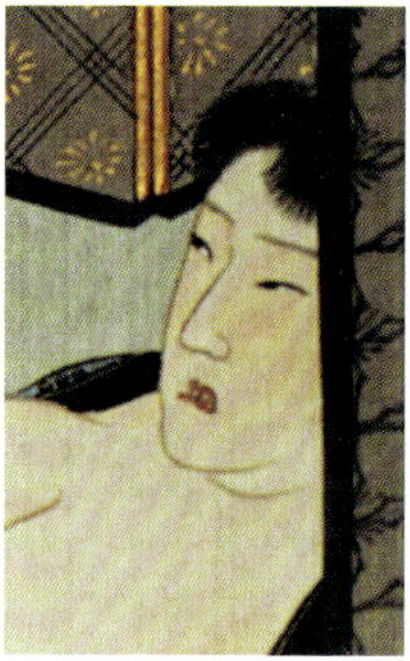

De vraies bacchanales ! » Le culte du phallus était ainsi la moelle épinière de la religion shinto. Dans les temples, des figures phalliques en bois, porcelaine, pierre ou métal étaient vendues en tant que porte-bonheur.

Shunga japonais (« Images de printemps »)

XVIIIe - XIXe siècle

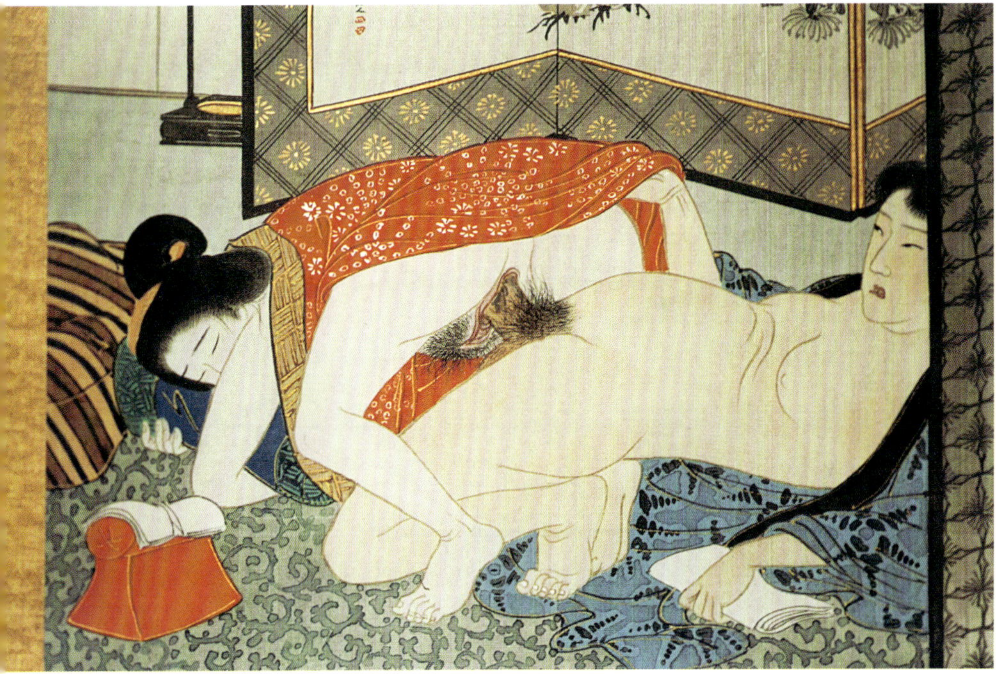

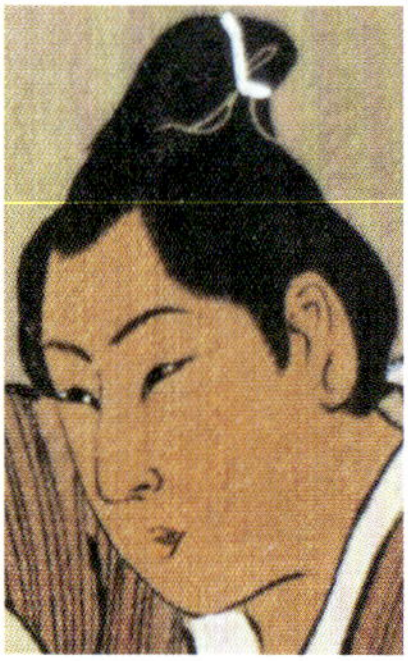

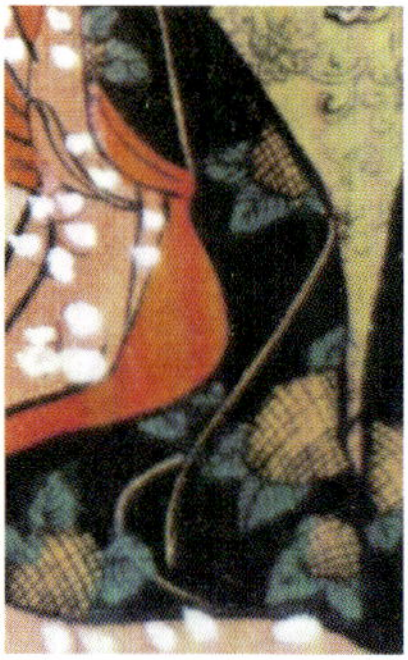

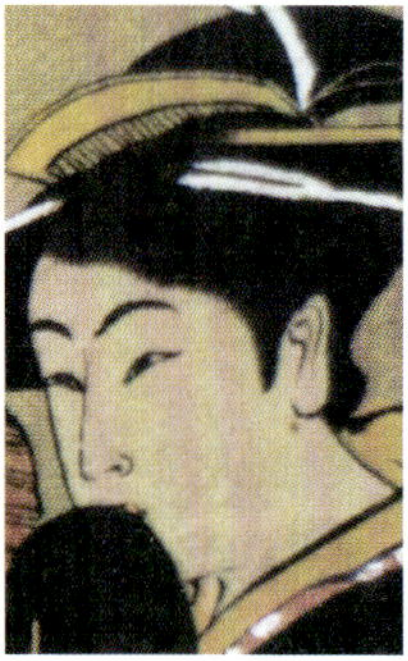

Le Japon ne réprima jamais la sensualité en tant que telle ; s'il existait des lois et des interdictions, celles-ci étaient toujours socialement fondées mais jamais religieuses. Chercher le plaisir de la chair était considéré comme un désir naturel, même s'il se

Shunga japonais (« Images de printemps »)

XVIIIe - XIXe siècle

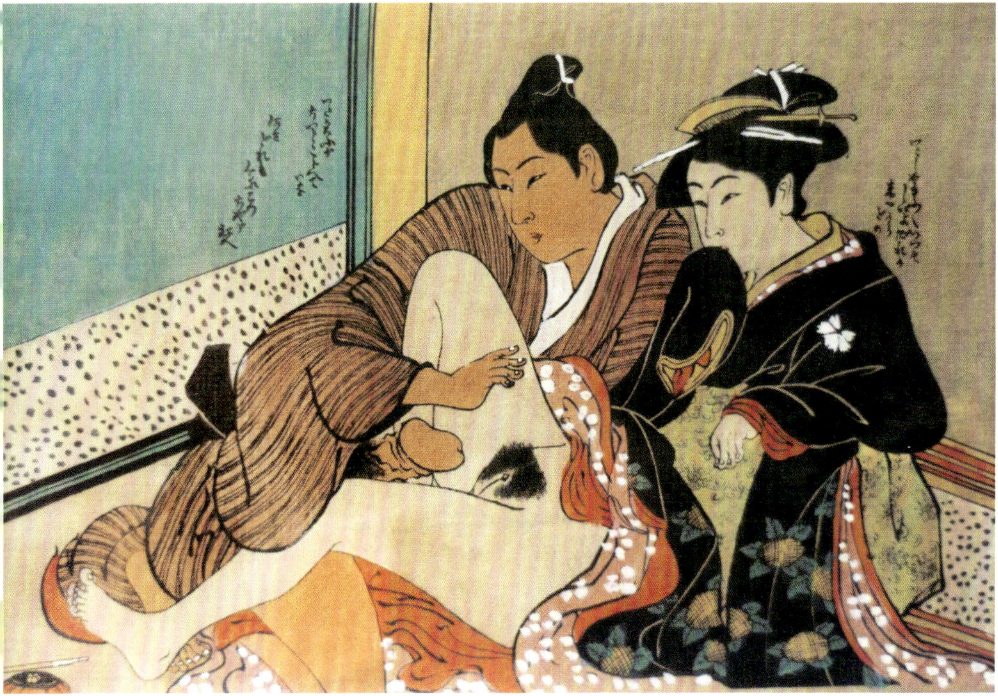

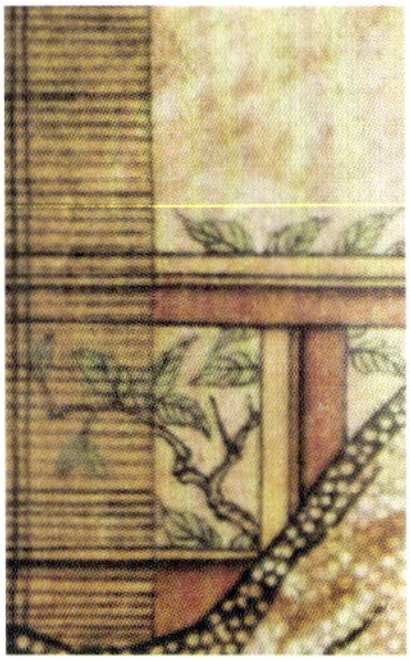

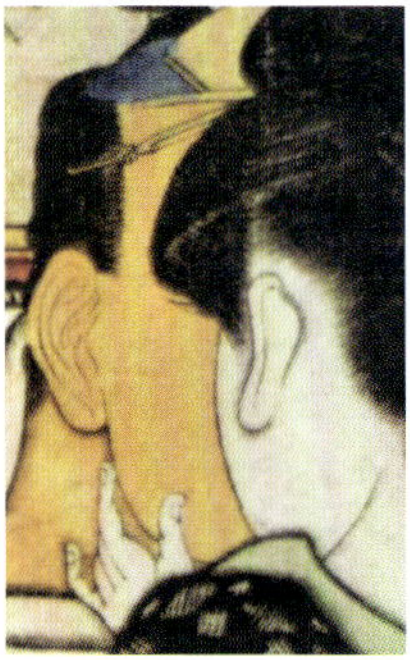

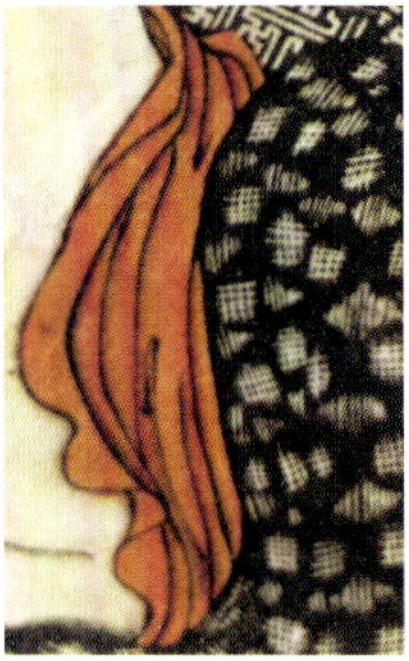

composait de pratiques insolites. Ainsi, la sodomie figurait parmi les habituels plaisirs du corps. Le mot « péché » ne fut, semble-t-il, jamais prononcé. Quand bien même nous est montré « l'amour naturel » dans ses cent

Shunga japonais (« Images de printemps »)

XVIIIe - XIXe siècle

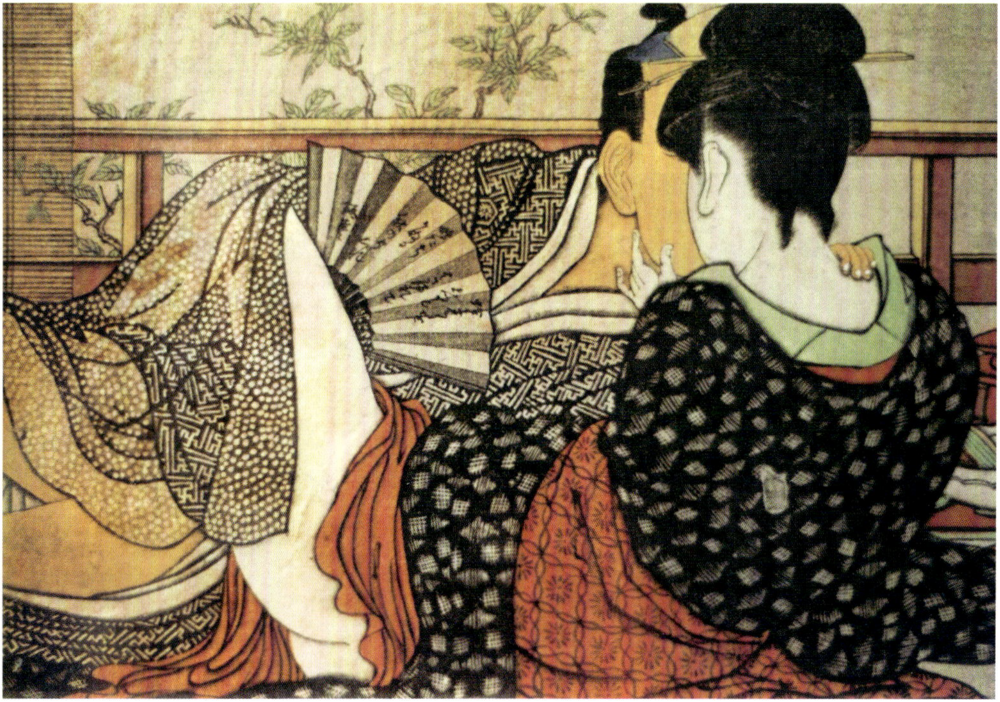

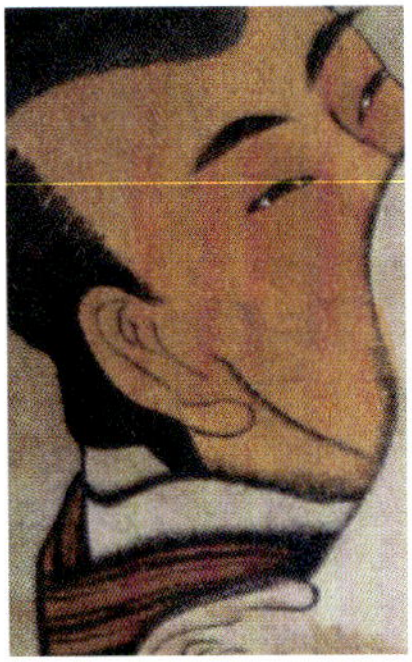

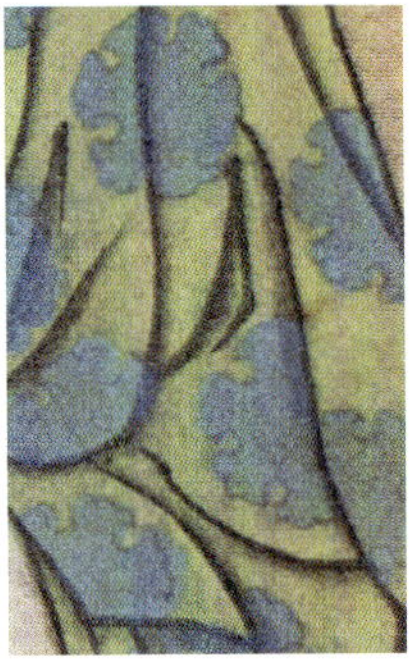

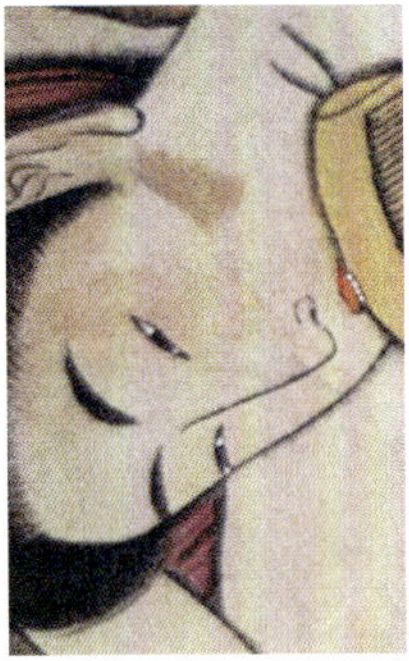

variations, sur des sculptures en bois, il s'agit toujours de fantaisies priapiques gigantesques.

Presque tous les maîtres de la sculpture sur bois produisirent des images érotiques, parfois même dans des matières aussi précieuses que l'or, l'argent ou la nacre.

Shunga japonais (« Images de printemps »)

XVIIIe - XIXe siècle

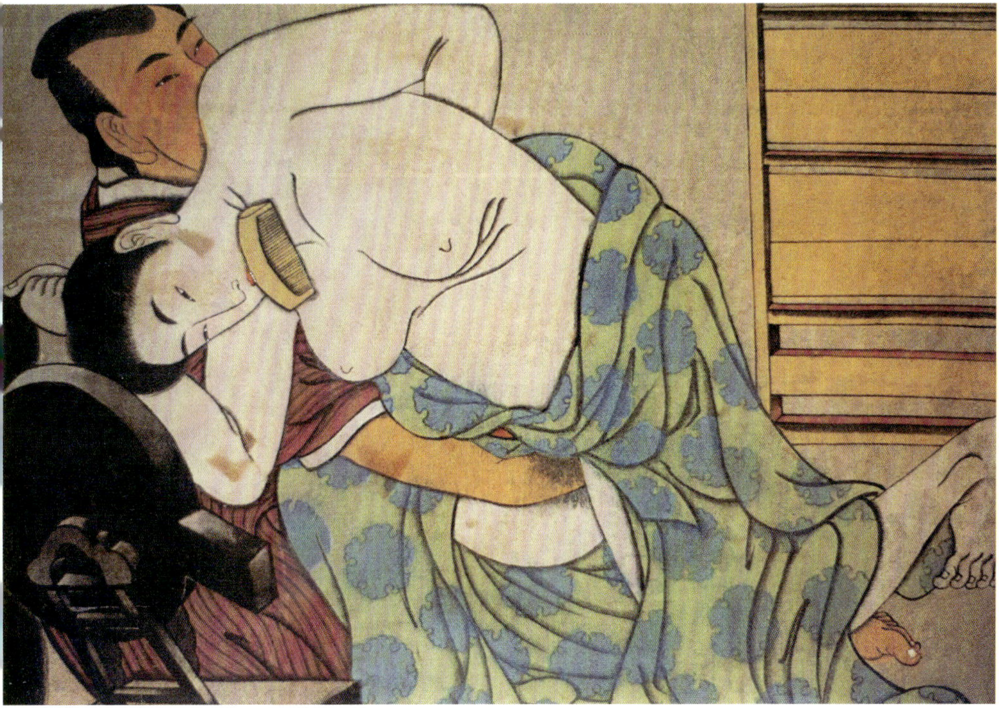

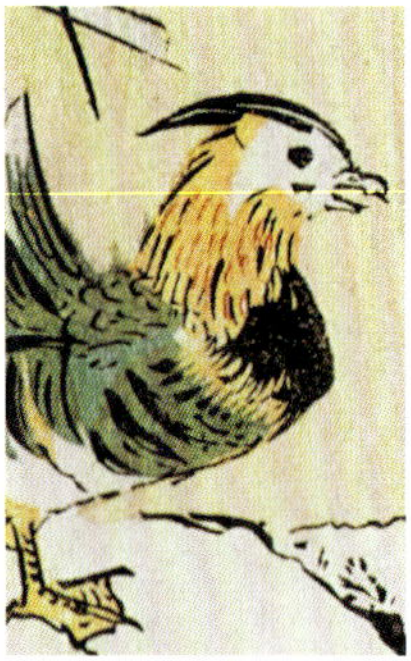

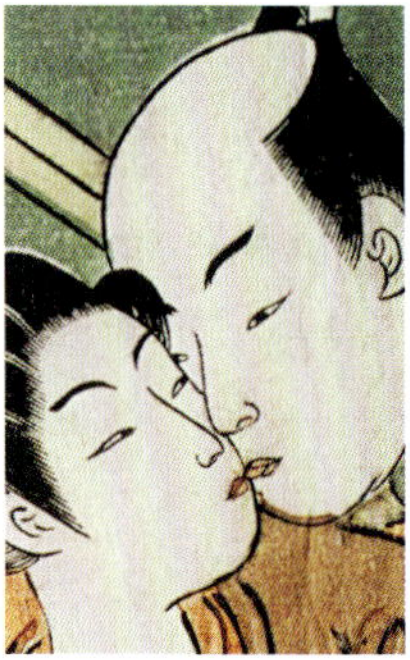

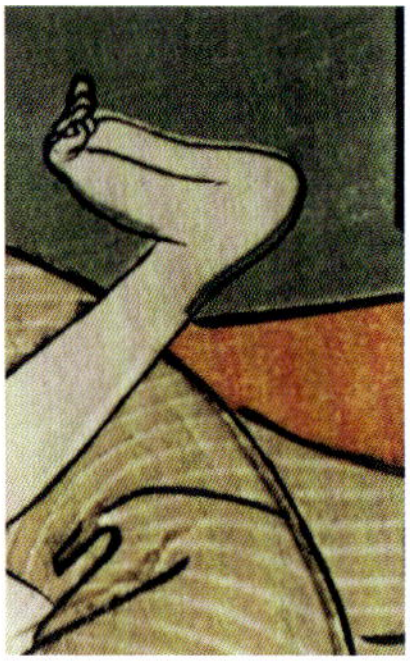

Les ateliers de *shungas* étaient pourtant la plupart du temps clandestins. Les artistes ne signaient pas leurs œuvres ou se cachaient derrière un pseudonyme. Le nombre d'exemplaires produit était toujours restreint et le plus souvent vendu au marché noir.

Shunga japonais (« Images de printemps »)

XVIIIe - XIXe siècle

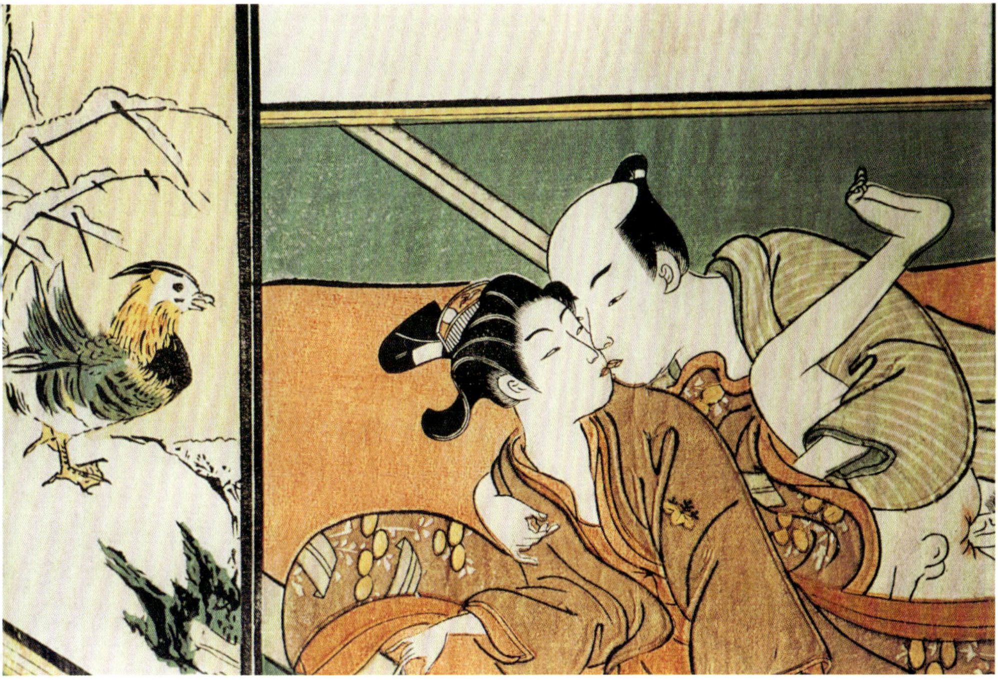

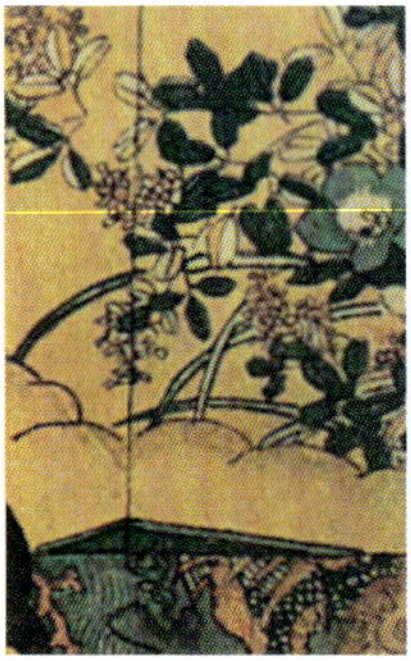

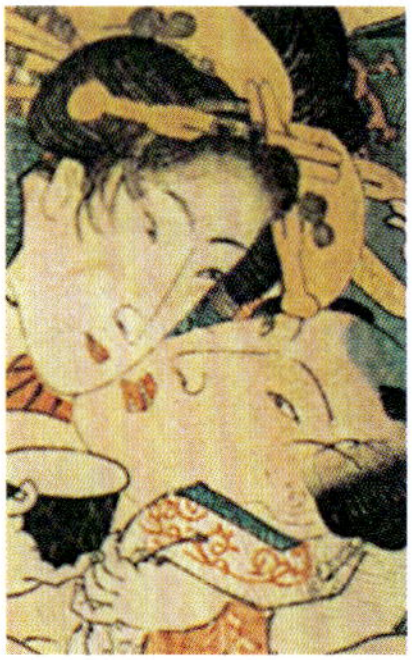

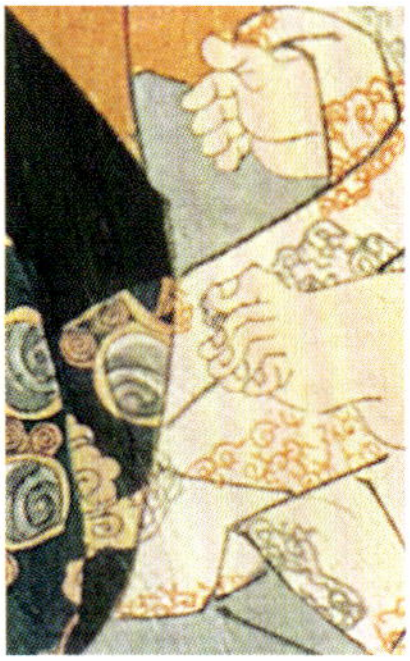

La pureté de la ligne fut érigée en règle incontournable de la sculpture sur bois ; le graveur devait attentivement creuser les lignes dans le bois. La perspective parallèle était largement dominante : les lignes parallèles

Shunga japonais (« Images de printemps »)

XVIIIe - XIXe siècle

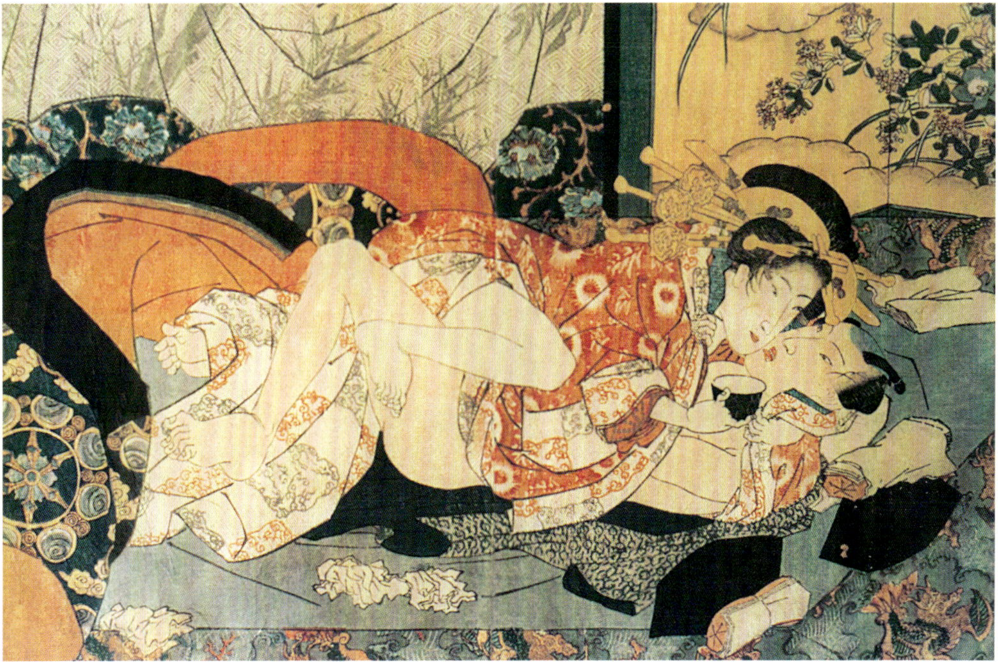

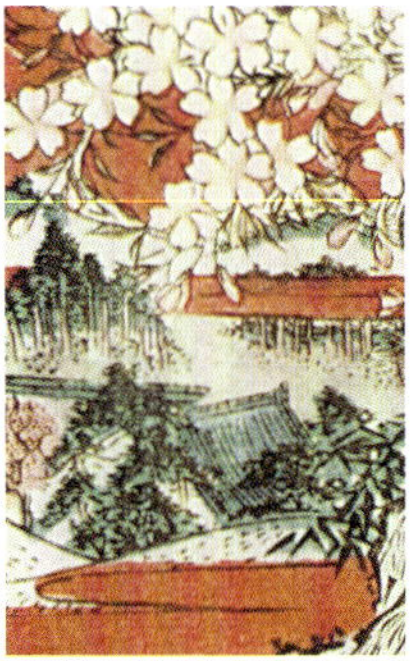

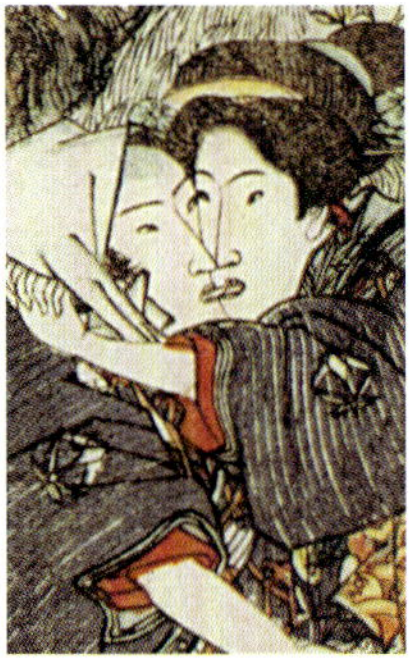

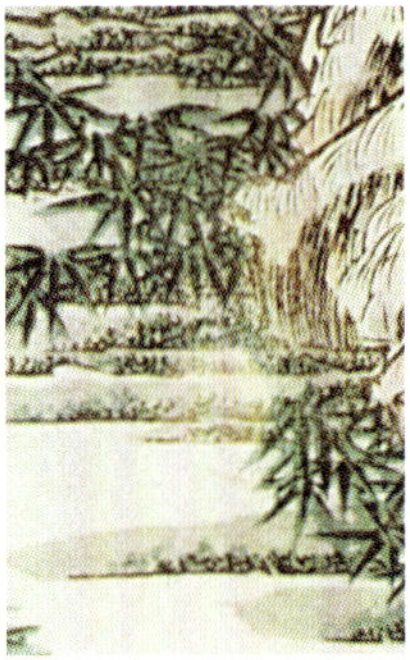

dans la nature l'étaient aussi dans le bois. La perspective centrale, invention européenne, ne fut introduite qu'au XIXe siècle. De même, les Japonais ne connaissaient pas les effets de l'ombre et la lumière dont nous sommes si

Shunga japonais (« Images de printemps »)

XVIIIe - XIXe siècle

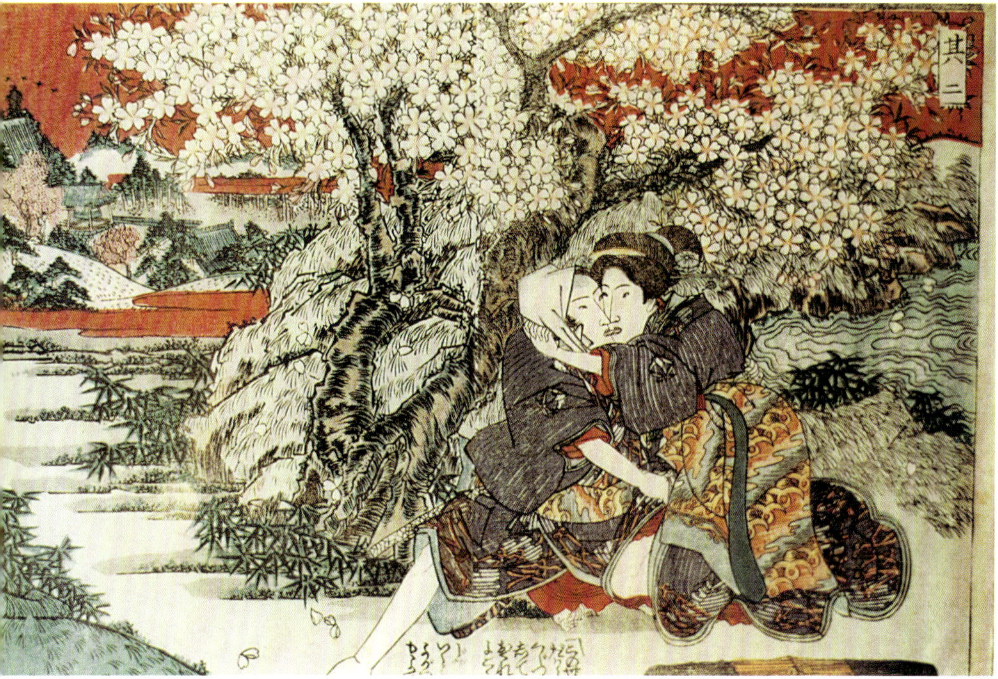
其二

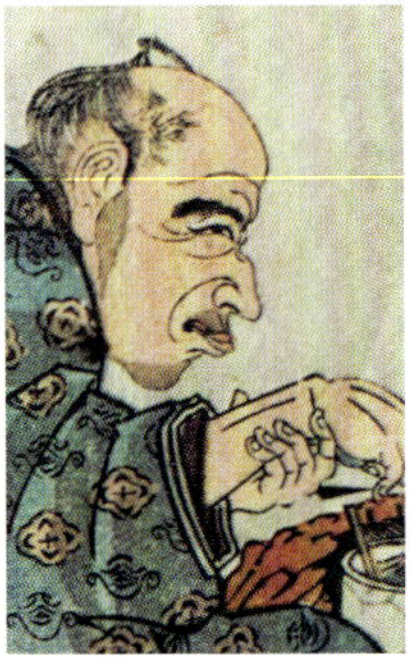
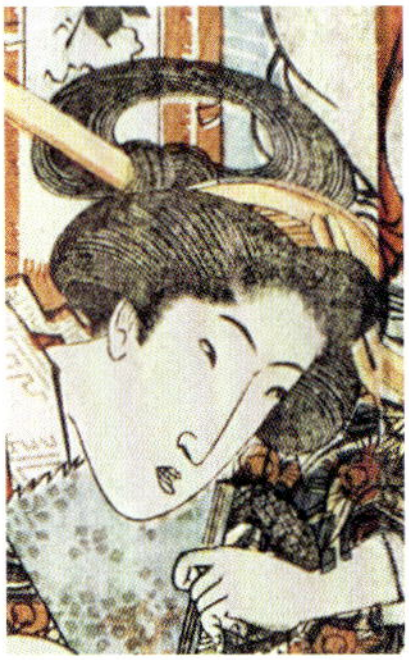
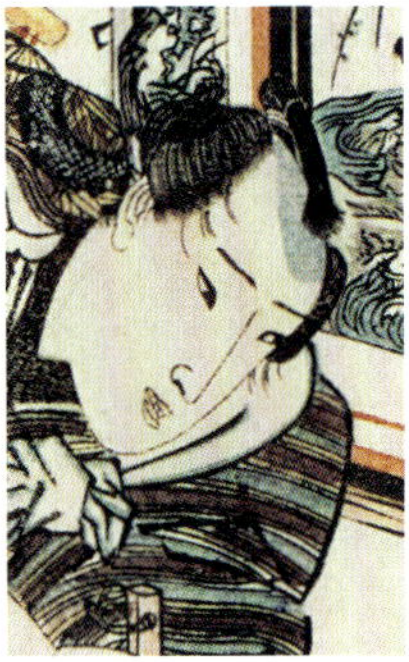

familiers dans l'art européen. La technique initiale était d'imprimer les feuilles à partir d'une unique plaque puis de les colorer à la main, ce qui restreignait considérablement leur diffusion en raison de la perte de temps.

Shunga japonais (« Images de printemps »)

XVIIIe - XIXe siècle

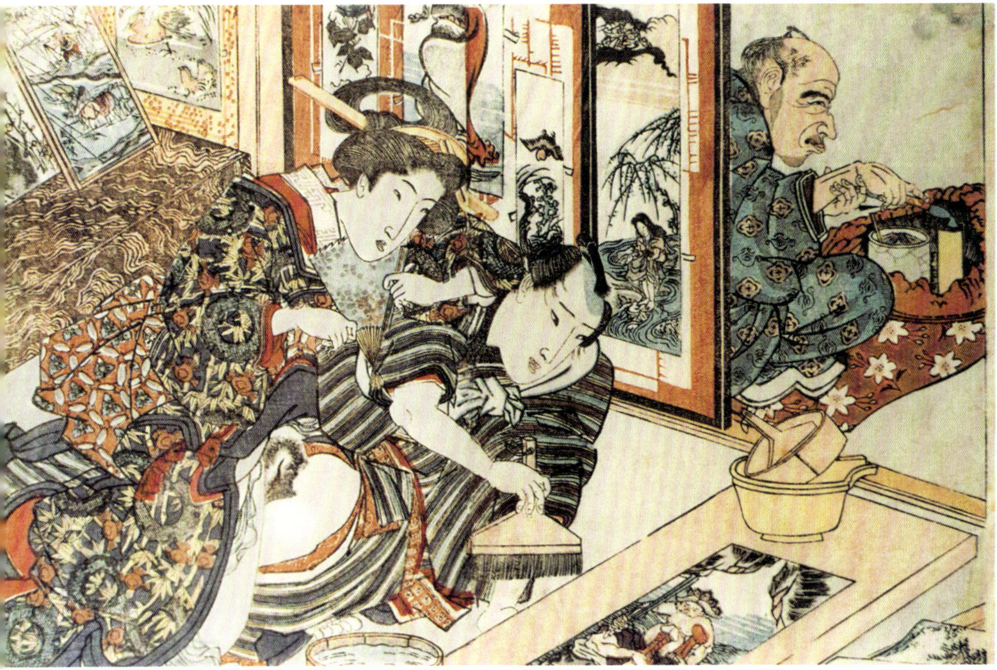

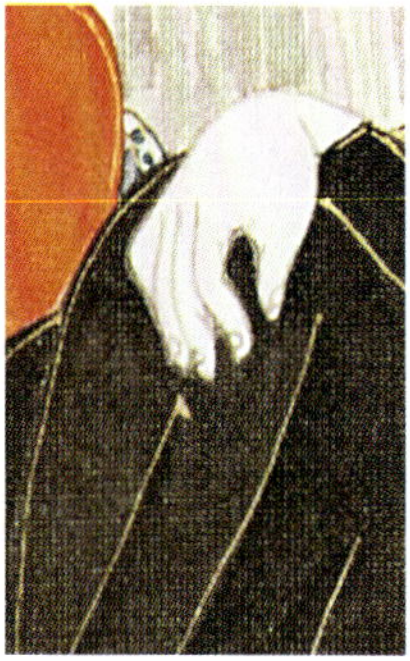

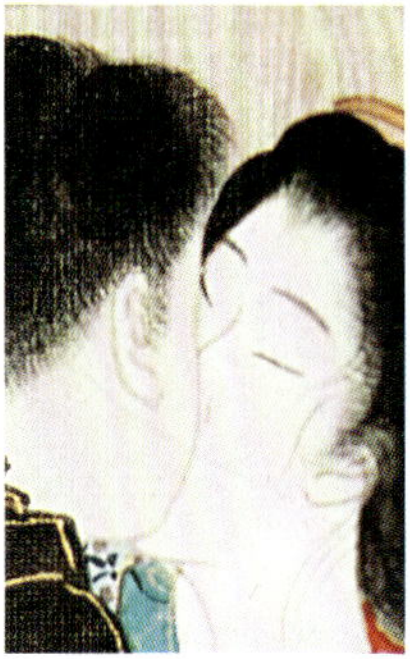

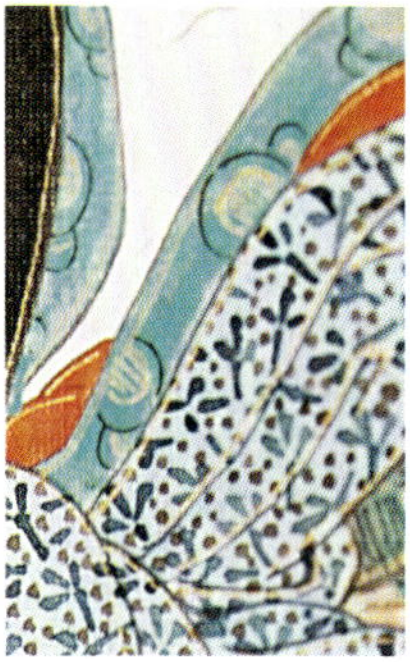

Pour cette raison, on passa, au XVIIIe siècle, à l'impression sur plusieurs plaques.

Katsushika Hokusai (1760-1848) est la dernière grande figure des *Ukyio-e*. Après lui, la sculpture sur bois périclita, laissant place à

Shunga japonais (« Images de printemps »)

XVIIIe - XIXe siècle

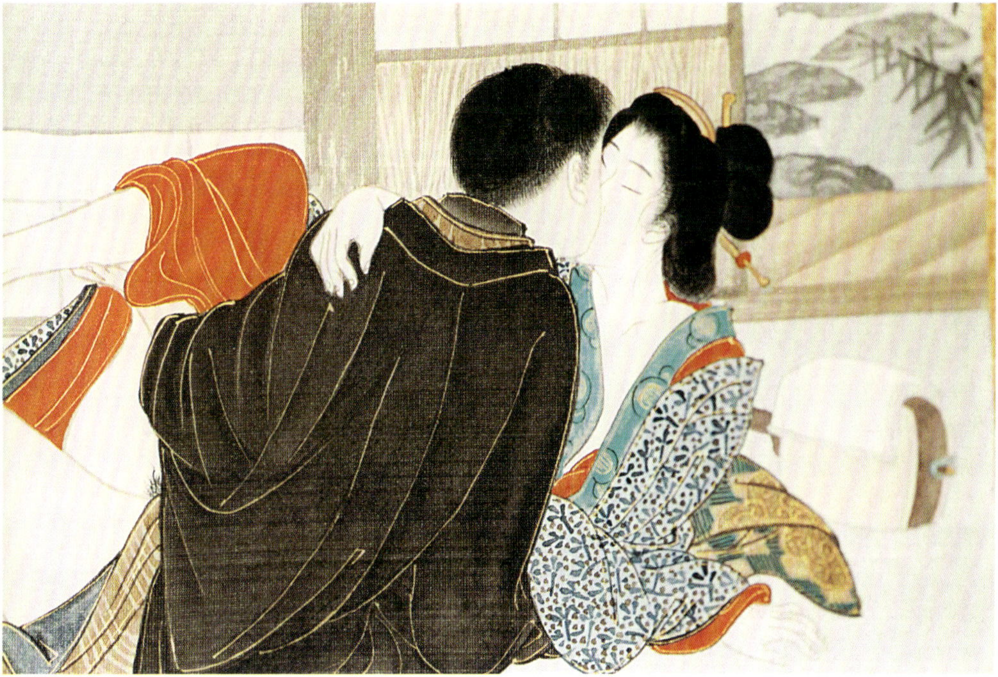

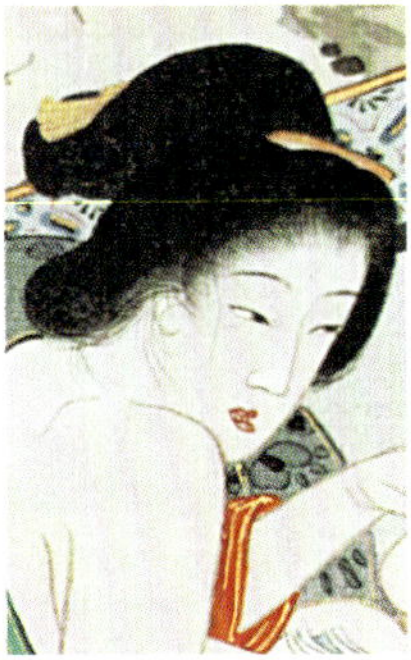

de vulgaires copies éditées en masse qui essayaient de flatter le goût du grand public. Dans le deuxième quart du XIXe siècle, elle était définitivement devenue un art populaire.

Longtemps, l'Europe la disqualifia, jugeant qu'elle dépassait les frontières du bon goût.

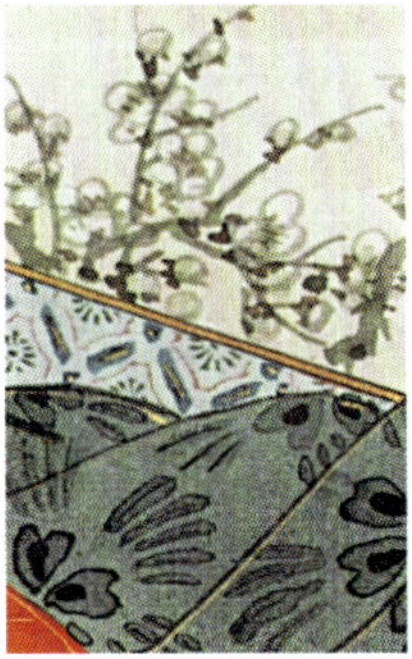

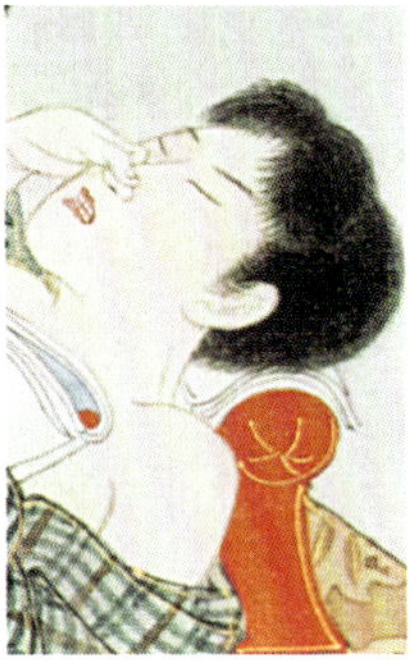

Shunga japonais (« Images de printemps »)

XVIIIe - XIXe siècle

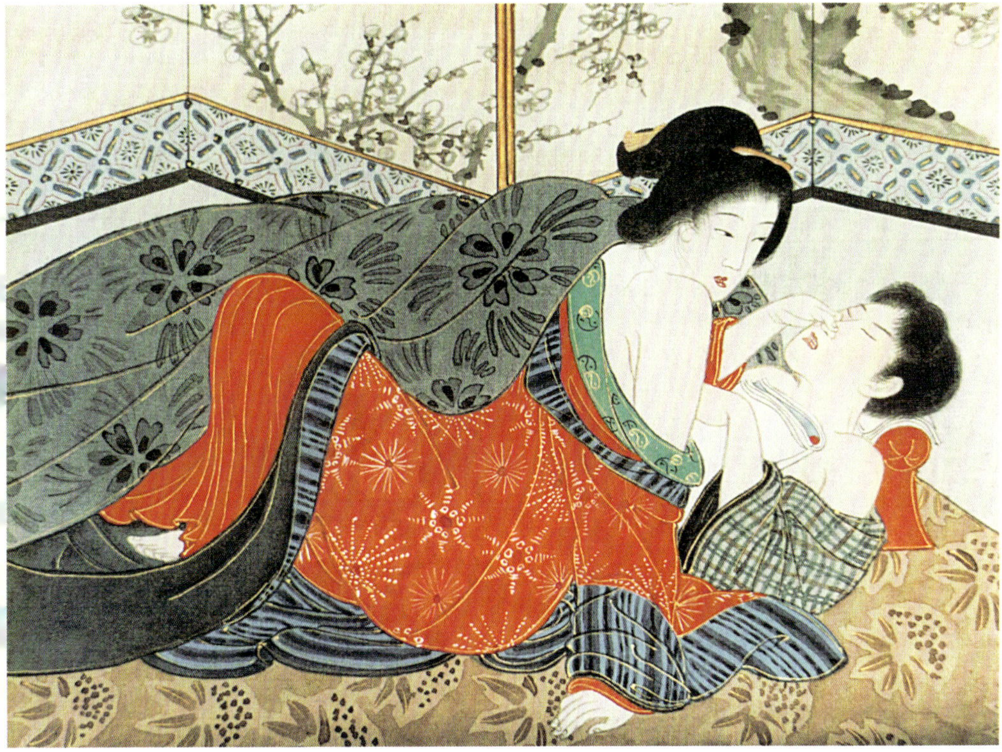

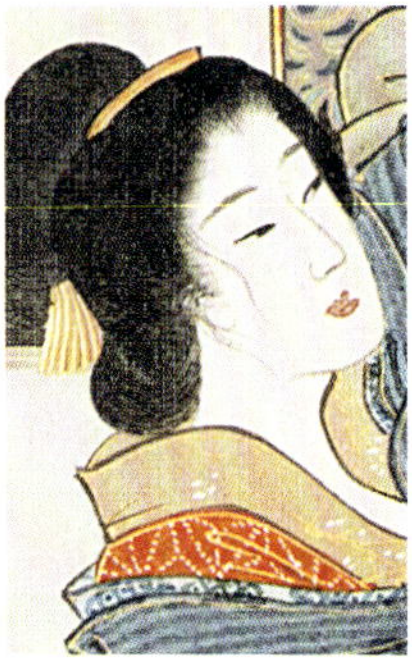

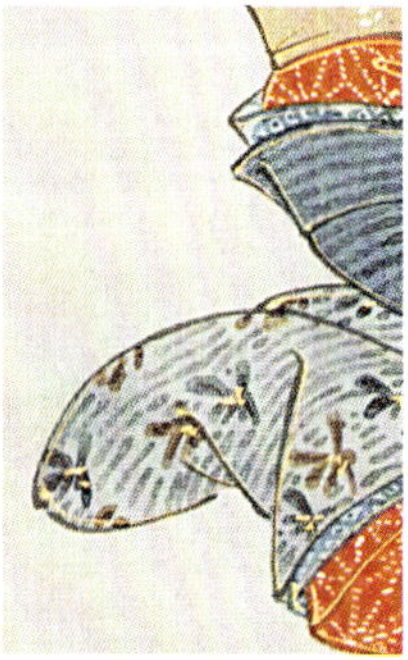

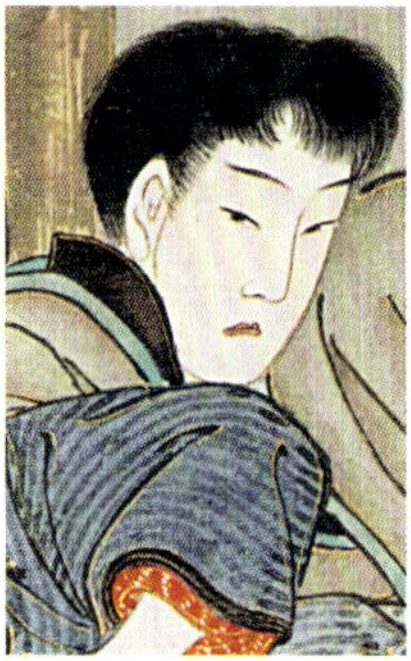

Il fallut attendre les Expositions universelles de Paris en 1867, 1878 et 1889 pour que le public occidental ait l'occasion de redécouvrir cet art jusqu'alors méprisé. Désormais, personne n'oserait nier l'influence capitale

Shunga japonais (« Images de printemps »)

XVIIIe - XIXe siècle

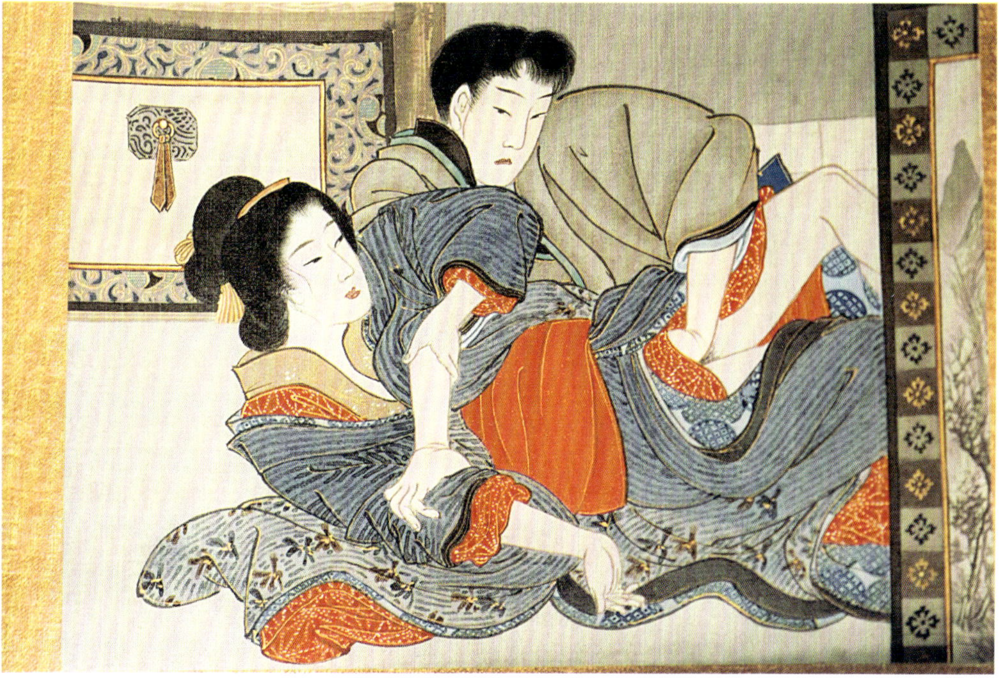

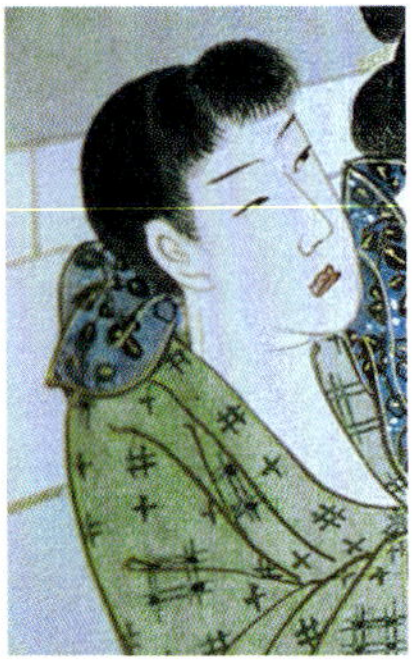

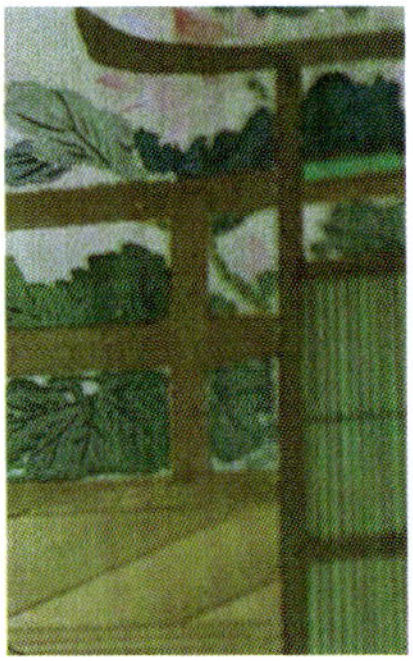

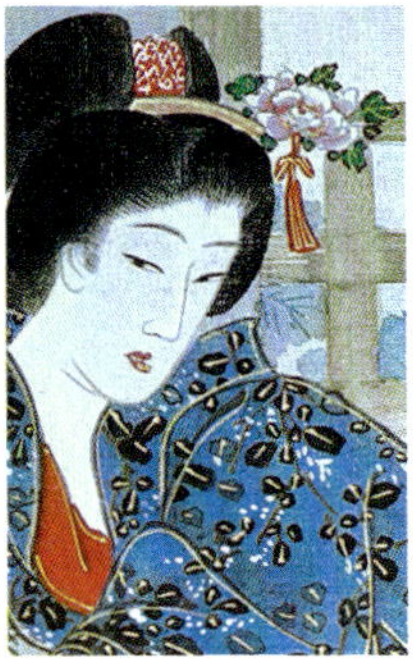

qu'eut la gravure japonaise sur bois sur tout le courant impressionniste.

L'artiste anglais Aubrey Beardsley posséda probablement la plus belle collection d'*Ukyio-e* et de *shungas*. Les œuvres, caractéristiques de la fin du XIXe siècle,

Shunga japonais (« Images de printemps »)

XVIIIe - XIXe siècle

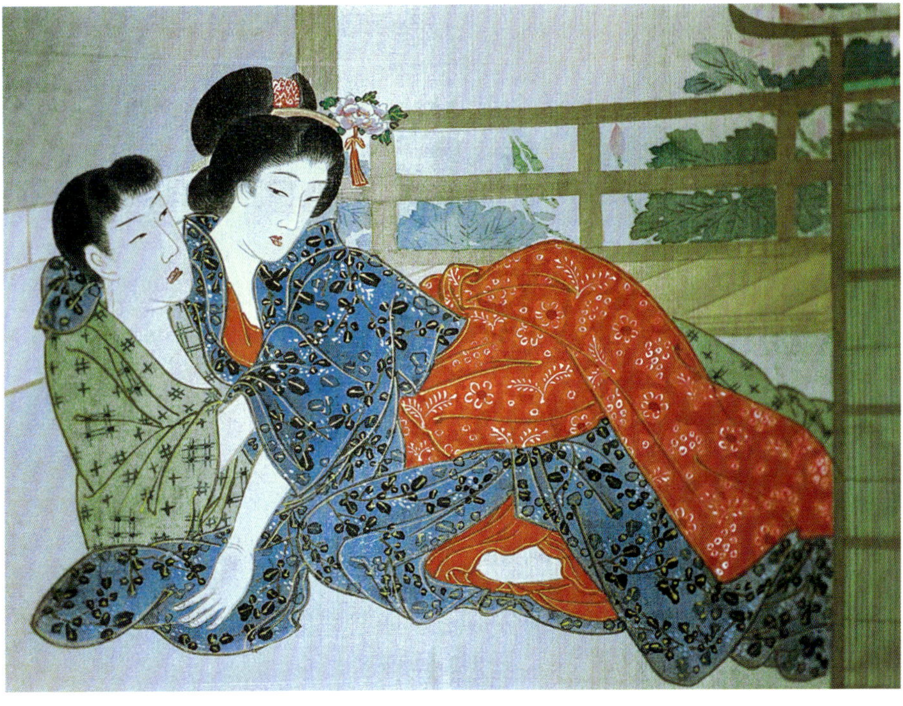

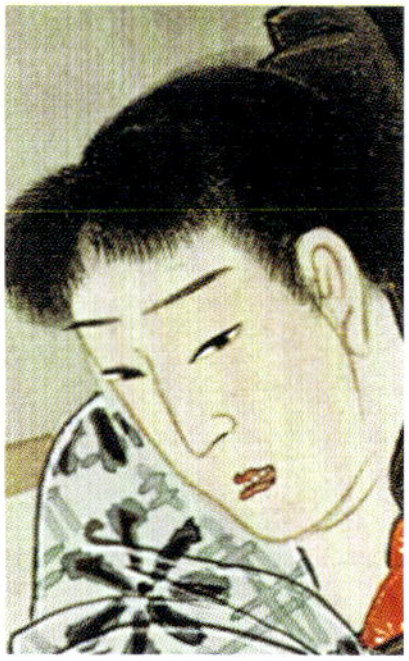

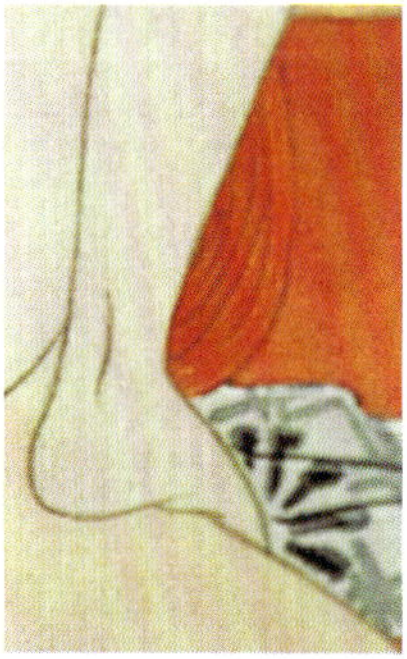

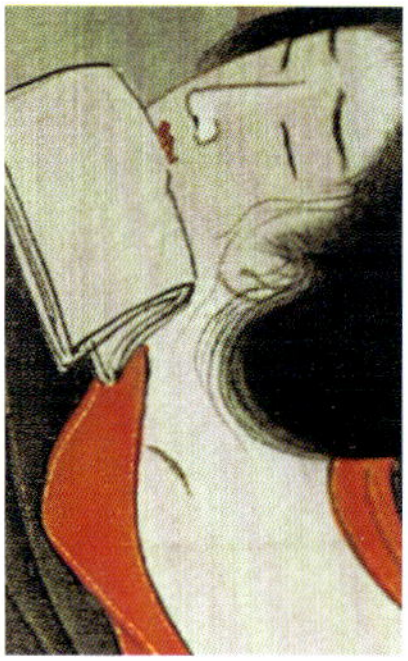

illustrent parfaitement l'influence de la sculpture japonaise sur l'art occidental.

Toulouse-Lautrec possédait lui aussi une collection remarquable dont il nous reste quelques photographies. Ces clichés représentant des fantômes cruels et violents

Shunga japonais (« Images de printemps »)

XVIIIe - XIXe siècle

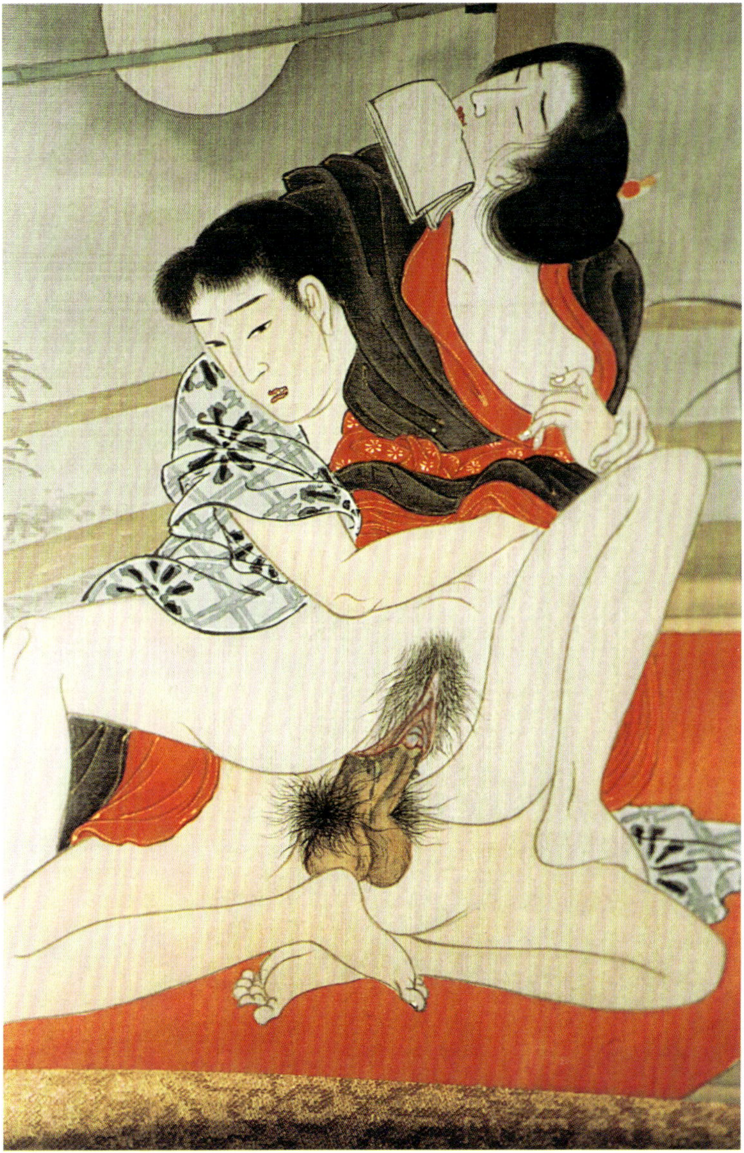

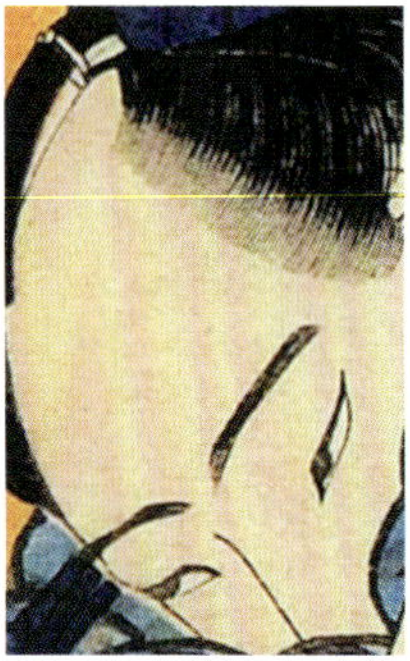

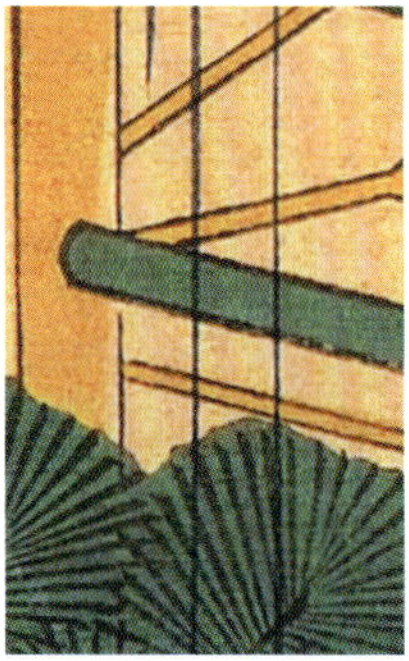

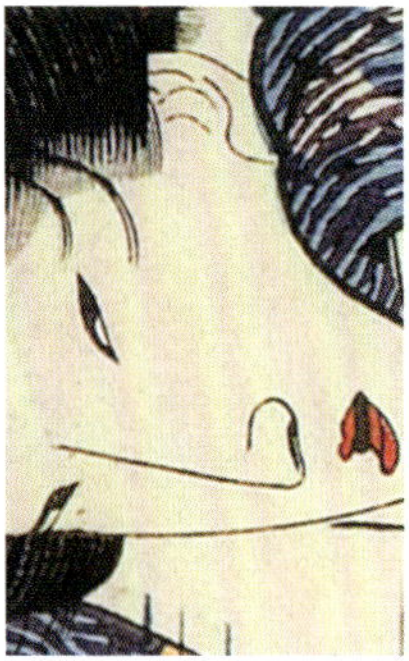

semblent l'avoir particulièrement affecté : notamment les scènes où les femmes sont embrassées par des animaux, des singes, des renards, des blaireaux ou des vampires.

À l'inverse, au Japon, durant tout le XIXe siècle, ces feuilles furent cachées et interdites.

Printemps, été, automne et hiver :
Vues des quatre saisons, volume 1 (détail)
(Shunka shūtō : Shiki no nagama)

Utagawa Kunisada, 1827
Livre en couleur imprimé sur bois, 25,5 x 18,5 cm (couverture)

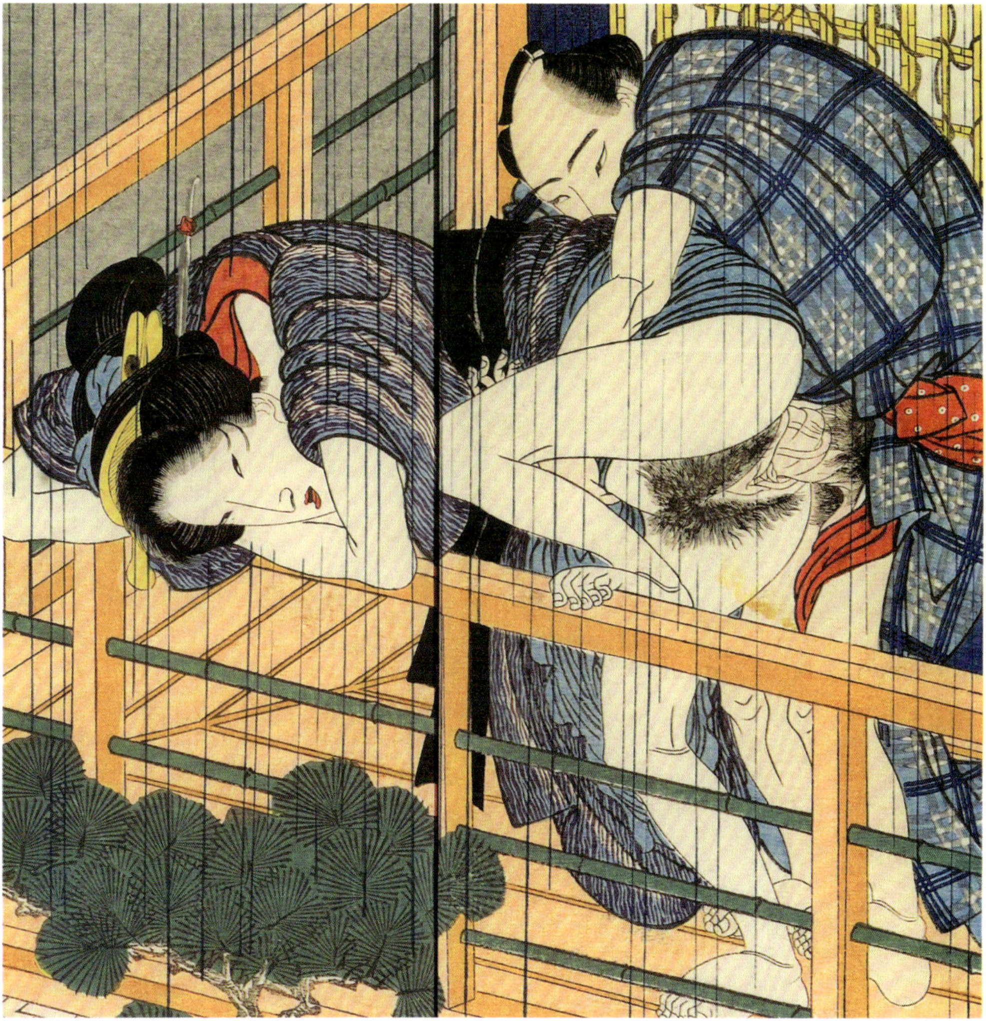

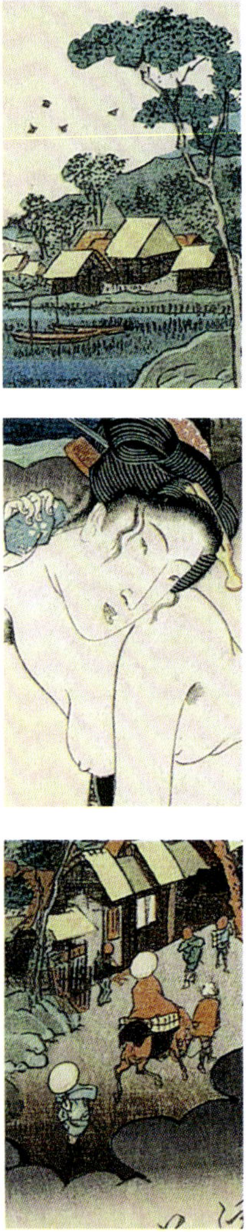

S'industrialisant, le pays du Soleil levant s'ouvrit aux influences occidentales et les *Ukyio-e* disparurent dans les tiroirs. Effectivement, depuis la prise du pouvoir par les empereurs Meiji en 1868, le Japon fut

Aire de repos de l'Ōiso,
issu de la série « Beautés le long du Tōkaidō »

Keisai Eisen, 1830-1844
Nishiki-e, 38 x 25,5 cm

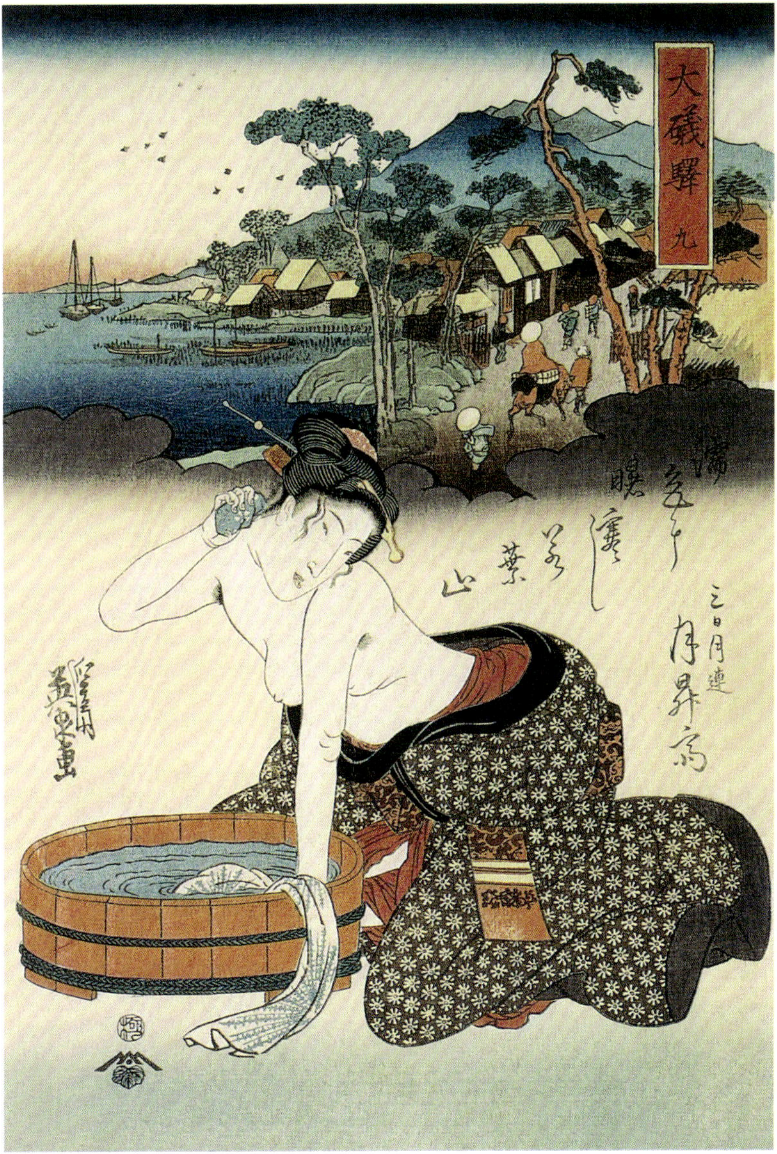
大磯驛
九
三日月連

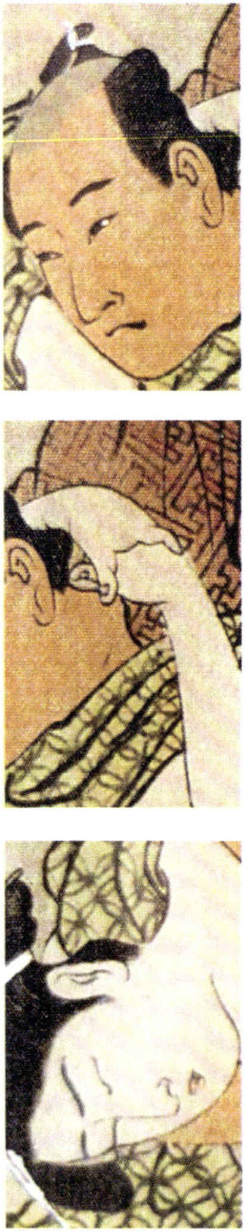

tenté par une assimilation à l'Europe. Pour cette raison, les manifestations trop évidentes de cultes de la fertilité ainsi que leurs symboles, spécialement les images du phallus, furent supprimées car elles étaient jugées indignes

Shunga japonais (« Images de printemps »)

XVIIIe - XIXe siècle

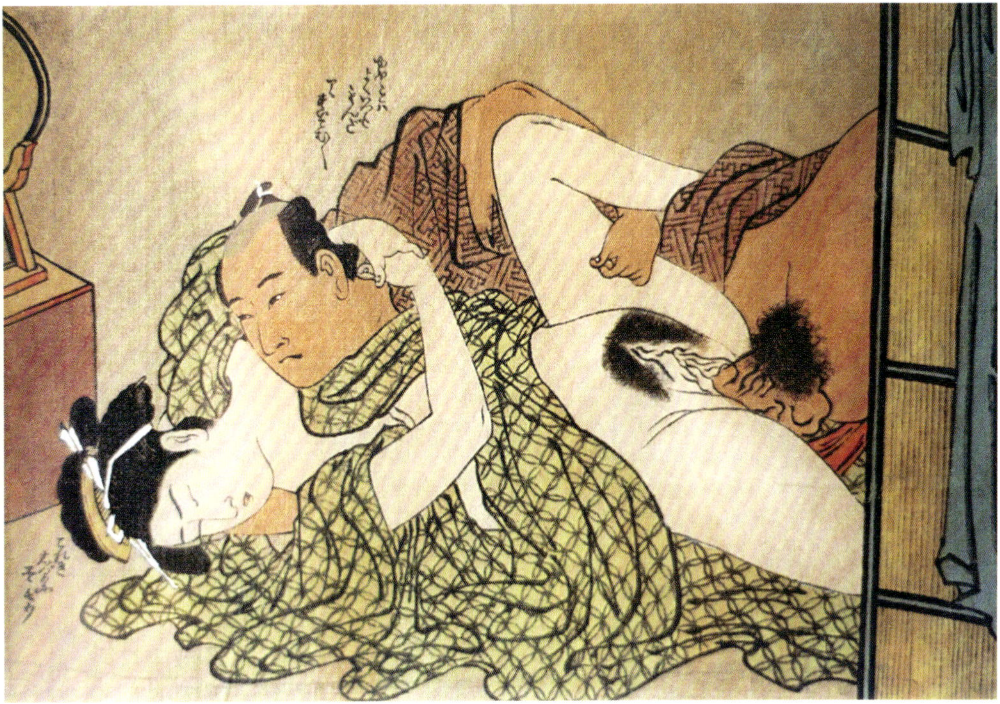

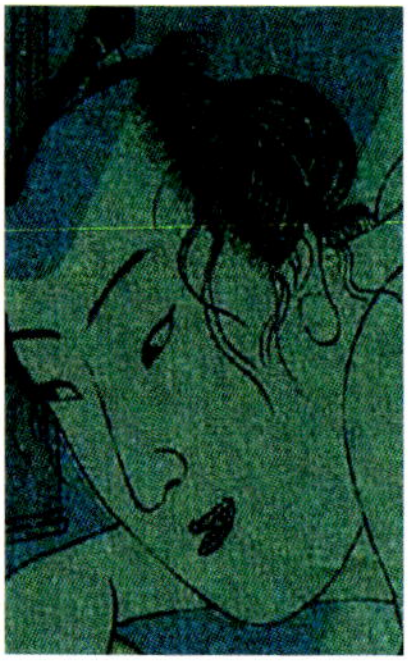

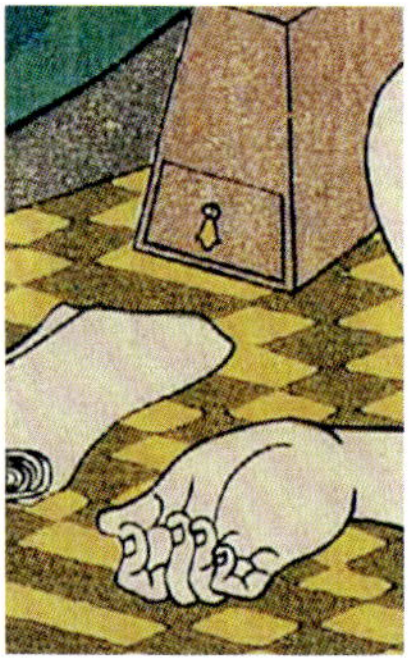

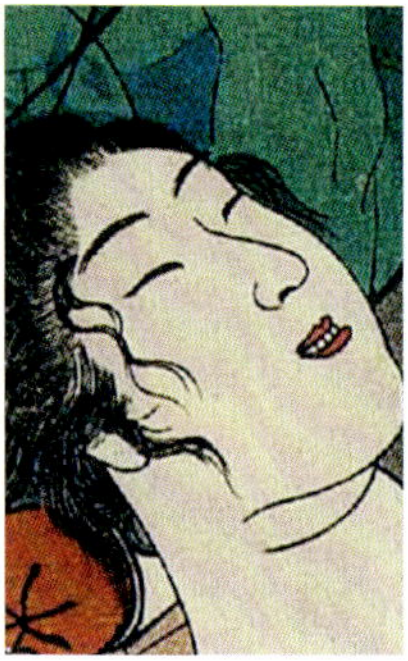

d'une nation moderne. L'occupation américaine après la seconde guerre mondiale donna le coup de grâce à la religion shinto. Aujourd'hui, la plupart des *shungas* classiques qui sont proposés lors des ventes aux

Album de positions à la mode (Tôsei komonchô)

Attribué à un élève d'Utagawa Kuniyoshi, vers 1885
Livre en couleur gravé sur bois, 23 x 15,8 cm (couverture)
Collection privée, Ritsumeikan ARC Database

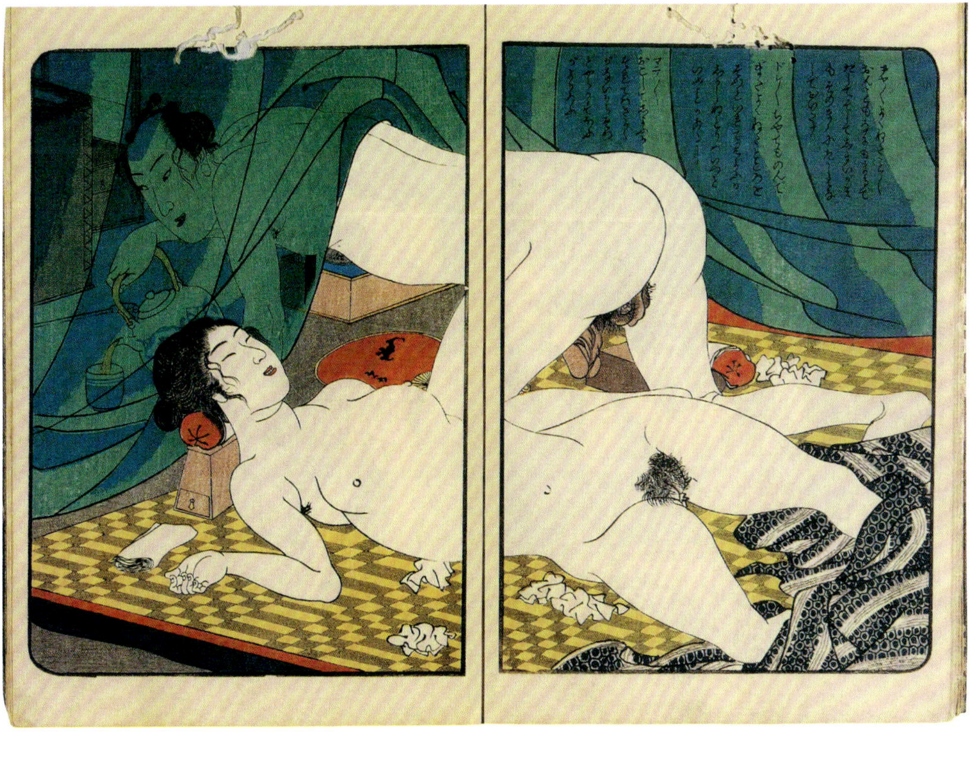

enchères occidentales sont rachetés par des collectionneurs japonais qui les reconduisent de cette manière dans leur pays d'origine. Pourtant, il fallut attendre 1973 et une grande exposition de gravures sur bois japonaises à

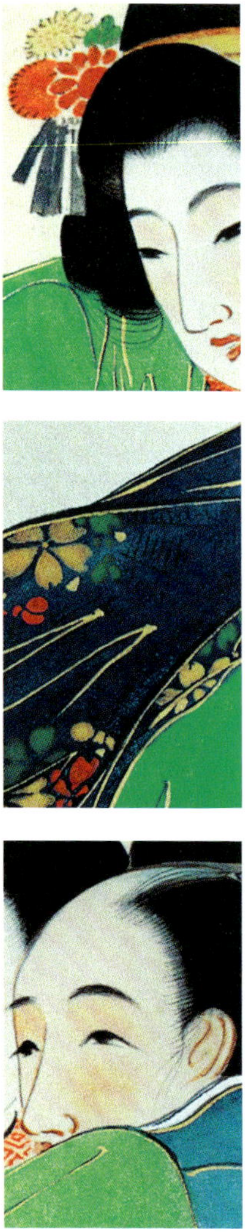

Aquarelle japonaise

Vers 1900

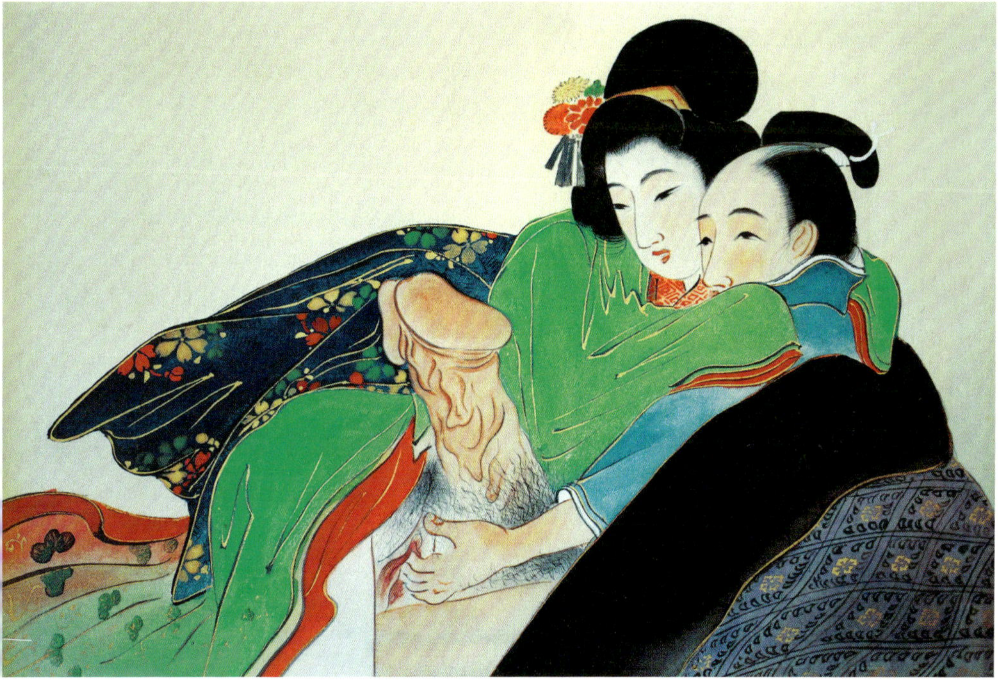

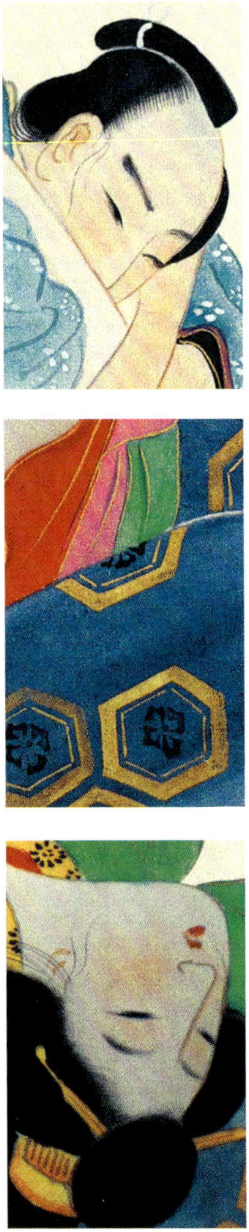

Londres, au Victoria and Albert Museum, pour que la majorité des amateurs d'art réapprenne à apprécier à leur juste valeur ces sujets érotiques. Peut-être faudrait-il que nous apprenions aujourd'hui à regarder ces

Aquarelle japonaise

Vers 1900

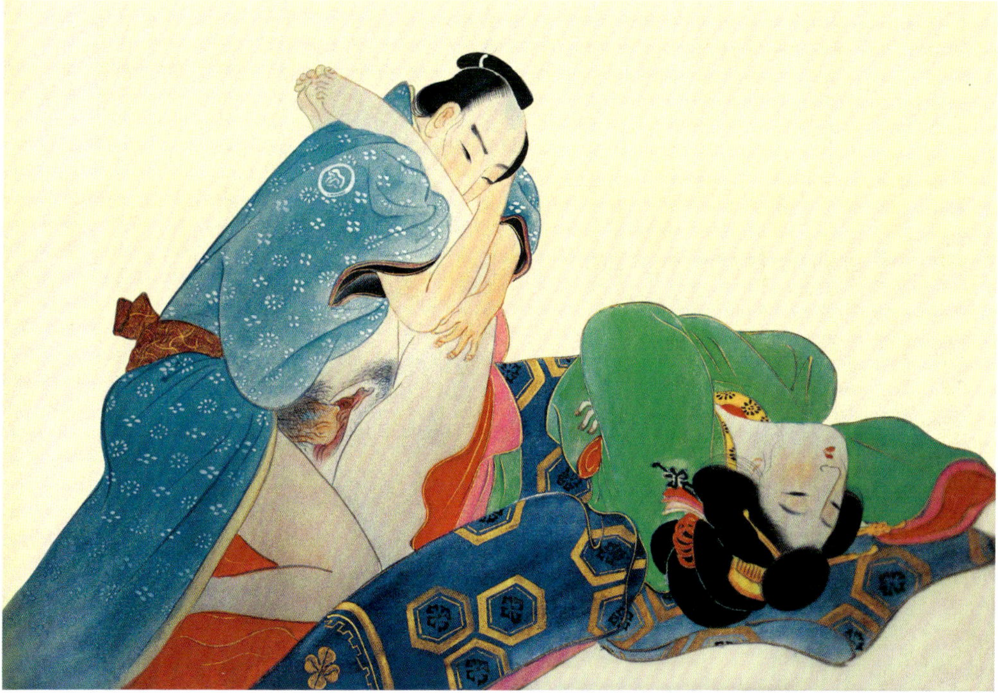

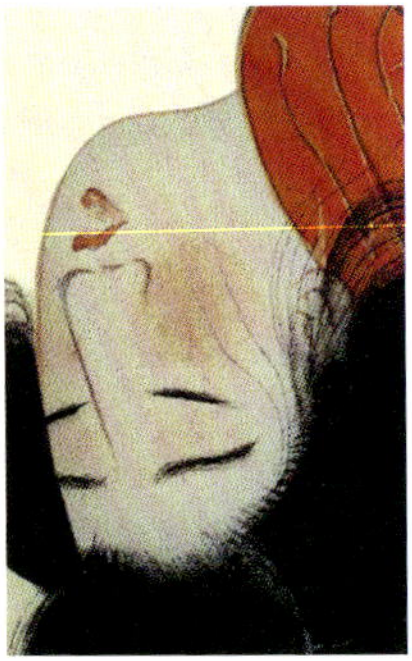
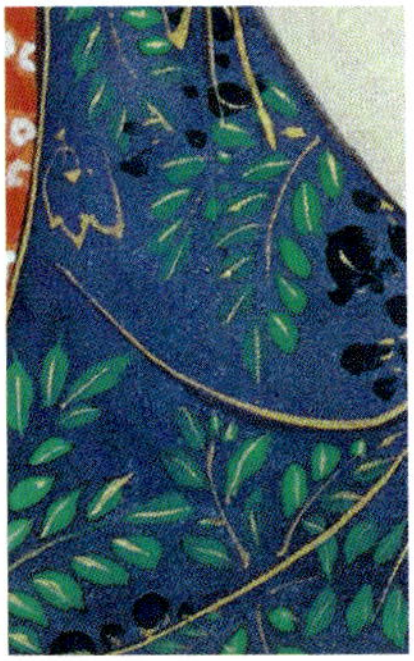
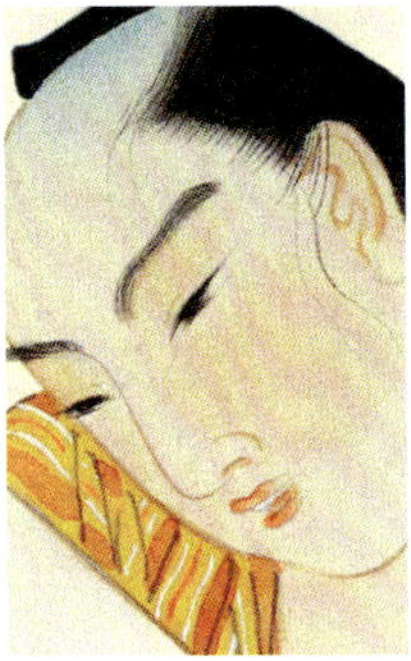

œuvres avec un œil nouveau, en oubliant qu'elles ont pu servir, pendant près de 150 ans, de représentations langoureuses de notre désir d'une sexualité simple, au-dessus de toute notion de « péché ».

Aquarelle japonaise

Vers 1900

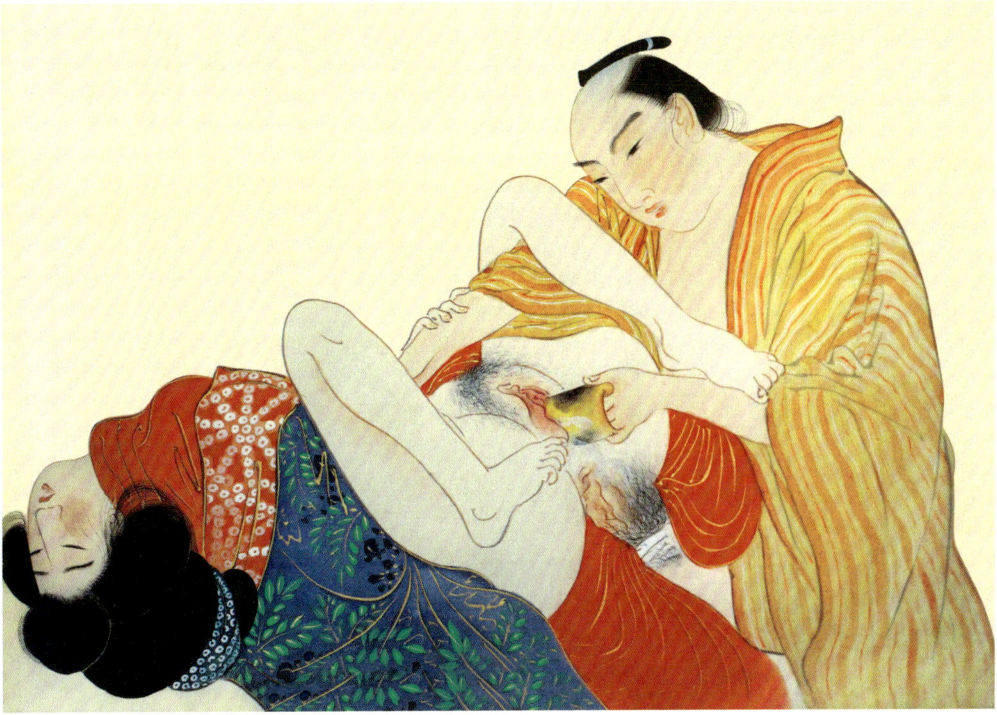

Index